权威·前沿·原创

皮书系列为
"十二五""十三五"国家重点图书出版规划项目

客车蓝皮书
BLUE BOOK OF BUS INDUSTRY

中国客车产业发展报告
（2016~2017）

REPORT ON CHINA'S BUS INDUSTRY DEVELOPMENT
(2016-2017)

主 编/姚 蔚

社会科学文献出版社
SOCIAL SCIENCES ACADEMIC PRESS (CHINA)

图书在版编目(CIP)数据

中国客车产业发展报告.2016-2017/姚蔚主编.--北京：社会科学文献出版社,2017.10(2018.5重印)
(客车蓝皮书)
ISBN 978-7-5201-1506-3

Ⅰ.①中… Ⅱ.①姚… Ⅲ.①客车-汽车工业-产业发展-研究报告-中国-2016-2017 Ⅳ.①F426.471

中国版本图书馆CIP数据核字(2017)第244477号

客车蓝皮书
中国客车产业发展报告(2016~2017)

主　编／姚　蔚

出　版　人／谢寿光
项目统筹／周　丽　王玉山
责任编辑／王玉山

出　版／社会科学文献出版社·经济与管理分社(010)59367226
　　　　地址：北京市北三环中路甲29号院华龙大厦　邮编：100029
　　　　网址：http://www.ssap.com.cn

发　行／市场营销中心(010)59367081　59367018
印　装／北京虎彩文化传播有限公司

规　格／开　本：787mm×1092mm　1/16
　　　　印　张：16.75　字　数：253千字

版　次／2017年10月第1版　2018年5月第2次印刷

书　号／ISBN 978-7-5201-1506-3

定　价／85.00元

皮书序列号／PSN B-2013-361-1/1

本书如有印装质量问题，请与读者服务中心(010-59367028)联系

▲ 版权所有 翻印必究

客车蓝皮书编委会

顾　问　李京文　董　扬　李庆文

编　委　姚　蔚　陈　林　谢光耀

主　编　姚　蔚

撰稿人　裴志浩　谢国平　吴胜男　罗永昌　于怀勇
　　　　　陈静仪　姚　蔚　谢光耀　张　凡　苑伟超
　　　　　张仪栋　王　旭　舒慕虞　唐　华　舒　曼
　　　　　李　丹

主要编纂者简介

姚 蔚 经济学硕士,理学学士,中国注册会计师协会和中国数量经济学会会员;师从经济学家、中国工程院院士、中国社会科学院学部委员李京文;曾任中国汽车报社《商用汽车新闻》和"中国汽车报网"总编辑。现任"方得网"总编辑。

陈 林 中国交通报社副总编、运输中心主任;硕士研究生,主任编辑,中国优秀产经新闻工作者、中国产业报协十佳编辑、交通运输部青年科技英才。2001年起从事交通运输新闻工作,十余次获得中国产经好新闻奖,两次获得中国新闻奖。

谢光耀 经济学硕士,法学学士,师从中国人民大学郑水泉教授。曾任中国汽车报社《商用汽车新闻》执行主编、《中国汽车报》商用车专刊主编;现任"第一商用车网"总编辑,同时还是多家投资银行及证券机构特约商用车专家顾问。

裴志浩 教授级高工,中国公路学会客车分会高级技术顾问;曾任长沙客车厂副厂长、总工程师,中国公路车辆机械有限公司副总经理,中国公路学会客车分会秘书长,全国汽车标准化委员会客车分技术委员会秘书长。

谢国平 北京师范大学心理测量与评价专业硕士,具有十余年汽车市场调查、分析、预测经验,现任国家信息中心信息化与产业发展部副处长,商用车研究组负责人。

吴胜男 湖南大学车辆工程硕士,中国汽车工程研究院股份有限公司北京分公司行业研究总监,主要从事节能与新能源汽车产业及政策咨询工作。

摘　要

《中国客车产业发展报告（2016~2017）》是方得网和中国交通报社组织国内客车行业专家和学者，编写的有关中国客车产业发展的第四本年度研究报告。

2016年至2017年，受国家新能源汽车扶持政策调整的影响，我国客车产业在动荡中发展，但变化的驱动力和主旋律，仍然离不开"新能源"。一方面，新能源客车在2016年虽然产销量快速增长，但发展历程可谓跌宕起伏；另一方面，众多社会资本和业外资本进入客车行业后，对原有的企业竞争格局和排名造成了巨大冲击，旧的市场格局已经被打破，新的市场格局正在形成。为了更清晰和深入地阐述中国客车行业正在发生的大变革，本书采取总分报告形式，不仅对2016~2017年中国客车产业、客车企业、各个客车细分市场的现状及前景进行了翔实阐述；更站在经济学和管理学的高度，从新能源浪潮如何影响客车业、客车企业如何在新能源化的道路上取得竞争优势、客车安全标准提升的影响、轻客市场近年来的演变、我国校车市场的发展及面临的挑战、旅游客车市场需求的新变化等角度，为读者提供了一个观察最近两年我国客车行业的全新视野。

本书总报告的第一篇报告，以管理学大师迈克尔·波特的三大竞争战略为分析理论，重点研究客车业的新能源化对中国客车市场旧格局带来的新变化。本报告重点分析了新进入企业的各自特点与行业地位、新能源化之后客车企业如何取得竞争优势等几个备受全行业关注的问题；并用理论和案例说话，对中国客车行业的格局演变和新老企业的冲突作了全面的梳理与审视，分析总结了新能源化对我国客车业制造模式、营销模式与服务模式所带来的冲击与变革，这对于新企业和老牌企业都具有重要的指导意义和参考价值。

总报告第二篇报告，以翔实的数据总结了2016年我国客车行业的发展历程和特征，并对2017年客车市场的发展趋势做了分析和预测。

各个分报告从中国新能源客车行业发展现状及趋势、2016年轻客市场特征及2017年市场趋势、客车安全标准提升对行业的影响、中国校车市场发展趋势、中国汽车客运产业现状及发展趋势、大众旅游时代对旅游客车市场带来的新变化，以及2016年城市交通智能化发展等方面，进行了全面的分析和总结，不仅展示了近年来我国客车行业各方面的成绩与问题，也为国家相关主管部门和客车企业、客车用户提供了重要的研究工具和手段。

分报告还专设了国内重点企业研究，分别对宇通客车、比亚迪客车、福田欧辉、银隆新能源等国内主要客车企业的发展历程、发展特征、核心竞争力等进行了深入细致的研究分析，为读者提供了系统的案例剖析。这些生动真实的企业案例，为客车市场的后来者提供了珍贵的研究样本。

本书是一本系统阐述和研究中国客车产业发展的权威之作。本书既有翔实的数据资料，又有理性的客观分析，是读者快速了解中国传统客车行业和新能源客车行业的必备参考书。

关键词： 客车产业　传统客车　新能源客车　客车企业　细分市场

Abstract

Report On China's Bus Industry Development (2016 – 2017) is the fourth annual research report on China bus industry written by experts and scholars of the industry organized by *find800. cn and China Transport News*.

Influenced by new energy subsidy program adjustment, China bus industry has undergone turbulence from 2016 to 2017. However, new energy is still the theme and the main driving forceof bus industry development during this period. New energy bus sales were big during the past year given a twisty road in development. The entry of social capital and capital from other industries altered the competition pattern of the industry and the ranking of bus enterprises. The old market pattern is replaced by a new one. The Bluebook, which is composed of a general report and serveral subject reports, analyzes the China bus industry, China bus companies, and different bus segments during the past year in details.

The book also provides a new prospective of China bus industry by illustrating how the bus industry was influenced by the wave of new economy, how did bus enterprises gain competitive advantages in new energy era, the impact of upgraded safety standards, evolution of light commercial vehicles (LCVs), changes and challenges of the China school bus market, and new changes of tourist coach market demand based on economics and management science.

Based on the concepts of the Three Competitive Strategies of Management guru Michael Porter, the general report focuses on the changes brought by new energy to the old bus market pattern. It solved several most concerned questions, such as the features and status quo of start-up bus companies, and how did these companies gain competitive advantages in this new energy era. Written with theories and case studies, the general report reviews the evolution of China bus industry, the conflict between traditional and new bus companies, and reform brought by new energy to bus manufacturing, marketing and service. All these

make the book a very good reference for both traditional and start-up bus companies.

The second part of the general report summarizes the development and features of the 2016 China bus industry in statistics, and provides analysis and predictions on 2017.

The subject reports conduct integrated analysis and summaries on the status quo and trend of new energy buses, features of 2016 LCV market, the 2017 market trends, the impact of upgraded safety standard, the development tendency of school bus market, status and growing trend of bus transport industry, the impact of mass tourism to tourist coach market, and the intelligent development of public transport in 2016. Besides summarizing the achievements of China bus industry in 2016, the book is also a good method for marketing research to bus enterprises, bus users, and government agencies.

The subject reports also provide case studies on major bus makers in China, such as Yutong Bus, BYD Bus, Foton AUV, and Yinlong New Energy, in terms of developing progress, features, and core competence. The vivid case studies provide valuable research samples for new players of the bus market.

As an authority with detailed statistics and objective analysis, the book is a must have reference for readers to get to know about China traditional bus industry as well as the new energy bus industry.

Keywords: Bus Industry; Traditional Energy Bus; New Energy Bus; Bus Enterprise; Segment Market

目录

Ⅰ 总报告

B.1 新能源化塑造客车行业新格局 …………………… 姚　蔚 / 001
B.2 "现实比小说还精彩"
　　——2016年客车市场盘点与2017年客车市场分析
　　………………………………………………………… 谢光耀 / 021

Ⅱ 行业发展报告

B.3 中国新能源客车行业发展现状及趋势展望 ………… 吴胜男 / 049
B.4 2016年轻客市场盘点及2017年展望 ………… 谢国平　苑伟超 / 094
B.5 客车安全标准提升对行业的影响 …………… 裴志浩　张仪栋 / 111

Ⅲ 细分市场报告

B.6 中国校车市场发展趋势简析 ………………………… 罗永昌 / 127
B.7 中国汽车客运产业现状及发展趋势 ………………… 于怀勇 / 138

B.8　大众旅游时代对旅游客车市场带来的新变化　…………　陈静仪 / 154

B.9　2016年城市交通智能化发展报告　………………………　张　凡 / 168

Ⅳ　企业发展报告

B.10　创新——宇通发展的引擎　………………………………　唐　华 / 180

B.11　比亚迪客车："罗马"建成非一日之功　………………　王　旭 / 195

B.12　福田欧辉：最清晰的脚印，往往印在最泥泞的路上

　………………………………………………………………　王　旭 / 208

B.13　银隆新能源：你若精彩，蝴蝶自来　……………………　舒慕虞 / 221

Ⅴ　附录

B.14　中国客车大事记（2016年8月至2017年8月）

　………………………………………………………………　舒　曼　李　丹 / 235

皮书数据库阅读**使用指南**

CONTENTS

Ⅰ General Report

B.1 New Energy Brings New Pattern to the Bus Industry
Yao Wei / 001

B.2 "The Reality is Better than a Fiction"- 2016 Roundup and 2017 Prospective
Xie Guangyao / 021

Ⅱ Industry Development Report

B.3 The Status quo and Prospective of China New Energy Bus Industry
Wu Shengnan / 049

B.4 Light Commercial Vehicle Market: 2016 Roundup and 2017 Prospective
Xie Guoping, Yuan Weichao / 094

B.5 The Impact of Upgraded Safety Standards to the Bus Industry
Pei Zhihao, Zhang Yidong / 111

Ⅲ Segment Markets Report

B.6 The Analysis on China's School Bus Market
Luo Yongchang / 127

B.7 The Status quo and Trend of Road Passenger Transport Market
/ *Yu Huaiyong* / 138

B.8 New Changes Brought by Mass Tourism Era to the Touring Coach Market / *Chen Jingyi* / 154

B.9 Urban Traffic Intelligence Report in 2016
/ *Zhang Fan* / 168

Ⅳ Enterprise Development Report

B.10 Innovation, the Driving Engine of Yutong Bus
/ *Tang Hua* / 180

B.11 BYD Bus: Rome Wasn't Built in a Day
/ *Wang Xu* / 195

B.12 Foton AUV: The Most Clear Footprints Left on the Most Muddy Road
/ *Wang Xu* / 208

B.13 Yinlong New Energy: If You Blossom, Butterflies Will Come
/ *Shu Muyu* / 221

Ⅴ Appendix

B.14 Chronicle of Events of China Bus Industry (Aug 2016 to Aug 2017)
/ *Shu Man, Li Dan* / 235

总报告

General Report

B.1
新能源化塑造客车行业新格局

姚 蔚*

摘　要： 客车的新能源化，不仅仅改变了客车的驱动形式，更改变了客车行业的生产方式。客车的制造模式、营销模式都因新技术以及新进入者，而发生了巨大的变化。借由新能源客车进入汽车领域的一批企业，在带来全新技术、产品和理念的同时，也改变了客车市场的竞争格局。垄断客车行业十几年的"一通三龙"格局被打破，全新的客车巨头正在出现。本文将从客车新能源化引发的竞争格局变化入手，探讨客车行业制造模式、营销模式与服务模式的新特点，梳理当前客车企业的竞争优势，并展望客车行业的未来。

---

* 姚蔚，经济学硕士，理学学士，中国注册会计师协会和中国数量经济学会会员；师从经济学家、中国工程院院士、中国社会科学院学部委员李京文；现任"方得网"总编辑。

客车蓝皮书

关键词: 新能源客车 "一通三龙" 竞争优势 模式创新 总成本领先

一 国家鼓励新能源汽车,外界资本涌入客车行业

在中国汽车行业发展的历史中,客车行业一直都不是热点领域。大部分汽车集团不把客车作为主业,外界对客车行业更是陌生。这种状况,从2009年开始发生变化。

2009年,国家公布"十城千辆节能与新能源汽车示范推广应用工程",同时启动了对新能源汽车一系列的支持政策。城市公交成为汽车新能源化的排头兵,让资本看到了客车行业的发展前景。一些大型企业集团,如比亚迪、中国南车(后合并为中国中车)等,都投身到新能源客车领域。大量明星企业进入客车领域,客车行业开始受到社会关注。

2013年以后,国家把新能源汽车定位为新兴战略产业,同时,伴随着新一轮补贴政策的落地,新能源客车成为抢手的"香饽饽"。其中不但有吉利控股等汽车企业集团布局新能源客车,更有一些金融资本大举进入,如善林金融等。这些客车市场以外的企业和资本,通过兼并一些濒临倒闭的"僵尸"客车企业,或者在各地投资新建客车工厂,从而进入客车领域。一时间,客车行业从此前的默默无闻,一下子成为炙手可热的投资热土。比如,2016年,董明珠所在的格力电器准备收购银隆;几经波折后,董明珠个人最终联合王健林的万达集团、刘强东的京东邦能投资管理公司等注资银隆。社会资本不断进入新能源客车业,新能源客车也因此成为社会热点话题。

客车行业从2009年开始到底有多热?有多少企业投身其中呢?

(一)2009年后的客车投资热潮

2009年1月,科技部、财政部、国家发改委、工信部四部委联合启动了"十城千辆节能与新能源汽车示范推广应用工程"(简称"十城千辆")。

其主要内容是,"通过提供财政补贴,用3年左右的时间,每年发展10个城市,每个城市推出1000辆新能源汽车开展示范运行;涉及这些大中城市的公交、出租、公务、市政、邮政等领域,力争使全国新能源汽车的运营规模到2012年占到汽车市场份额的10%"。

这一政策,可以看作我国新能源汽车产业化运行的起点,一个全新的新能源汽车产业由此启程。同时,这个政策也指出了中国汽车新能源化的路径,那就是让公共采购领域的公交、出租车成为汽车新能源化的先行者。

下面是一些客车市场的"新贵",它们都是在2009年这一年,通过生产新能源公交而进入客车市场的。

1. 比亚迪

2009年7月25日,比亚迪股份有限公司与湖南环保科技产业园正式签约,全盘接手美的三湘客车公司,至此,比亚迪正式进入客车领域。此后,比亚迪又兼并重组天津金马、广汽客车等企业,并陆续在全国建立了多个客车生产基地。2016年,比亚迪销售新能源客车13278辆,列我国新能源客车市场第三名;其中,超过1万辆的新能源大型客车销量,使比亚迪登上了当年10米以上新能源大型客车销量冠军宝座。

2. 银隆新能源

2009年12月,珠海银隆新能源公司成立,注册资本8.56亿元。当时,作为拥有独特的钛酸锂技术的企业,银隆的主要业务覆盖锂电池材料研发及销售、电动汽车动力总成、整车制造、智能电网储能系统等产业链。2012年,银隆全资收购珠海广通汽车有限公司,正式进军新能源整车领域。2013年,银隆又全资收购了石家庄中博汽车有限公司,获得客车生产资质,同时筹建新的北方基地。2013~2015年,银隆在河北武安的新能源产业园基地从初期的100亿元投资追加到300亿元,银隆从研发中心、钛酸锂电池生产到整车生产的超大产业园基地逐步成形。2016年,银隆销售新能源客车5285辆,列新能源客车市场第六名。年底,董明珠个人联合万达集团、京东邦能投资管理公司、中集集团等向银隆注资。

3. 中车电动

2007年7月23日，湖南南车时代电动汽车股份有限公司在湖南株洲成立（后更名为中车电动），其主营业务就是电动汽车整车、电气系统及关键零部件的研发、制造。2009年"十城千辆"政策颁布后，中车开始致力于把湖南株洲打造成为国内首个"全电动公交城"。2016年，中车电动销售新能源客车4277辆，列新能源客车市场第十名。

4. 南京金龙

2011年，南京创源天地汽车有限公司、厦门金龙联合汽车工业有限公司、南京东宇汽车集团等重组了南京金龙。重组后的南京金龙公司董事长由创维集团创办人、控股股东黄宏生担任。这意味着，家电大佬黄宏生正式进军新能源汽车行业。此后，南京金龙生产的开沃牌汽车逐渐出现在人们的视野中。

重组后的南京金龙，销量大增，进入主流客车企业行列，其后的投资也不断追加，在南京、深圳和武汉的投资基地相继开工建成。2017年6月3日，开沃汽车集团签署了在陕西投资新能源汽车产业的意向合作协议，拟在陕西规划投资100亿元，形成年产1万辆客车、5000辆专用汽车、30万辆乘用车的汽车生产基地。2016年，南京金龙销售新能源客车7286辆，位居新能源客车市场销量第四名，成为客车行业的主流品牌之一。

除了上述四家进入客车领域的企业，2010年和2011年，恒天集团先后重组了湖北新楚风汽车和江西凯马百路佳客车；上海联孚集团2010年重组了黑龙江汽车改装有限公司。

（二）2013~2017年进入客车行业的企业

2013年9月13日，财政部、科技部、工信部、国家发改委四部委联合发布了《关于继续开展新能源汽车推广应用工作的通知》。从2014年开始，新能源客车的销量暴涨。

政府对新能源汽车推广的决心和补贴的力度，再度吸引了大量的资本进入客车行业，客车行业掀起了新一轮的兼并重组高潮。2014年，江西特种电机股份有限公司分两次购买获得江西宜春客车厂95%的股权；随后还投资10亿元建设纯电动客车生产项目，新项目具备10万辆纯电动乘用车和2000辆客车（包括新能源客车）的生产能力。

2014年12月，西部资源收购重庆恒通客车有限公司66%的股权和恒通电动客车动力系统有限公司66%的股权，成为恒通客车最大控股方。

2015年8月，中植新能源汽车有限公司与一汽客车有限公司、成都客车股份有限公司进行资产重组，成立中植一客成都汽车有限公司。

2015年12月16日，辽宁曙光汽车集团发布公告称将旗下常州黄海客车100%股权转让给常高新实业，交易总价为43000万元。2016年，北汽集团接手常州黄海，改名北汽（常州）公司。

2016年1月22日，善林金融和安源客车签署合作协议。此前，安源客车最大的股东是中煤科技集团公司。合作协议签署后，善林金融接手安源客车70%的股权，成为安源客车第一大股东。

2016年3月4日，东风南充汽车公司股权转让签约仪式在西南联合产权交易所举行。吉利控股集团旗下的吉利商用车公司以40682.64万元的成交价购得东风南充100%股权，进入新能源客车市场。

2015年和2016年两年间，京威股份连续参股了两家汽车公司：深圳五洲龙与江苏卡威汽车。2015年12月26日，京威股份出资5.36亿元获得五洲龙48%的股权；2016年8月1日，京威股份又按比例向五洲龙增加1.04亿元投资。

2017年8月24日，东旭光电发布公告称，公司发行股份及支付现金购买资产并募集配套资金方案获得证监会审核通过。根据东旭光电此前披露的《重组报告书》，东旭光电将通过发行股份及支付现金的方式，作价30亿元购买上海申龙客车100%的股权。

表1　2009年以来客车行业并购事件不完全统计

企业名称	收购时间	被收购公司	备注
比亚迪股份有限公司	2009年7月	美的三湘客车	此后又陆续兼并重组了天津金马、广汽客车等企业
上海联孚集团	2010年	黑龙江汽车改装有限公司	兼并重组后成立黑龙江龙华汽车有限公司

续表

企业名称	收购时间	被收购公司	备注
恒天集团	2010年	湖北新楚风汽车、江西凯马百路佳客车	
南京创源天地汽车有限公司	2011年	南京金龙客车制造有限公司	南京创源天地汽车有限公司控股南京金龙
厦门金龙联合汽车工业有限公司			
南京东宇汽车集团有限公司			
珠海银隆新能源	2012年	珠海广通汽车有限公司	正式进军新能源客车整车领域
珠海银隆新能源	2013年	石家庄中博汽车有限公司	获得了客车生产资质,同时筹建新的北方基地
江西特种电机股份有限公司	2014年	江西宜春客车厂	分两次收购江西宜春客车厂95%的股权
四川西部资源控股股份有限公司	2014年12月	重庆恒通客车有限公司、恒通电动客车动力系统有限公司	收购重庆恒通客车有限公司66%的股权和恒通电动客车动力系统有限公司66%的股权
中植新能源汽车有限公司	2015年8月	重组成立中植一客成都汽车有限公司	中植新能源以"投入现金、增资扩股"模式入股一汽客车(成都)有限公司,资产重组后一汽客车(成都)更名为中植一客成都汽车有限公司,中植新能源占60%的股权,其余两家公司占40%的股权
一汽客车(成都)有限公司			
成都客车股份有限公司			
江西特种电机股份有限公司	2015年8月	江西九龙汽车	以9.55亿元收购俞洪泉持有的江苏九龙汽车制造有限公司32.62%的股权。此后持续收购九龙汽车股权并在2016年2月完成100%的股权收购
常州常高新实业投资有限公司	2015年12月	辽宁曙光汽车集团常州黄海客车100%的股权	2016年常高新实业将常州黄海客车57%的股权转让给北汽集团
北京威卡威汽车零部件股份有限公司(京威股份)	2015年12月	深圳五洲龙	京威股份出资5.52亿元收购深圳市五洲龙汽车有限公司48%的股权
善林(上海)金融信息服务有限公司	2016年1月	江西安源客车	收购安源客车70%的股权
吉利商用车公司	2016年3月	东风南充汽车公司	以40682.64万元收购东风南充汽车有限公司100%的股权,收购完成后东风南充公司更名为吉利四川商用车有限公司

续表

企业名称	收购时间	被收购公司	备注
北京威卡威汽车零部件股份有限公司（京威股份）	2016年6月	江苏卡威汽车	京威股份出资10.5亿元收购江苏卡威汽车工业集团有限公司35%的股权
东旭光电科技股份有限公司	2017年3月	上海申龙客车	出资30亿元收购申龙客车100%的股权
上海申龙客车	2017年3月	广西源正新能源汽车有限公司100%的股权	
浙江康盛股份有限公司	2017年6月	烟台舒驰客车、中植一客	收购烟台舒驰客车95.42%的股权、中植一客成都汽车有限公司100%的股权

二 新能源化改变客车竞争格局

客车新能源化之后，客车行业的竞争格局也因新进入者而发生巨大变化。

（一）客车新能源化带来竞争格局变化

客车行业俗称的"一通三龙"，指的是位于客车行业第一梯队的四家客车企业：宇通客车、厦门金龙、厦门金旅与苏州金龙海格，这个格局统治了客车行业十几年。而客车新能源化，为客车行业带来了一轮洗牌。

1. "一通三龙"的格局被打破

宇通客车、厦门金龙、厦门金旅与苏州金龙海格四家客车企业形成的"一通三龙"，从2002年开始到2012年，一直牢牢占据客车行业的第一梯队。这四家企业在市场销量、品牌价值等方面，与其后的客车企业有着较大的差距。

在十几年的时间里，第一梯队的这四家企业，占据了客车市场一半以上的销量。因此，长期以来，客车行业的竞争格局一直相对稳定。不过，自从客车新能源化以后，铁打的"一通三龙"阵营被打破了。

中国客车统计信息网统计数据显示,2013年,我国车长5米以上的客车市场销售客车221606辆,一如既往地保持了"一通三龙"的队形。宇通客车、苏州金龙海格、厦门金龙、厦门金旅,销量分别为56068辆、25817辆、17520辆和12301辆。作为销量排名前四位的客车企业,"一通三龙"的销量总计111706辆,市场份额合计为50.4%。第五名到第十名的企业为:中通客车、安凯客车、黄海客车、福田欧辉、恒通客车和亚星客车。

3年后的2016年,客车行业销量前四名的企业就变为:宇通客车、苏州金龙、中通客车和比亚迪(见表2)。也就是说,第一梯队中的四家企业,有两个都换了。一个是中通客车,一跃成为行业第三名;另一个就是新进入者比亚迪,成功上位为第四名。

表2　我国客车市场及企业2016年销量

企业	2016年销量	2016年市场份额(%)	企业	2016年销量	2016年市场份额(%)
市场总计	251612	100.0	福田欧辉	9681	3.8
宇通客车	70947	28.2	东风襄旅	7697	3.1
苏州金龙	19559	7.8	少林客车	7454	3.0
中通客车	18466	7.3	南京金龙	7286	2.9
比亚迪	13278	5.3	东风超龙	7216	2.9
厦门金旅	12990	5.2	亚星客车	6042	2.4
厦门金龙	12388	4.9	桂林客车	5518	2.2
安凯客车	10166	4.0	银隆新能源	5285	2.1

资料来源:中国客车统计信息网。南京金龙、银隆新能源的部分销量数据做了修正和补充。

实际上,中通客车能够晋升前三,正是得益于客车的新能源化。由于中通客车在新能源客车领域争取到了比传统动力客车更多的份额,而厦门金龙和厦门金旅在新能源客车市场的表现远不如其传统燃油车,因此被中通客车赶超。

比亚迪客车,仅仅凭借新能源客车(并且全部是纯电动客车),就超过了绝大部分既生产传统动力客车又生产新能源客车的企业,成功夺得客车市场销量第四的位次。

如果再看新能源客车市场的排位，就会看到，在产量前十名的企业中，有四家都是2009年才进入客车领域，且专注生产新能源客车的企业（见表3）。这四家企业分别是比亚迪、南京金龙、银隆新能源和中车电动。而比亚迪、南京金龙和银隆新能源这三家"新势力"，更是跻身行业前六名。

表3　我国新能源客车企业2016年产量及市场份额

单位：辆，%

客车企业	产量	市场份额	客车企业	产量	市场份额
宇通客车	26901	19.9	中车电动	4759	3.5
中通客车	14116	10.4	苏州金龙	3845	2.8
比亚迪	14040	10.4	亚星客车	3672	2.7
南京金龙	7940	5.9	厦门金龙	3611	2.7
福田欧辉	7265	5.4	江苏九龙	3247	2.4
银隆新能源	6047	4.5	重汽客车	2696	2.0
厦门金旅	5516	4.1	东风汽车	2626	1.9
安凯客车	5060	3.7			

注：国家工信部汽车合格证产量与中国客车统计信息网销量数据有一定偏差，主要是产销差所致。
资料来源：国家工信部汽车合格证产量统计。

正是客车的新能源化，打破了客车行业的固有格局。这其实也是技术的变革，让客车行业进行了重新洗牌。

（二）客车行业"新势力"崛起

客车的新能源化，让一批"新势力"迅速崛起，更让客车行业固有的竞争格局被改写。2016年，比亚迪以13278辆的销量排名客车行业第四名，在10米以上大型客车市场的排名更是冲到了第二。同样，只造新能源客车的珠海银隆和南京金龙，分别以5285辆和7286辆的销量，跻身新能源客车行业前六名。

比亚迪2016年销量增幅达到146%，市场份额升至5.3%，行业排名从2015年的十名以外上升至2016年的第四，令很多客车企业望尘莫及。珠海

银隆,也是客车行业的一匹黑马。2016年12月,珠海银隆得到董明珠、京东邦能、万达集团、中集集团等多个企业及个人的30亿元联合增资;同年,银隆在新能源客车市场的排名迅速上升至第六,年产量超过6000辆,同比增长90%,新能源客车市场份额升至4.5%。

中车电动、南京金龙这两家后来者,同样快速崛起,成为客车行业新的主流企业。2016年,中车电动、南京金龙销量分别为4277辆和7286辆,代替了之前老牌企业所占的行业位置。

如今的客车领域,一批以比亚迪、南京金龙、珠海银隆、中车电动等为代表的"新势力"正在强势崛起,不但能够和传统客车企业平分秋色,未来的发展前景也不可限量。

(三)传统客车企业出现分化

客车的新能源化,一方面,让"新势力"登场并成功上位;另一方面,也打破了老牌企业垄断市场固有的格局。

在客车的新能源化浪潮中,有的老牌客车企业与时俱进,提前布局新能源,并勇于创新。这些企业在客车新能源化的过程中占得先机,在竞争中获胜。有的企业则没有跟上新能源化的步伐,在竞争中逐渐失去了之前的优势。

作为老牌客车企业之一,中通客车凭借在新能源客车领域的先发优势,成功跻身客车行业销量前四名,2016年更是跃居行业第三名。另外,欧辉客车也因其在新能源客车领域的领先优势,不断上位。从2010年到2016年,福田欧辉的销量从3104辆上升到9681辆,市场份额从1.6%上升到3.8%,增加了2.2个百分点。

有喜就有忧。行业外的企业进入客车行业并迅速崛起,行业内的一些传统客车企业也借新能源的东风快速前进。不过,有些老牌客车企业则在此轮的客车行业技术路线变化中,未能跟上行业升级的步伐,而被其他企业赶超,有的甚至市场大幅缩水,生存空间也被严重压缩。比如,曾经位列前十名的黄海客车和恒通客车,这两家企业的销量大幅缩水,排名后退,最终都被兼并重组。

（四）兼并重组让一些"老"企业重生为"新"企业

在激烈的客车行业市场竞争中，有些客车企业不是濒临倒闭，就是已经停止生产，或者业绩连续下滑。不过，在客车新能源化的浪潮来临后，它们又被兼并收购，重获新生。

比如，比亚迪收购的美的三湘客车、金马汽车以及广汽客车，此前均属于非主流或边缘性的客车企业。这些客车企业被收购后，便形成了强大的比亚迪"军团"，成为老牌客车企业最强大的竞争对手。

再比如，石家庄中博在被珠海银隆收购前，已经被国家发改委取消了公告；收购改造后，重新获得了资质。珠海银隆收购的另一家客车企业——广通汽车，也是名不见经传的客车企业。在收购了两家企业后，珠海银隆现在成为客车行业中代表钛酸锂快充技术路线的重要一极。

另外，南京创源入主南京金龙后，在短短2年内，就让一个连年亏损、销量极少的企业，一跃成为客车行业的主流企业以及新能源客车的领先企业。

2017年1~7月，上海申龙客车在东旭光电的大力支持下，销量表现大翻身，一跃从新能源客车行业前18名（2016年），进入新能源客车行业前六名。

三 新能源化改变客车业原有的制造模式

（一）多地建厂联合生产

在2009年以前，也就是客车新能源化之前，绝大多数客车企业都只有一个生产基地，有个别的企业在全国范围内有两个生产基地。客车新能源化以后，不少进入新能源客车市场的新企业，都在全国有多个生产基地。比如，比亚迪在全国有16个客车生产基地。由于比亚迪在全国各地建厂，有的是采用收购或者联合建厂的形式，因此，这16个生产基地生产的客车分属三个品牌。虽然生产基地众多，不过，其生产标准、流程等都基本一致。

同样,珠海银隆在全国也有珠海、石家庄、淄博等生产基地,在建或拟建的基地还包括成都、兰州、天津、南京、洛阳、合肥、长沙等生产基地(见表4)。

表4 银隆新能源11个生产基地概况

序号	基地名称	签约时间	投资金额	产能规划
1	银隆(成都)新能源产业园	2016/8/20	100亿元	拟建设钛酸锂电池(包含动力电池、储能电池和启停电池)、新能源汽车、充电装备等产品生产基地
2	兰州银隆新能源产业园	2017/1/21	25亿元	一期3000辆新能源客车厂;二期配套动力系统电池厂
3	天津银隆新能源产业园	2017/2/6	350亿元	建设满足年产55亿Ah钛酸锂电池、50万套氢燃料电池、15000辆纯电动商用车和50万辆纯电动乘用车、500MWh储能系统及电机电控集成系统、充电装备的新能源产业基地
4	南京银隆新能源产业园	2017/5/9	100亿元	3万辆纯电动商用车、25亿安时动力电池和储能电池以及40万台启停电源的生产能力
5	四川攀枝花银隆新能源产业园	2017/7/8	不低于50亿元	在攀枝花建设新能源、新材料产业基地,加大对新能源材料、电池、汽车零部件产业和钒钛原料及制品、新能源材料及制品交易中心以及钒钛及新能源技术研发中心的建设
6	珠海银隆新能源产业园和全国总部	2017/7/28	195亿元(已有产能扩充)	年产30亿Ah钛酸锂电池、6万套氢燃料电池、1万辆纯电动客车、50万辆纯电动乘用车、1000MWh储能系统及6万套电机电控集成系统、6万套充电设备的新能源汽车及电池产业基地
7	银隆新能源(洛阳)产城融合产业园	2017/8/8	150亿元	年产1万辆纯电动商用车、5000辆纯电动特种专用车、5000辆新能源环卫车,以及新能源皮卡车、纯电动农机具等多个新能源车型;促进配套供应商的本地化生产
8	银隆新能源(合肥)生产基地			产能布局初步敲定,规划中
9	银隆新能源(长沙)生产基地			

续表

序号	基地名称	签约时间	投资金额	产能规划
10	石家庄银隆新能源产业园	2013年5月全资收购石家庄中博汽车	已有产能	年产新能源客车能力达2万辆,主要从事钛酸锂材料、锂离子电池及储能系统、电机电控、新能源汽车等整车制造的研发、生产和销售服务
11	邯郸银隆新能源产业园		已有产能	河北银隆新能源有限公司项目一期工程总投资12亿元,年产能2亿安时电池,年产值约合30亿元

黄宏生掌舵后的南京金龙,在新能源汽车领域高歌猛进,不但销量跃升新能源客车市场前六名,其生产基地在全国也是"四处开花"。除了创维的本部深圳、南京金龙的本部南京外,其还有武汉基地,拟建的则有陕西基地等。

(二)多生产基地模式改变了单一工厂的生产模式

客车行业此前的模式是,全国一百多个客车企业分布在不同的城市;客车新能源化后,出现了一家客车企业的生产基地分布全国各地的情况。客车企业在全国各地建立多个生产基地,相比此前在一个地方建厂的模式,从成本上来说,各有优劣。在各地建厂,固定资产投资相对要高;但物流成本会相对减少。新能源客车特别是纯电动客车,一般都通过卡车运送,一辆客车的运输成本有时高达2万元。在各地投资建厂,可以就近生产,避免长途运输,每辆可节省上万元的运输成本。

另外,对于批量较大的订单,不同基地同时生产,可以加快生产进度。由于客车属于定制化程度高的产品,因此生产周期较长。而各地同时生产,可以大大缩短交货时间。

(三)自制关键零部件的比例大幅增加

在客车新能源化之前,客车企业基本不生产关键零部件,发动机、变速箱和车桥等全部外购。客车新能源化之后,客车的零部件自制率大幅提升,这主要有两个方面的原因。

客车蓝皮书

一方面，一大批制造新能源汽车核心零部件的企业开始生产客车整车。比如，生产动力电池的比亚迪、银隆，生产电机和电控的中车电动、江特电机等；另外，还有一批刚刚收购了客车整车企业的零部件企业，比如东旭光电等。这些生产核心零部件的企业生产客车后，让客车的零部件自制率大幅提升。特别是比亚迪，其新能源客车除了座椅、玻璃、轮胎、空调等一些外围部件，电池、电机、电控、车桥等均为自制。这也让客车产品的差异性显著提升。

另一方面，一些老牌客车企业在生产传统动力客车时，核心零部件全部是外购；在生产新能源客车之后，其核心零部件的自制率也大幅提升。比如，宇通、福田欧辉、中通等，其电控部分均为自制。另外，在电池和电机等核心零部件的研发上，很多传统客车企业和零部件企业一起研发，这些核心零部件往往专供这家整车企业。因此，老牌客车企业的零部件自制率相比以前也有大幅提升。

四 客车新能源化改变原有的销售服务模式

（一）营销方式发生改变

1. 直销、经销模式以外，新增"投资换市场"模式

中国客车行业的销售模式长期以来以直销为主，经销为辅。直销也是客车区别于其他汽车领域的独特销售方式。2009年以来，一批以新能源业务为主的企业进入客车行业，它们为了能够快速进入相对封闭的且以直销为主的客车市场，采取了在各地投资建厂的方式。这种方式被称为"投资换市场"。

2. 零部件点单数量大幅减少

客车行业的销售中，长期以来一直存在点单的"顽疾"。用户购车时，不但指定发动机、变速箱、车桥等关键零部件，其他诸如空调、车门、座椅、线束等零部件也要指定。这不但大大增加了造车的成本，也不利于安全。客车新能源化以后，由于有了全新的驱动形式，再加上一些客车企业的零部件自制率提高，新能源客车点单的零部件种类和数量都大大缩减。

3. 提供全套解决方案

新能源客车的推广使用，往往还需要配套设施，比如充（换）电站、集电弓等。很多城市的公交客运公司在投运新能源客车时，就需要建设相应的配套设施。大部分客车企业都有现成的不同运行模式以及基础设施建设的经验，可以向用户提供全套的解决方案，包括基础设施的建设方案、车辆运行路线和运行模式的设计及选择等。有的客车企业甚至成立专门的部门，负责新能源客车相关配套设施的设计和建设。

买新能源客车相比买传统动力客车，更能够享受到全套解决方案。而这需要客车企业具有全面完善的售前、售中和售后服务能力。从另一个角度来看，这其实也提供了更高的销售收入和利润。这也就是为什么新能源客车的单价，国内有时会高达150万~200万元，而国外有的甚至高达80万美元。因为，这一明显高于传统动力客车的价格，可能会包含配套设施建设以及产品全生命周期服务的费用。

（二）创新的服务模式

1. 新能源客车实行全天候全车型的实时监控

与传统动力客车不同，国家相关政策法规要求客车企业对所售新能源客车100%实施监控。因此，所有新能源客车的行驶状况和各种数据，不但客车企业可以实时监控，使用企业也能够获得。这个"实时"和"100%监控"的要求，不但可以监控电池电量、温度等，而且可以监控驾驶路线、司机驾驶行为等；不但能够保证新能源客车运营安全，还有利于车队管理。

2. 承诺8年（或终身）服务

由于新能源客车是新事物，电池等零部件的维护保养及使用寿命，与传统内燃机等完全不同。因此，即使具备修理资质的客车用户也不会修理新能源客车。针对用户对于新能源客车的电池以及整车使用寿命、维修难度等方面的疑虑，很多客车企业都承诺8年质保，包括更换电池。有的企业甚至提供全生命周期的服务承诺。

五 新格局下客车企业的竞争优势在哪里

客车新能源化之后，新技术和新企业进入，客车行业重新洗牌。新的运营模式出现，企业在经营中"八仙过海，各显神通"。在客车新能源化的时代里，什么样的企业才有竞争优势呢？

根据迈克尔·波特的竞争优势理论，企业取得竞争优势，主要是有三个方面的领先：总成本最低、差异化、专一化。仔细分析客车企业就会发现，大部分取得优势的客车企业，在总成本控制上都有"绝招"，还有少数企业是凭借差异化取得优势的。

（一）"总成本领先"取得竞争优势

1. 自制零部件比例大幅提升

客车新能源化之后，客车行业的一些巨头，如宇通客车、比亚迪、银隆新能源、中车电动等，都有着较高的零部件自制率。

2009年客车新能源浪潮到来之前，客车行业中的大部分企业都是单纯的客车组装企业，并且基本不生产客车的零部件。客车新能源化浪潮到来以后，一些生产新能源汽车关键零部件的企业进入客车整车行业，这些企业最强的竞争力当然就是其自制的零部件。这些企业拥有众多的零部件生产链条，不仅可以让这些零部件的利润不会流到外人田，同时还会减少交易成本，更能减少因外购零部件而形成的腐败，因此，成本自然会降低。

最有代表性的是比亚迪，其自产电池、电机和电控以及轮边电机和轮毂等大部分零部件，是客车行业中自制率最高的企业。

银隆新能源的电池、电控和电机等关键零部件也是自制。同时，银隆新能源正在筹备收购南京客车制造厂，而南京客车制造厂第二大股东东宇汽车集团目前全资控股南京特种汽车制配厂有限公司，这有助于扩大银隆新能源的产业链。

另外，一些老牌的客车企业，如宇通客车、中通、福田欧辉等，也自己生产一些新能源客车的核心零部件，比如电控、电机甚至电池 PACK（外壳）等，其零部件的自制率也要远高于传统动力客车。这些企业相对于零部件自制率较低的客车企业，在成本上也更有优势。特别值得一提的是宇通客车。近些年，宇通客车不但提高了新能源客车的零部件自制率，其传统动力客车的零部件自制率也在稳步提升。得益于此，宇通客车拥有客车行业首屈一指的毛利率。

2. "共享"降低成本

客车新能源化之后，一大批"通吃"的企业，正在客车行业崛起。

比亚迪从 2009 年收购美的三湘客车起，正式进入新能源客车领域，成为一家覆盖轿车、客车和卡车全领域的汽车企业。

另外，吉利收购东风南充后，也成为乘用车与商用车"通吃"的企业。

而福田欧辉客车所在的福田汽车集团是中国最大的商用车企业，也是卡车和客车"通吃"的企业。

"通吃"不同汽车细分领域的企业，可以通过全领域分享人才、网络、实验设备、研发成果、采购低价甚至国内外销售服务渠道，从而取得更低的单车总成本。

3. 规模效应明显

客车行业本身是小批量、多品种的行业，多年以来，即使是规模很小的企业也有生存空间。不过，伴随着新能源客车的零部件自制率越来越高，用户对售后服务的要求也远高于传统动力客车，规模大小所带来的成本差异越来越明显。未来，年产量仅几百辆的客车企业生存空间将越来越小。

（二）差异化

客车新能源化之后，出现了不同驱动形式、充电方式、电池类型的客车。现在，客车行业可谓是"百花齐放"。由于有着差异化的竞争优势，因此，虽然有些企业的规模并不大，但仍然是客车市场重要的一极。

比如，珠海银隆由于具有钛酸锂电池技术及其独特的快充方式，成为客车行业最具差异化特点的企业。实际上，珠海银隆不但在电池材料及充电方

式上走差异化路线，在外观、车型上同样独树一帜——银隆的仿古铛铛车，成为北京等众多城市的街头一景。

（三）专一化

公交车等客车提供的是公共服务，由政府埋单，这就决定了很多客车企业都具有专一化属性。客车企业在当地建厂，为当地生产客车。其生产的客车，往往都具有为当地服务的专一化属性。特别是客车新能源化以后，由于新能源客车具有运输不便利，对充电桩等基础设施有较高要求，在运营上要求全部时间、全部车型的监控等特点，很多当地客车企业生产的客车并提供的全套解决方案、售后服务，都具有专一化的特点。

正因为中国地域千差万别，每个城市又有不同的特点，很多城市在新能源公交车的推广上走出了不同的道路。有些客车企业正是因为能够满足当地的运行特点，专为当地打造客车和解决方案，成就了其专一化的特点。相比此前的传统客车企业，现在大量的专一性客车企业仍然存在，只不过，这些专为当地提供服务的客车企业，是大型汽车集团中的子公司。

这就是当前客车行业的一大"景观"：属于同一个品牌，具有同样的技术来源，但却在不同的城市建设不同的工厂。相比此前客车行业几乎每个大中城市都有自己本地的客车企业和品牌来说，这也算是一个进步。

六 客车行业未来走向何方

新能源化，让客车行业风起云涌，大量资本汇聚，人才集中；也让客车行业发生了翻天覆地的变化。未来，客车行业会走向何方？会形成什么样的竞争格局？

（一）纯电驱动会是未来客车主导驱动形式吗？

未来，纯电动客车会取代所有的燃油和燃气客车吗？

已经统治汽车行业一百多年的传统内燃机汽车，近几年来受到了新能源汽车的巨大挑战。从最近几年新能源客车的发展来看，受益于国家政策扶持，我国的新购公交车已经有八成是新能源客车。根据全国各地的公交车更新表，我国有望在2020年左右实现全国范围内公交的新能源化。

除了国家支持外，新能源客车企业也获得了比传统客车企业更多的发展资源。大批新进入客车领域的企业，只造新能源客车，这些新进入者汇聚了巨额的资本和大量的人才，在竞争力上要更胜于很多老牌客车企业。而许多老牌客车企业特别是龙头企业，如宇通、中通等，又将企业的大量优势资源转向新能源客车。可以预见，汇聚了如此多资源的新能源客车，一定会表现出比传统能源客车更强的竞争力。未来，新能源客车完全有可能逐步取代传统能源客车。客车的新能源化，将会进行到底。

（二）什么样的企业能够最终胜出？

大浪淘沙，淘尽千古风流人物。在轰轰烈烈的新能源化浪潮中，在众多资本企业投身到客车行业的热潮中，究竟哪些企业是金子呢？究竟是"姜还是老的辣"，还是"长江后浪推前浪"呢？

实际上，从多次客车行业的升级换代、技术创新中就能看出，每次的升级都会带来新的机会，都会有新的企业进入；之前的企业，如果能够及时跟进，就会依然挺立潮头，而那些未能及时升级换代、改变自己的企业，则会被甩下。

就像20世纪末的客车大型化，让一批在中型客车领域如日中天的客车企业，被历史前进的车轮甩下，如江苏牡丹和四川华西等；而一些企业及时改变自己，跟上了客车大型化的脚步，比如"一通三龙"和中通。

同样，本次的客车新能源化，既带来了一批强有力的外来竞争者，如比亚迪、南京金龙、银隆等，也让老牌客车企业出现了分化。宇通、中通、安凯和福田欧辉等企业，能够前瞻性地看到客车新能源化的趋势，早做准备，并投入了足够的资源，这些企业依然站在客车领域的制高点，有些企业还借着新能源的东风，加速前进。

因此，无论是老企业还是新企业，无论是以何种套路出牌，奉行何种技

术路线，只要不忘初心，坚持投入，不断创新，紧跟时代，持续改进，就可以成为客车行业的中流砥柱；如果新企业存在投机思想，遇到困难不能坚持；如果老企业故步自封，不能因时而变，不能自我创新甚至是"革自己的命"，那就会不进则退，逐渐掉队。

客车新能源化带来的行业洗牌还没有完成，现在的客车市场格局仍然处于重塑过程中。2016年初步形成的客车行业格局可能会在未来几年继续发生变化。2020年，当国家停止新能源客车的补贴时，客车行业真正的强者将会形成相对固定的竞争格局。或许，下一个像"一通三龙"那样四强分立的格局会在未来几年内形成。

参考文献

1. 〔美〕迈克尔·波特：《竞争战略》，陈小悦译，华夏出版社，2005。
2. 财政部新闻办公室：《关于地方预决算公开和新能源汽车推广应用补助资金专项检查的通报》，2016年9月8日。
3. 《财政部公布检查结果重罚违规企业：对新能源汽车骗补"亮剑"》，中国资本证券网，2016年9月9日。
4. 《纯电动客车12月产3.5万辆刷新纪录 市场全年猛增31%》，第一商用车网，2017年1月11日。

B.2 "现实比小说还精彩"

——2016年客车市场盘点与2017年客车市场分析

谢光耀[*]

摘　要： 当人们联想起2016年的中国客车市场，也许会不自觉地把它与2015年相比。这是因为，这两个相近年份的客车市场有很多相似之处，比如，传统动力客车市场（指柴油客车、汽油客车和燃气客车）几乎全部"沦陷"，下滑严重；新能源客车市场前低后高，上半年表现一般，上半年尤其是四季度发力"狂奔"，市场销量分布非常不均匀。在国家财政补贴政策的刺激下，2016年的新能源客车市场出人意料地实现了大幅增长，但"政策市"所带来的透支性购买以及后续的补贴难题，对整个市场都带来了巨大的困扰和打击。

2017年，补贴大幅退坡后，市场"一地鸡毛"，传统动力客车和新能源客车市场都陷入了低迷状态。直到6月份，市场才出现回暖苗头。对于新能源客车这个新生事物来说，2017年，将是考验产业健康可持续发展的关键一年。

关键词： 客车市场　新能源客车　公交客车　座位客车　补贴退坡

---

[*] 谢光耀，经济学硕士，法学学士，师从中国人民大学郑水泉教授；曾任中国汽车报社《商用汽车新闻》执行主编、《中国汽车报》商用车专刊主编；现任"第一商用车网"总编辑，同时还是多家投资银行及证券机构特约商用车专家顾问。

客车蓝皮书

一 2016年客车市场总结

在"十三五"(2016~2020)的第一年里,中国汽车行业整体发展较为平稳,根据中国汽车工业协会产销快讯统计,2016年国内汽车产销分别为2811.88万辆和2802.82万辆,同比增长14.46%和13.65%。但具体到各个细分市场,却是苦乐不均,尤其是客车市场,其产销量虽然只占整体汽车市场的1%左右,但在2016年里所经历的发展过程,却远比其他细分市场要曲折,其间甚至可以用"大起大落"和"惊心动魄"来形容。

(一)客车市场整体变化趋势

根据中国客车统计信息网的行业销量统计数据,2016年,我国车长5米以上客车市场总体销量为25.16万辆,比上年同期的25.65万辆小幅下降1.9%(见图1)。这也就是说,2016年客车行业未能超过2015年创下的客车销量历史最高点,再创市场新高。

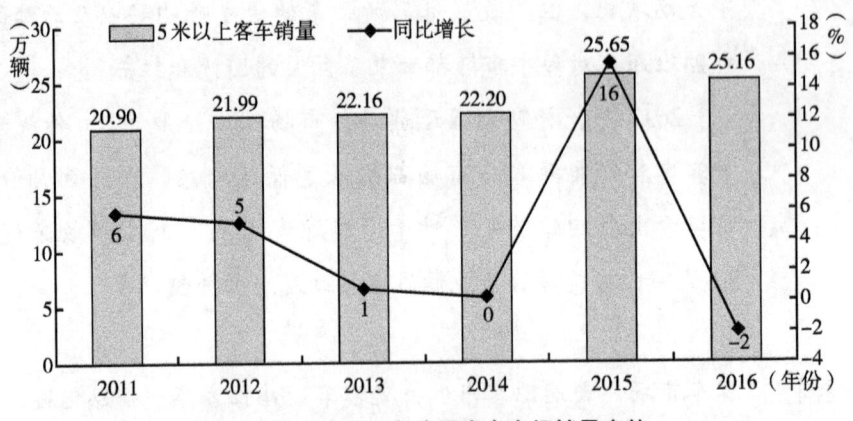

图1 2011~2016年我国客车市场销量走势

资料来源:中国客车统计信息网。

2016年客车市场的发展,有几个鲜明的特点。首先是超出预期。尽管整体销量出现小幅下滑,但即使这样,2016年的客车市场表现,已经超乎很多人的意料,这是因为,在2016年四季度以前,包括行业专家、客车企业分析人士在内的大多数人都认为,由于2015年新能源客车市场四季度井喷,而2016年市场受到国家严查"骗补"的不利影响,因此,2016年全年销量将会下滑10%左右。2016年客车整体市场25.16万辆的实际销量以及新能源客车13.52万辆的产量,可以说超出行业预期,也是新的新能源客车财政补贴政策当年底"突然"出台后的必然结果。关于这一点,笔者将在后面专门分章节剖析。

其次是四季度市场迅猛发力,全年销量分布非常不均衡。从图2可以看出,2016年的客车市场发展走势跟2015年有不少相似之处:2015年,由于2013~2015年新能源汽车补贴政策将在当年年底结束,各家企业为了赶上新能源客车高额财政补贴的"最后一班车",当年第四季度产销两旺,部分地区甚至出现抢车的现象;2016年,市场同样出现产销两旺的态势,其月度销量曲线与2015年一样,在年底时出现了一个明显的"摆尾"现象,最后一个月(12月)的销量(4.55万辆)甚至比2015年同期(4.38万辆)还要高。

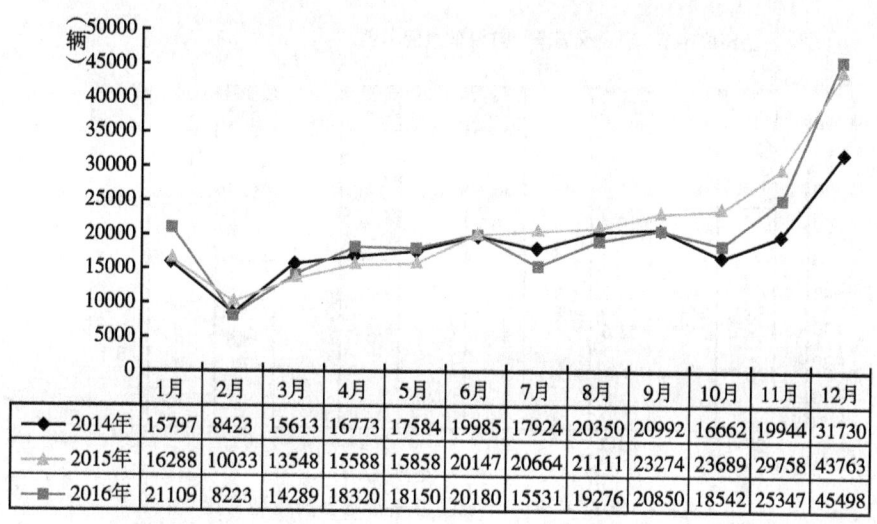

图2 2014~2016年我国客车市场月度走势

根据中国客车统计信息网数据,2016年四季度我国客车市场销量为89387辆,占到全年销量的35.53%,与2015年同期占比37.90%只相差2

个百分点；2016 年 11~12 月，客车市场销量为 7.08 万辆，占比高达 28.16%，与 2015 年同期占比 28.66% 基本持平，比 2014 年同期占比高出近 5 个百分点。这种不正常的情况，"始作俑者"正是新能源客车补贴政策的调整。

2016 年客车市场的第三个特征，就是公交客车销量占比持续提升，再创历史新高；与此同时，公交车的新能源化趋势十分迅速，新能源公交车对传统动力公交车的替代率非常高。根据中国客车统计信息网统计，2016 年我国公交客车市场共计销售 5 米以上车型 12.08 万辆，同比增长 20%，市场占比攀升达到 48%（见图 3），这个比例是公交客车历年来市场占比的最高值，比 2015 年的 39.25% 提高了 8.75 个百分点；48% 的占比，也是公交客车历史上第一次超过座位客车，在 2016 年以前，客车市场一直是座位客车（以班线客运、旅游通勤等用途为主）占主导，最近六年内的最高占比一度曾达到 65.25%（2011 年）。

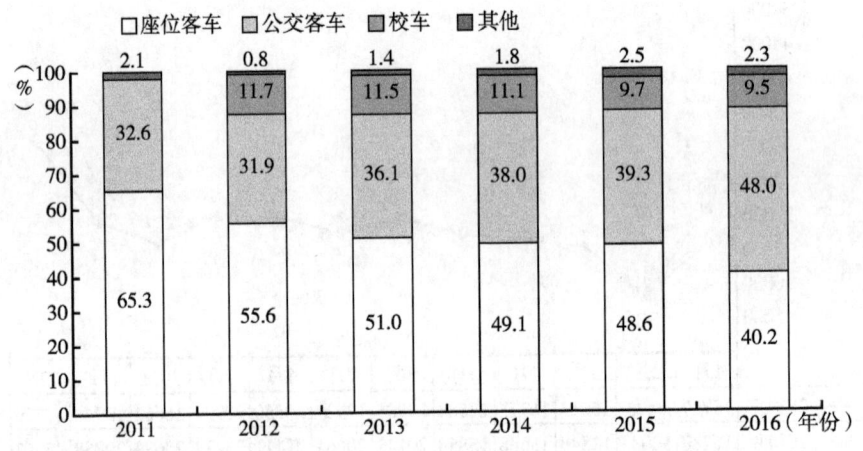

图 3　2011~2016 年我国客车市场各类车型占比

在公交客车整体占比大幅提升的同时，公交客车市场迅速新能源化。2016 年，新能源公交客车（纯电动+混合动力）的销量达到 9.9 万辆，新能源的比重占到公交客车市场的 82%。这也就是说，2016 年每卖出 10 辆公交客车，就有超过 8 辆是新能源车型。

2016 年客车市场的第四个特征，便是传统的市场竞争格局持续洗牌，"一通三龙"格局一去不复返。在新能源客车崛起之前，我国客车市场基本上是"一通三龙（宇通、厦门金龙、厦门金旅、苏州金龙）排前四名，中通、安凯、少林、东风、福田等紧随其后"的竞争格局；经过新能源客车最近三年的迅猛发展，得新能源者得天下，传统动力客车和新能源客车"两条腿走路"的宇通客车一骑绝尘，保持了行业第一；迅速向新能源转型的中通客车升至前三名；比亚迪、南京金龙、银隆新能源等新进入者凭借其各自新能源产品的亮眼表现，迅速崛起，成为市场黑马；"三龙"仍然是主流企业，但排名出现分化，虽然还保持在前六名，但不再稳定地居于前四名（见表1），且市场地位有进一步下降的趋势。客车市场的排位赛鏖战正酣，整体竞争格局正在重新改写。

表1 2014～2016 年我国客车企业销量一览

单位：辆，%，个百分点

企业	2016 年	2015 年	2014 年	同比增长	2016 年份额	2015 年份额	份额变化
市场总计	251612	256502	221986	-1.9	100.0	100.0	0.0
宇通客车	70947	67018	61398	5.9	28.2	26.1	2.1
苏州金龙	19559	29056	25615	-32.7	7.8	11.3	-3.6
中通客车	18466	17505	12795	5.5	7.3	6.8	0.5
比亚迪	13278	5400	2500	145.9	5.3	2.1	3.2
厦门金旅	12990	14141	12902	-8.1	5.2	5.5	-0.4
厦门金龙	12388	15578	14564	-20.5	4.9	6.1	-1.1
安凯客车	10166	10017	10454	1.5	4.0	3.9	0.1
福田欧辉	9681	8148	5928	18.8	3.8	3.2	0.7
东风襄旅	7697	10993	6138	-30.0	3.1	4.3	-1.2
少林客车	7454	8576	9762	-13.1	3.0	3.3	-0.4
南京金龙	7286	9359	1890	-22.1	2.9	3.6	-0.8
东风超龙	7216	7809	7825	-7.6	2.9	3.0	-0.2
亚星客车	6042	4492	4281	34.5	2.4	1.8	0.7
桂林客车	5518	6229	5975	-11.4	2.2	2.4	-0.2
银隆新能源	5285	3189	137	65.7	2.1	1.2	0.9

资料来源：中国客车统计信息网。南京金龙、银隆新能源的部分销量数据做了修正和补充。

国家工信部汽车合格证产量统计数据,也同样印证了客车行业竞争格局"发生巨变"的观点。2016年,在新能源客车这个细分市场上,众多传统豪强让位于黑马型企业,新晋者当中大部分都是在新能源尤其纯电动领域投入早、投入大和有特色的企业(见表2),这些企业在新能源大潮来临之前,很多都排名边缘甚至名不见经传(如南京金龙、银隆新能源、江苏九龙等);新能源浪潮到来之后,迅速崛起,成长为市场上的主流企业。比如,银隆新能源、比亚迪、江苏九龙只生产纯电动客车,不生产传统动力客车与混合动力客车;南京金龙、福田欧辉、中车电动也是以新能源业务为主的客车企业;中通客车虽然是传统动力客车起家,但近年来迅速转型,把企业资源重点投入到新能源领域并斩获颇丰。

表2 2016年我国新能源客车产量一览

单位:辆,%,个百分点

客车企业	2016年	2015年	累计增长	2016年份额	2015年份额	份额变化
市场合计	135242	112396	20.3	100.0	100.0	0.0
宇通客车	26901	19784	36.0	19.9	17.6	2.3
中通客车	14116	10224	38.1	10.4	9.1	1.3
比亚迪	14040	5155	172.4	10.4	4.6	5.8
南京金龙	7940	8832	-10.1	5.9	7.9	-2.0
福田欧辉	7265	3514	106.7	5.4	3.1	2.2
银隆新能源	6047	3189	89.6	4.5	2.8	1.6
厦门金旅	5516	4894	12.7	4.1	4.4	-0.3
安凯客车	5060	3100	63.2	3.7	2.8	1.0
中车电动	4759	2991	59.1	3.5	2.7	0.9
苏州金龙	3845	10541	-63.5	2.8	9.4	-6.5
亚星客车	3672	1335	175.1	2.7	1.2	1.5
厦门金龙	3611	4193	-13.9	2.7	3.7	-1.1
江苏九龙	3247	3831	-15.2	2.4	3.4	-1.0
重汽客车	2696	1251	115.5	2.0	1.1	0.9
东风汽车	2626	5316	-50.6	1.9	4.7	-2.8

注:国家工信部汽车合格证产量与中国客车统计信息网销量数据有一定偏差,主要是产销差所致。

资料来源:国家工信部汽车合格证产量统计。

（二）比故事还曲折：新能源客车市场在"走钢丝"中前进

2016年客车市场的最大亮点，与2015年几乎一样，那就是新能源客车，而且同样都是"传统动力客车市场大幅下降，新能源客车市场大幅增长"的发展态势。由于国家对新能源汽车实施购车补贴，新能源车型对传统动力车型的替代速度非常快，根据中国客车统计信息网统计，2016年我国新能源客车共计销售各类车型12.31万辆，同比增长57%，净增长量为4.47万辆。而根据国家工信部合格证产量数据统计，2016年我国新能源客车共计生产13.52万辆，比上年同期的11.24万辆增长20.3%，净增长约2.28万辆（见图4）；其中纯电动客车产量达到11.57万辆，同比增长31.1%，在新能源客车中的占比达到85.52%；插电式混合动力客车产量19578辆，同比下降18.9%，市场占比为14.48%。

但即便如此，2016年的新能源客车行业相比2015年，政策环境有了很大改变，生存发展条件也恶劣了许多。影响最大的，便是国家部委对"骗补"行为的严查。

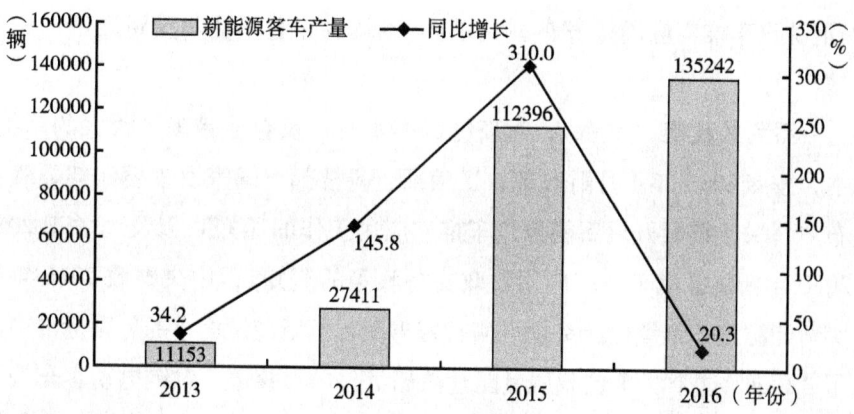

图4　2013~2016年我国新能源客车产量走势

资料来源：国家工信部汽车合格证产量统计。

1. 骗补核查与政策大调整

2016年1月，多家媒体曝光了新能源汽车行业中存在的骗补行为和骗补手段，包括"自产自销"（车企成立关联性的租赁公司，向车企购买新能源车辆并申请国家补贴）、虚开合格证和提前开发票（没有实车）、车辆闲置不上路等违规甚至违法行为。1月21日，国家财政部、工信部等部委发布《关于开展新能源汽车推广应用核查工作的通知》，宣布启动新能源汽车骗补清查，对2013年度、2014年度获得中央财政补助资金的新能源汽车，以及申请2015年度中央财政补助资金的新能源汽车有关情况开展核查，核查范围覆盖全部车辆生产企业以及新能源汽车运营企业（含公交、客运、专用车等）、租赁企业、企事业单位等新能源汽车用户。随后，四大部委抽调人员组成调查小组奔赴重点区域，对部分城市和部分企业新能源车辆生产使用情况进行现场督察。

很快，当年3月25日，中央电视台新闻频道《朝闻天下》报道了新能源汽车骗补的调查，首次公开国家相关部门调查新能源汽车骗补事件的现场，骗补企业之一江苏苏州吉姆西客车制造有限公司及其骗补行为被曝光。4月份，国家工信部从当年1月开始公布的《新能源汽车推广应用推荐车型目录》在陆续发布3批之后，也随之暂停。而新能源车型如果不能进入《新能源汽车推广应用推荐车型目录》，也就意味着不能享受财政部的购车补贴。

一系列的政策"重拳"，对新能源客车行业及企业带来了很大的困扰。原本，按照2015年4月财政部、工信部、科技部、国家发改委四部委联合发布的《关于继续开展新能源汽车推广应用工作的通知》以及《关于2016~2020年新能源汽车推广应用财政支持政策的通知》，中央财政2016年对购买新能源汽车继续给予补助，实行普惠制，但新能源客车的补贴标准中加入了"Ekg"这个"单位载质量能量消耗量"的考核值，对纯电动客车按照Ekg、续驶里程进行分档补贴，而不再像2013~2015年的补贴标准那样"简单粗暴"，单纯按照客车车长来补贴；根据2016年的补贴标准，按照最高一档的补贴额来计算，6~8米（6米<车长≤8米）、8~10米（8米<车

长≤10米）和10~12米纯电动客车最高可分别享受到25万、40万和50万元/辆的购置补贴（购车补贴是国家补贴给消费者的，但在销售时由厂商从产品售价中直接扣除，消费者只需支付扣除补贴后的购车款；厂商实现销售后再向国家申请财政补贴）。相比2015年的补贴标准，2016年只有6~8米纯电动客车的购车补贴从30万元/辆下降到25万元/辆。因此，市场和用户需求纷纷从6~8米转向8~10米，尤其是车长8~8.5米的纯电动客车，因为购车成本低、补贴未降低等优势，在2016年成为用户和厂商青睐的"香饽饽"。这与2015年6~8米纯电动客车走俏形成了鲜明对比。

表3　2016年纯电动、插电式混合动力等客车推广应用补助标准

单位：万元/辆

车辆类型	单位载质量能量消耗量（E_{kg}, Wh/km·kg）	标准车（10米＜车长≤12米）					
		纯电动续驶里程R（等速法、公里）					
		6≤R＜20	20≤R＜50	50≤R＜100	100≤R＜150	150≤R＜250	R≥250
纯电动客车	E_{kg}＜0.25	22	26	30	35	42	50
	0.25≤E_{kg}＜0.35	20	24	28	32	38	46
	0.35≤E_{kg}＜0.5	18	22	24	28	34	42
	0.5≤E_{kg}＜0.6	16	18	20	25	30	36
	0.6≤E_{kg}＜0.7	12	14	16	20	24	30
插电式混合动力客车（含增程式）		/	/	20	23	25	

注：上述补助标准以10~12米客车为标准车给予补助，其他长度纯电动客车补助标准按照上表单位载质量能量消耗量和纯电动续驶里程划分，插电式混合动力客车（含增程式）补助标准按照上表纯电动续驶里程划分。其中，6米及以下客车按照标准车0.2倍给予补助；6米＜车长≤8米客车按照标准车0.5倍给予补助；8米＜车长≤10米客车按照标准车0.8倍给予补助；12米以上、双层客车按照标准车1.2倍给予补助。*

资料来源：参见财政部《关于2016~2020年新能源汽车推广应用财政支持政策的通知》（财建〔2015〕134号），2015年4月22日。

然而，随着"骗补"核查愈演愈烈，国家开始重新考虑新能源汽车补贴政策总体方向，市场形势进一步动荡。首先，从2016年初一直持续发布的《新能源汽车推广应用推荐车型目录》（以下简称"推荐目录"）在4月份突然暂停，直到当年底才重新发布。由于2016年以前发布的推荐目录全

部作废,推荐目录从 2016 年初开始重新发布并陆续发布了 3 批,然而,推荐目录在发布第 3 批之后便暂停,导致客车企业开发出来的大量未进入目录的新能源车型陷入尴尬境地,即使卖出去也无法享受补贴。

其次,到了 2016 年四、五月份,有明确消息传出,国家几大部委正在讨论对新能源客车补贴政策进行新一轮调整,当时的调整思路是进一步大幅降低 6 米 < 车长 ≤ 8 米客车和 8 米 < 车长 ≤ 10 米客车的补贴金额;6 米 < 车长 ≤ 8 米客车按照标准车 0.3 倍给予补助(原来是 0.5 倍),也就是在 2016 年原政策的基础上再降低 10 万元/辆的补贴;8 米 < 车长 ≤ 10 米客车按照标准车 0.6 倍给予补助(原来是 0.8 倍),在原政策的基础上再降低 10 万元/辆。对补贴政策预期的下降,再加上《新能源汽车推广应用推荐车型目录》从第 3 批以后的暂停,使得新能源客车市场连续几个月的产销量都不理想(见图 5)。

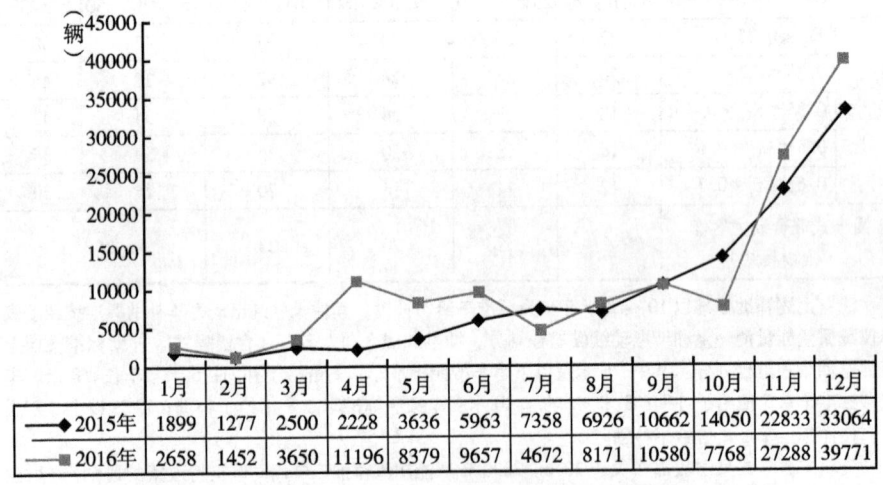

图 5　2015~2016 年我国新能源客车产量月度走势

资料来源:国家工信部汽车合格证产量统计。

一波未平一波又起。2016 年 9 月 8 日,财政部新闻办公室通报了新能源汽车推广应用补助资金专项检查情况,其中提道,"我部于 2016 年初组织力量,对 90 家主要的新能源汽车生产企业进行了专项检查,共涉及 2013~

2015年已获得和已申报中央财政补助资金的新能源汽车40.1万辆,抽查13.3万辆已销售的新能源汽车的运营状态。检查发现,一些企业违反相关法律法规涉嫌骗取财政补贴,部分车辆未销售给消费者就提前申报补贴,不少车辆领取补贴后闲置。现对5个典型案例予以公开曝光。"

这五个典型案例包括:苏州吉姆西客车制造有限公司,通过编造虚假材料采购、车辆生产销售等原始凭证和记录,上传虚假合格证,违规办理机动车行驶证的方式,虚构新能源汽车生产销售业务,虚假申报2015年销售新能源汽车1131辆,涉及中央财政补助资金26156万元;金龙联合汽车工业(苏州)有限公司("苏州金龙")申报2015年度中央财政补助资金的新能源汽车中,有1683辆车截至2015年底仍未完工,但在2015年提前办理了机动车行驶证,多申报中央财政补助资金51921万元;深圳市五洲龙汽车有限公司申报2015年度中央财政补助资金的新能源汽车中,有154辆车截至2015年底仍未完工,但在2015年提前办理了机动车行驶证,多申报中央财政补助资金5574万元;奇瑞万达贵州客车股份有限公司申报2015年度中央财政补助资金的新能源汽车中,有327辆车截至2015年底仍未完工,但在2015年提前办理了机动车行驶证,多申报中央财政补助资金9810万元;河南少林客车股份有限公司申报2015年度中央财政补助资金的新能源汽车中,有252辆车截至2015年底仍未完工,但在2015年提前办理了机动车行驶证,多申报中央财政补助资金7560万元。[①]

财政部对上述5个典型案例的处理结果是:对恶意骗补情节最严重的苏州吉姆西客车,取消其中央财政补贴资格,2015年生产的全部车辆中央财政不予补助,追回2015年度预拨的全部中央财政补助资金,同时,由工信部取消其整车生产资质;对苏州金龙、深圳市五洲龙、河南少林客车、奇瑞万达贵州客车等4家企业,追回2015年度2416辆违规上牌车辆获取的中央财政补助预拨资金,并依据《财政违法行为处罚处分条例》有关规定,按

---

① 参见财政部新闻办公室《关于地方预决算公开和新能源汽车推广应用补助资金专项检查的通报》,2016年9月8日。

问题金额50%处以罚款。同时,自2016年起取消上述4家企业中央财政补贴资格。工信部将其问题车型从《节能与新能源汽车示范推广应用工程推荐车型目录》予以剔除。对上述4家企业2015年生产销售的其他新能源汽车,由当地监管部门逐一严格审核后重新申报,确无问题的车辆可按原政策中央财政继续予以补助。上述4家企业何时恢复执行中央财政补贴政策,视地方政府和企业整改情况而定。届时由财政部、科技部、工信部、国家发改委共同核查验收,验收合格报国务院批准后方可恢复执行财政补贴政策,但不恢复预拨财政补贴资金资格。①

2. 政策调整尘埃落定,年底市场疯狂冲高

"骗补"核查一直拖到当年三季度末才基本告一段落,2015年的新能源汽车财政补助资金("国补")发放也一再延迟,许多新能源客车企业应收账款居高不下,资金链一度非常紧张,组织生产都十分困难。但即便如此困难,随着新的调整后的补贴政策基本明确下来,全行业还是为了销量和补贴做了"最后一次冲刺"。由于新的调整后的新能源汽车推广应用财政补贴政策出台时间一拖再拖、一变再变,直到11月才传出最终确认版本的消息,但因为时间已经临近年底,无法在2016年实施,因此基本已经确定2017年初才会开始实施(后来果然如此)。这也就是说,2016年销售出去(按照上牌日期)的新能源汽车全部按照原定的补贴政策来执行。根据2016年既定的国家财政支持政策(见表3),一辆6~8米纯电动客车最高可以获得25万元购车补贴;一辆8~10米纯电动客车最高可以获得40万元购车补贴;一辆10米以上的纯电动客车最高可以获得50万元购车补贴。而到了2017年,所有这些补贴都要大幅下降:10米以上纯电动客车最高只能享受30万元/辆的购车补贴,下降幅度达到40%;8~10米纯电动客车最高只能享受20万元/辆的购车补贴,下降幅度为50%;6~8米纯电动客车最高只能享受9万元/辆的购车补贴,下降幅度达到64%。为了赶上高补贴的"最后一

---

① 参见财政部新闻办公室《关于地方预决算公开和新能源汽车推广应用补助资金专项检查的通报》,2016年9月8日。

班车"（听上去是不是跟2015年底的情形很相似？），在国家补贴大幅退坡之前多卖些车，从11月份开始，客车企业加班加点生产新能源客车尤其是纯电动客车，终端用户突击式地下订单和采购，整个上、下游产业链进入冲刺阶段。

其带来的结果就是，2016年11月和12月的纯电动客车产销量爆发——10月份的纯电动客车还同比下降45%，11月的产量就达到2.37万辆，同比增长25%；12月份，纯电动客车的产量再攀新高，达到3.49万辆，创下纯电动客车月度产量的历史新高，同比增长26%。要知道，2015年四季度的纯电动客车产量本身就处于井喷期，2016年最后两个月的产量能在上年同期的基础上再度大幅增长，可见政策对这个细分市场的驱动力有多强。

3. 政策红利年底集中"发放"

除此之外，2016年12月纯电动客车产销量的攀高，也跟当月密集出台的政策"红利"有直接关系。首先，停了八个月之久的推荐目录，终于重新启动。2016年12月2日，工信部发布《新能源汽车推广应用推荐车型目录》（第4批），一共有678款新能源汽车列入本批目录，其中包含293款纯电动客车和78款插电式混合动力客车。从2016年1月发布第1批推荐车型目录，到4月1日第3批目录公布，工信部几乎是每个月发布一批，然而，从第3批到第4批，中间足足隔了八个月时间，很多客车企业都在苦苦等待第4批和第5批"推荐目录"的出台，否则，要么是企业不敢接单，不敢生产；要么是企业按照客户需求生产出来的新能源车辆因为没有进入推荐目录，只能停放在车间里，等待目录出台；要么即使销售出去，企业也忐忑不安，担心目录不能及时"出炉"，影响当年国家补贴的获得。2016年12月28日，工信部再次发布《新能源汽车推广应用推荐车型目录》（第5批），涉及498款新能源车型，其中纯电动客车207款，插电式混合动力客车79款，燃料电池客车3款。在此之前，很多客车企业就已经得知第5批推荐目录将在月底出台，生产和销售都未受到影响，反而是加班加点生产。

其次，从2016年12月开始，2015年度的新能源汽车财政补贴资金开始陆续发放，各家客车类上市公司也纷纷公告称收到补贴款项。这给全行业吃了一颗"定心丸"，填补了很多客车企业的资金缺口，让它们有能力采购零部件和组织车辆生产。

国家政策变化对新能源客车市场的巨大影响力，在2016年再度展现无遗。2016年我国新能源客车产量达到13.52万辆，仅第四季度的产量就达到7.48万辆，占比高达55.33%，而前三季度的占比仅为44.67%；纯电动客车产量为11.57万辆，仅第四季度的产量就达到6.50万辆，占比高达56.24%。这种政策原因所导致的季度和月度产销的不均衡分布，虽然从数量上拯救了新能源客车，使其获得了正增长；但对于新能源客车产业"质"的发展并没有根本改观。换言之，新能源客车行业"重生产、重销售、轻使用"、"重补贴、重扩能、轻研究"等方面的乱象和问题，并没有在2016年得到本质上的改变。而且，市场在2016年底集中式放量，大量客户提前采购，相当于提前透支了2017年的市场需求，这无疑为2017年的新能源客车市场蒙上了一层阴影。

（三）传统动力客车市场继续下滑

2016年，除了新能源客车以外的传统燃料动力客车市场（指柴油、汽油、天然气燃料）与2015年市场保持一致，呈现继续下降的发展态势。

1. 座位客车市场继续下降

2016年，我国座位客车市场出现了较大幅度的下滑。表4显示，2016年我国座位客车市场共计销售101214辆，同比下降18.8%，下降的主要原因有两方面。一方面，以租赁、通勤为主要用途的6~7米新能源轻型座位客车在2016年属于"骗补"核查的重点对象，市场销量严重受挫，连累了整个座位客车市场的表现；另一方面，根据交通运输部发布的《2016年交通运输行业发展统计公报》，"（2016）年末全国铁路营业里程达到12.4万公里，比上年增长2.5%，其中高铁营业里程超过2.2万公里。全国铁路路网密度129.2公里/万平方公里，增加3.2公里/万平方公里。"铁路路网密度的增加以及高铁里程的持续增长,对中长途公路班线客运市场带来了巨大打击。在这场旷日持久的公(路)铁(路)竞争中,公路客运不断败下阵来。凡是开通高铁线路的城际运输,公路客流量便很快出现大幅下降,客车上座率迅速下滑,传统动力座位客车市场持续萎缩,公路客运企业纷纷谋求转型。

表4 2016年座位客车市场销量一览

单位:辆,%

座位客车	市场总计	12米<L	11米<L≤12米	10米<L≤11米	9米<L≤10米	8米<L≤9米	7米<L≤8米	6米<L≤7米	5米<L≤6米
2016	101214	1192	22265	17641	2102	18063	13656	9565	16730
2015	124676	887	28513	11980	5975	14111	15337	21234	26639
同比增长	-18.8	34.4	-21.9	47.3	-64.8	28.0	-11.0	-55.0	-37.2

注:L指"车长"。
资料来源:中国客车统计信息网。

表5显示,由于2016年我国座位客车整体市场下降,大多数企业当年销量都遭遇了下滑。值得关注的有两点:一是前15名中有6家客车企业逆势增长,其中包括东风超龙、福田欧辉、烟台舒驰、江铃晶马、亚星客车、上海申龙;二是宇通客车的市场集中度继续提升,其座位客车市场份额在2016年突破至30.1%,把其他同行远远甩在了后面。

表5 2016年我国座位客车市场前15名销量一览

单位:辆,%

客车企业	2016年	2015年	2014年	2016年同比增长	2016年份额	2015年份额	份额变化
市场总计	101214	124676	109076	-19	100.0	100.0	0.0
宇通客车	30458	33284	29988	-8	30.1	26.7	3.4
苏州金龙	13053	20264	19043	-36	12.9	16.3	-3.4
厦门金龙	8091	10020	8092	-19	8.0	8.0	0.0
厦门金旅	7511	9002	7617	-17	7.4	7.2	0.2
安凯客车	4597	5265	5639	-13	4.5	4.2	0.3
东风超龙	4485	3701	4531	21	4.4	3.0	1.5

续表

客车企业	2016年	2015年	2014年	2016年同比增长	2016年份额	2015年份额	份额变化
福田欧辉	4310	1629	1139	165	4.3	1.3	3.0
南京金龙	3938	6964	1303	-43	3.9	5.6	-1.7
江铃晶马	3126	2523	2168	24	3.1	2.0	1.1
少林客车	3119	4439	5181	-30	3.1	3.6	-0.5
中通客车	2809	4320	5826	-35	2.8	3.5	-0.7
烟台舒驰	2634	793	923	232	2.6	0.6	2.0
亚星客车	2607	1976	1443	32	2.6	1.6	1.0
东风襄旅	2508	6013	2945	-58	2.5	4.8	-2.3
上海申龙	1910	1833	1918	4	1.9	1.5	0.4

资料来源：中国客车统计信息网。南京金龙的部分销量数据做了修正和补充；江铃晶马2015年、2014年销量数据缺失，故参考了其在中国汽车工业协会产销快讯中的销量数据。

2. 公交客车市场快速新能源化

在座位客车市场快速下降的同时，2016年我国公交客车市场取得了进一步的增长。根据中国客车统计信息网数据，2016年公交客车市场共计销售各类车型120772辆，比上年同期的100688辆增长19.9%（见表6）。其中，10＜L≤11m、8＜L≤9m的两类车型增长尤为迅猛，同比增幅分别达到50.4%和196.8%，这两个米段的车型也正是2016年新能源客车市场增长最快的两个细分米段车型。

表6 2016年公交客车市场销量一览

单位：辆，%

公交客车	市场总计	12米＜L	11米＜L≤12米	10米＜L≤11米	9米＜L≤10米	8米＜L≤9米	7米＜L≤8米	6米＜L≤7米	5米＜L≤6米
2016	120772	1456	18912	35701	2254	43403	8557	9295	1194
2015	100688	1604	22515	23745	3954	14624	9053	23294	1899
同比增长	19.9	-9.2	-16.0	50.4	-43.0	196.8	-5.5	-60.1	-37.1

注：L指"车长"。
资料来源：中国客车统计信息网。

与此同时，2016年新能源公交客车的销量达到了9.9万辆，创下历史新高，占整个公交客车市场销量的比重为82%；柴油、燃气等传统动力公交客车的比例只有18%。由此可见，公交客车市场正在迅速新能源化，得新能源公交车者得天下，那些在新能源公交车市场表现出众的企业，如宇通、中通、比亚迪、银隆新能源、中车电动、南京金龙、亚星等，不但实现了销量快速增长，市场排名也多有不同程度的上升（见表7）。曾经占有客车市场"半壁江山"的座位客车市场的下降、公交客车的新能源化，这两大趋势正在重新塑造我国客车行业的发展进程与竞争格局。

表7 2016年我国公交客车市场前15名销量一览

单位：辆，%

客车企业	2016年	2015年	2014年	同比增长	2016年份额	2015年份额	份额变化
市场总计	120772	100688	84291	19.9	100.0	100.0	0.0
宇通客车	29973	24209	20746	23.8	24.8	24.0	0.8
中通客车	14675	12064	5896	21.6	12.2	12.0	0.2
比亚迪	13278	5400	2500	145.9	11.0	5.4	5.6
苏州金龙	5738	7899	5708	-27.4	4.8	7.8	-3.1
厦门金旅	5369	4940	5047	8.7	4.4	4.9	-0.5
银隆新能源	5285	3189	137	65.7	4.4	3.2	1.2
福田欧辉	5224	6376	4651	-18.1	4.3	6.3	-2.0
安凯客车	5009	4407	4571	13.7	4.1	4.4	-0.2
厦门金龙	4269	5519	6398	-22.6	3.5	5.5	-1.9
中车电动	4177	3250	1500	28.5	3.5	3.2	0.2
亚星客车	3422	2353	2794	45.4	2.8	2.3	0.5
南京金龙	3348	2395	587	39.8	2.8	2.4	0.4
少林客车	3258	2500	3412	30.3	2.7	2.5	0.2
重汽客车	2783	2185	1778	27.4	2.3	2.2	0.1
东风襄旅	2102	1863	771	12.8	1.7	1.9	-0.1

资料来源：中国客车统计信息网。银隆、中车电动、南京金龙、比亚迪的部分销量数据做了补充。

3. 校车市场稳中有降

2016年的校车市场，总体趋于稳定，没有出现大起大落。根据中国客车统计信息网数据，2016年我国校车行业共计销售23814辆，比上年同期的24740辆小幅下降3.7%。表8显示，2016年校车市场仍然是轻型车占主导,7米以下校车车型销售占比达到65.93%,比2015年的64.59%占比还略高。由此也可以看出,在缺乏国家财政支持政策和整体规划的环境下,校车市场的发展基本依靠民营幼儿园、中小学等社会民间组织的采购。但由于缺乏国家财政资金支持,因此,采购主体的采购行为必然会受到经济条件的制约,因此,车长5~7米、配置较低、价格相对便宜的轻型校车广受青睐,近几年来一直走俏。

表8 2016年校车市场销量一览

单位:辆,%

校车	市场总计	12米<L	11米<L≤12米	10米<L≤11米	9米<L≤10米	8米<L≤9米	7米<L≤8米	6米<L≤7米	5米<L≤6米
2016	23814	0	82	479	2114	776	4663	3448	12252
2015	24740	0	324	1082	1963	1323	4068	4599	11381
同比增长	-3.7	0.0	-74.7	-55.7	7.7	-41.3	14.6	-25.0	7.7

注:L指"车长"。
资料来源:中国客车统计信息网。

与此同时,从表9可以看出,校车市场的竞争态势依然是"主流企业不主流"。2016年,排在校车市场销量第一位的是宇通客车,宇通既是客车行业销量冠军,也是新能源客车销量榜榜首企业,还是校车市场销量第一名,当年销售校车产品8888辆,市场份额进一步提升至37.3%,比其在客车行业的占有率还要高;但是,要看到的是,客车行业的销量前5名中,只有宇通一家进入校车市场销量前5名;校车市场前15名中,有一半左右的企业都不是客车行业主流企业,比如第二名桂林客车、第三名长安客车,以及江苏友谊客车、一汽客车、江西上饶客车、安源客车、东风商用车公司客车公司,在整个客车行业中都属于非主流企业,产销量也没有进入客车整体市场前15名;但在校车这个细分市场上,这几家企业都是不容忽视的产销主力军。造成这一现象的主要原因,与多数主流车企不重视销量不高的校车市场、校车产品整体售价较低,以及各大主流客车企业重点布局新能源市场等因素有直接关系。

表9　2016年我国校车市场前15名销量一览

单位：辆，%

客车企业	2016年	2015年	2014年	2016年同比增长	2016年份额	2015年份额	份额变化
市场总计	23814	24740	24663	-3.7	100.0	100.0	0.0
宇通客车	8888	8250	9327	7.7	37.3	33.3	4.0
桂林客车	3913	3258	2587	20.1	16.4	13.2	3.3
长安客车	1652	1704	2010	-3.1	6.9	6.9	0.0
东风超龙	1642	1972	1425	-16.7	6.9	8.0	-1.1
少林客车	1077	1637	1169	-34.2	4.5	6.6	-2.1
东风襄旅	1005	1034	1786	-2.8	4.2	4.2	0.0
中通客车	974	1121	1073	-13.1	4.1	4.5	-0.4
友谊客车	873	1369	683	-36.2	3.7	5.5	-1.9
一汽客车	829	737	611	12.5	3.5	3.0	0.5
苏州金龙	768	893	864	-14.0	3.2	3.6	-0.4
上饶客车	674	1291	710	-47.8	2.8	5.2	-2.4
安凯客车	542	276	244	96.4	2.3	1.1	1.2
安源客车	270	155	66	74.2	1.1	0.6	0.5
东风商用车	256	114	304	124.6	1.1	0.5	0.6
福田欧辉	147	143	138	2.8	0.6	0.6	0.0

资料来源：中国客车统计信息网。

（四）出口量和出口金额双双下降

2016年，我国客车出口仍然处于下降通道。2015年，我国客车出口自2009年以来首次出现下降，并且是出口数量和出口金额双双下降；2016年，我国客车出口总体上仍然是"双双下降"的态势，如表10所示，当年大、中、轻型客车合计出口数量为30895辆，比上年同期下降14.59%；出口金额为116.54亿元人民币，同比下降3.98%。出口金额比出口量降幅要小很多，说明中国客车出口的平均价格在上升，出口的盈利情况在改善。同时，2016年我国大中型客车（车长7米以上）出口量为18576辆，同比下降9.58%；出口金额108.04亿元人民币，同比小幅下降3.5%。大中型客车出口量降幅低于客车行业出口整体降幅，大中型客车出口金额降幅大大低于出口数量降幅，说明客车出口产品结构有一定程度的改善。

2016年，车长10米以上大型客车是出口表现比较抢眼的客车品种，当年的海外出口量达到12953辆，同比只微弱下降1.48%，而出口金额逆势增长，增幅为3.69%。其中，大型座位客车出口数量和金额均有同比上升，当年出口量为8658辆，同比增长4.92%；出口金额56.76亿元人民币，同比增长4.58%；大型公交客车出口数量下降10.75%至4203辆，但出口金额同比上涨1.12%至26.72亿元人民币。

表10 2016年中国客车出口数量及出口金额一览

分类	2016年 出口量（辆）	2016年 出口金额（人民币万元）	2015年 出口量（辆）	2015年 出口金额（人民币万元）	出口量同比增长（%）	出口额同比增长（%）
大型客车（车长>10米）	12953	842617.31	13147	812597.73	-1.48	3.69
其中：座位客车	8658	567610.08	8252	542735.78	4.92	4.58
公交客车	4203	267202.40	4709	264252.98	-10.75	1.12
校车	8	793.33	185	5577.47	-95.68	-85.78
其他	84	7011.50	1	31.50	8300.00	22158.73
中型客车（10米≥车长>7米）	5623	237765.16	7398	306918.10	-23.99	-22.53
其中：座位客车	4013	158790.08	5621	217419.34	-28.61	-26.97
公交客车	1434	73397.00	1526	83507.65	-6.03	-12.11
校车	51	4034.69	159	4702.21	-67.92	-14.20
其他	125	1543.39	92	1288.9	35.87	19.74
轻型客车（7米≥车长>3.5米）	12319	84982.89	15628	94214.10	-21.17	-9.80
其中：座位客车	12290	84546.31	15514	92709.60	-20.78	-8.81
公交客车	14	248.07	79	936.57	-82.28	-73.51
校车	1	20.84	8	148.34	-87.50	-85.95
其他	14	167.67	27	419.59	-48.15	-60.04
市场合计	30895	1165365.36	36173	1213729.93	-14.59	-3.98
其中：座位客车合计	24961	810946.47	29387	852864.72	-15.06	-4.91
公交客车合计	5651	340847.47	6314	348697.20	-10.50	-2.25
校车合计	60	4848.86	352	10428.02	-82.95	-53.50
其他合计	223	8722.56	120	1739.99	85.83	401.30

资料来源：中国客车统计信息网。

实际上，客车出口的平均价格上升，从表 11 中也能看出来。在涉及出口业务的 24 家客车企业中，有 19 家的出口平均价格都有所上升，占比达到 79.2%；只有 5 家企业的出口均价是下降的。在这 24 家企业中，郑州宇通客车出口金额继续稳定地保持第一，2016 年达到 44.72 亿元人民币；其出口量为 7106 辆，虽然数量不及厦门金龙，但平均价格远超厦门金龙，单价达到 62.94 万元人民币。这主要是因为宇通客车出口车型以大中型客车为主，而厦门金龙出口车型中有很大一部分是金龙海狮轻客，出口价格相对较低。

表 11　2016 年中国客车企业出口量及出口金额一览

出口企业	2016 年		2015 年		平均价格（人民币万元）		出口量增长(%)	出口额增长(%)
	出口量（辆）	出口金额（人民币万元）	出口量（辆）	出口金额（人民币万元）	2016 年	2015 年		
宇通客车	7106	447235.05	7565	459373.21	62.94	60.72	-6.07	-2.64
厦门金龙	10832	194549.54	11540	217352	17.96	18.83	-6.14	-10.49
苏州金龙	3026	183876.03	3863	232127.4	60.77	60.09	-21.67	-20.79
厦门金旅	4249	78163.52	7800	105850.41	18.40	13.57	-45.53	-26.16
上海申龙	1292	64085.19	629	26814.87	49.60	42.63	105.41	138.99
中通客车	1034	63353.4	1332	51257	61.27	38.48	-22.37	23.60
上海申沃	848	36212.08	884	30454.98	42.70	34.45	-4.07	18.90
亚星客车	480	30459.31	481	25199.08	63.46	52.39	-0.21	20.87
福田欧辉	501	15741.42	192	5958.56	31.42	31.03	160.94	164.18
桂林客车	294	13752.72	413	17756.11	46.78	42.99	-28.81	-22.55
安凯客车	289	12698.76	495	15031.15	43.94	30.37	-41.62	-15.52
黄海客车	84	7011.49	243	9443.75	83.47	38.86	-65.43	-25.76
长安客车	223	6282.1	221	5574.31	28.17	25.22	0.90	12.70
东风襄旅	269	5062.7	36	561.6	18.82	15.60	647.22	801.48
重庆恒通客车	47	2208.62	41	3829.71	46.99	93.41	14.63	-42.33
河南少林客车	146	1815.43	94	971.7	12.43	10.34	55.32	86.83
东风特汽	86	1264.56	164	2382.78	14.70	14.53	-47.56	-46.93
江苏友谊客车	47	537	48	783	11.43	16.31	-2.08	-31.42

续表

出口企业	2016年		2015年		平均价格（人民币万元）		出口量增长(%)	出口额增长(%)
	出口量（辆）	出口金额（人民币万元）	出口量（辆）	出口金额（人民币万元）	2016年	2015年		
南京依维柯	21	285.32	62	851.61	13.59	13.74	-66.13	-66.50
东风商用车	7	241.5	5	92.9	34.50	18.58	40.00	159.96
烟台舒驰客车	8	212.02	15	185.8	26.50	12.39	-46.67	14.11
西安西沃客车	3	182	0	0	60.67	0	—	—
中国重汽豪沃客车	3	135.6	0	0	45.20	0	—	—
一汽客车	0	0	50	1878	0	37.56	-100.00	-100.00
市场合计	30895	1165365.36	36173	1213729.93	895.71	722.09	-14.59	-3.98

资料来源：中国客车统计信息网。

二 2017年客车市场分析及预测

进入2017年，我国客车市场再度面临严峻的挑战。首先面对的，就是国内客车市场在经历2016年底新能源客车的集中突击式采购之后，在2017年初陷入了低迷，直到6月份市场才开始逐渐回暖。

（一）最严政策令生效，终结政策红利

根据财政部、科技部、工信部和国家发改委2016年12月29日联合发布的"关于调整新能源汽车推广应用财政补贴政策的通知"，从2017年1月1日起，调整后的新能源汽车补贴政策正式实施，该政策也被称为"史上最严政策令"。与此前的政策相比，该补贴政策具有几个鲜明的特点。

第一，补贴总金额大幅退坡（见表12），以非快充类纯电动客车为例，$6<L\leqslant8m$的车型单车最高补贴额只有9万元，比2016年下降了16万元，$8<L\leqslant10m$的车型单车补贴从最高40万元下降到20万元，$L>10m$的车型单车补贴从最高50万元下降到30万元。

第二，淡化地方补贴，要求地方政府财政补贴不能超过中央财政补贴额的50%，削弱地方保护主义的影响。

表12 2017~2018年新能源客车补贴标准

车辆类型	中央财政补贴标准（元/kWh）	中央财政补贴调整系数			中央财政单车补贴上限（万元）			地方财政单车补贴
					6<L≤8m	8<L≤10m	L>10m	
非快充类纯电动客车	1800	系统能量密度（Wh/kg）			9	20	30	不超过中央财政单车补贴额的50%
		85~95(含)	95~115(含)	115以上				
		0.8	1	1.2				
快充类纯电动客车	3000	快充倍率			6	12	20	
		3C~5C(含)	5C~15C(含)	15C以上				
		0.8	1	1.4				
插电式混合动力（含增程式）客车	3000	节油率水平			4.5	9	15	
		40%~45%(含)	45%~60%(含)	60%以上				
		0.8	1	1.2				

第三，补贴门槛大大提高，确定"以动力电池为补贴核心，以电池的生产成本和技术进步水平为核算依据，设定能耗水平、车辆续驶里程、电池/整车重量比重、电池性能水平等补贴准入门槛，并综合考虑电池容量大小、能量密度水平、充电倍率、节油率等因素确定车辆补贴标准"。新政策明确提出了更加严格的新能源客车技术要求：（1）单位载质量能量消耗量（Ekg）不高于0.24Wh/km·kg。（2）纯电动客车（不含快充和插电式混合动力客车）续驶里程不低于200公里（等速法）。（3）电池系统总质量占整车整备质量比例（m/m）不高于20%。（4）非快充类纯电动客车电池系统能量密度要高于85Wh/kg，快充类纯电动客车快充倍率要高于3C，插电式混合动力（含增程式）客车节油率水平要高于40%。①

---

① 参见财政部《关于调整新能源汽车推广应用财政补贴政策的通知》（财建〔2016〕958号），2016年12月29日。

第四,首次提出了3万公里行驶里程的强制要求:"非个人用户购买的新能源汽车申请补贴,累计行驶里程须达到3万公里(作业类专用车除外),补贴标准和技术要求按照车辆获得行驶证年度执行","本通知从2017年1月1日起实施,其他相关规定继续按《关于2016~2020年新能源汽车推广应用财政支持政策的通知》(财建〔2015〕134号)执行"。3万公里的强制要求,同样是政策趋严的具体体现。我国国内用于租赁、通勤用途的新能源座位客车,由于日行驶里程相对较短(有的一天只跑几十公里),跑足3万公里所需时间比新能源公交客车要长很多,该强制要求对这部分车辆在2017年乃至2018年的销售造成了不利影响。

第五,这个政策并非独立存在,而是一揽子政策"组合拳"的开端。在它之后,国家出台的后续配套政策同样严厉,其中有两个政策尤其值得一提。一个是推荐目录重审。由于2017年补贴标准和技术要求发生了根本性的变化,因此,2016年发布的五批新能源汽车推荐目录全部"推倒重来",客车企业需重新申报新能源车型,这就使得2017年年初的新能源客车市场基本上没有太多可供销售的产品,进而造成了年初市场的极度低迷。另一个是"3万公里"的追溯。2017年3月20日,财政部、工信部、科技部、国家发改委四部委联合签发《关于开展2016年度新能源汽车补贴资金清算工作的通知》(以下简称"通知"),"通知"明确要求:"非个人用户购买的新能源汽车申请补贴,累计行驶里程须达到3万公里(作业类专用车除外),目前行驶里程尚不达标的新能源汽车,应在达标后申请补贴,补贴标准和技术要求按照获得行驶证年度执行。"这也就是说,新能源汽车生产企业2016年将新能源汽车销售给用车企业,必须要等到车辆累计行驶里程达到3万公里以后,才能够申请国家财政补贴。"3万公里"要求一出台,便在行业内引起了轩然大波。根据四部委2016年12月29日发布的《关于调整新能源汽车推广应用财政补贴政策的通知》,"3万公里"要求只适用于2017年,2016年的补贴政策当时并没有这个强制规定;而"通知"的出台,把"3万公里"的强制要求追溯到了2016年。由于国家对新能源汽车的购置补贴(国补)都是由汽车生产企业垫付的,消费者买车时支付的是扣除国补之后的购车价，因此，"3万公里"的强制要求，意味着2016年四季度集中销售并上牌的大量新能源客车，没有那么快能拿到补贴，众多车企获得"国补"的时间要延后至少半年甚至一两年。这对很多客车企业都带来了资金压力，有利于提高市场门槛，鼓励行业优胜劣汰。

总体而言，新能源汽车"最严政策令"的发布和实施，是我国新能源汽车产业扶持政策从宽松走向极严的标志性事件，它意味着，此前新能源客车企业、动力电池企业可以享受到的较为丰厚的财政补贴"红利"，从此一去不复返，车企新能源客车业务的盈利大幅"缩水"（也可以理解为"泡沫"被挤掉），依靠高补贴来挣钱的黄金时代结束；意味着，新能源客车产业逐渐回归正常化，进入理性发展阶段，有助于行业和企业深耕细作，摆脱外延式粗放增长的模式，回归产品和技术本源，进行研发投入和产品开发，推动客车整车及关键零部件的技术突破；更意味着，新能源客车行业的盈利水平向传统动力客车靠拢，市场将考验各家客车企业自身的成本控制能力，虽然短期内会出现"阵痛"，但长期利好产业发展，并有助于扩大宇通客车等龙头企业的优势与市场份额，加速行业的优胜劣汰与健康可持续发展。

（二）客车市场前五个月"触底"

由于补贴政策深度调整，以及2016年年底提前采购新能源客车所带来的"后遗症"，2017年年初的客车市场连续五个月都处于低迷状态。如图6所示，2017年1~5月，客车月度市场销量同比降幅都"居高不下"：1月份同比下降58.4%，2月份同比下降25.8%，3月份同比下降19.7%，4月份同比下降35.0%，5月份同比下降28.2%。

我国客车市场销量连续五个月下降的主要原因，便是新能源客车细分市场大幅下滑。根据国家工信部合格证产量统计数据（见图7），2017年1~5月，我国新能源客车月度产量（包括纯电动与插电式混合动力）始终未超过2000辆，并且每个月的同比降幅都非常大：1月份同比下降91.4%，2月份同比下降79.1%，3月份同比下降53.4%，4月份同比下降89.5%，5月份同比下降76.5%。

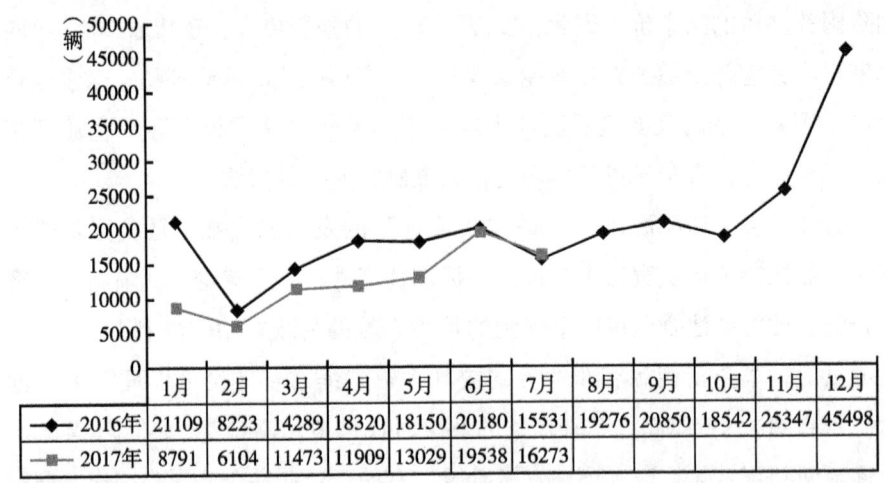

图6 2016~2017年我国客车市场月度销量走势

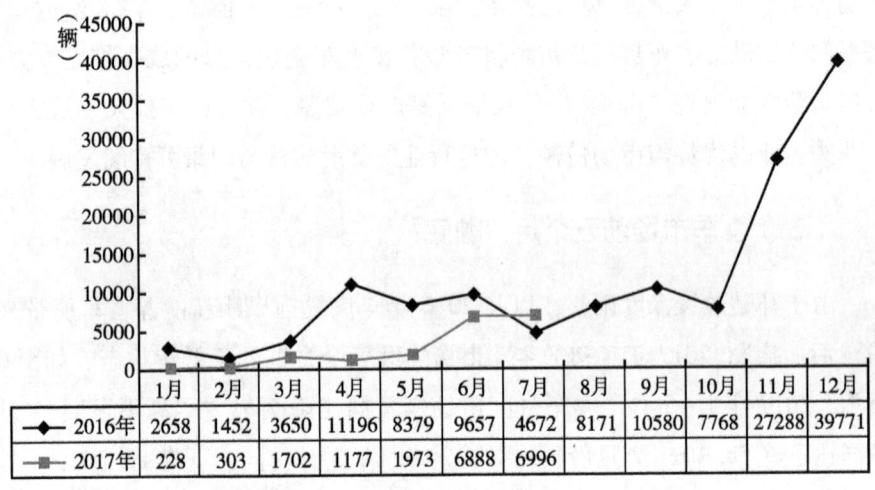

图7 2016~2017年我国新能源客车月度产量走势

导致新能源客车市场大幅下降的原因有四个方面。首先，2016年年底原补贴政策即将"失效"，新的补贴政策从2017年1月1日起实施并且补贴金额大幅退坡，因而刺激了各地客车用户（公交公司、客运公司等）在2016年年底提前购买大量新能源客车，以便能享受到当年的财政补贴政策。大量客户订单纷至沓来，各家客车企业铆足了劲生产新能源客车，这严重透支了2017年上半年的市场需求；其次，调整后的最新补贴政策从2017年1月1日起开始实施，购买纯电动客车的财政补贴退坡40%~50%，不少客户购买新能源客车的积极性大大降低；再次，每年的上半年都是城市公交客车采购的淡季，再加上各地2017年的新能源汽车扶持政策没有出台，因此，新能源客车用户普遍持观望态度；最后，新能源汽车推荐目录全部重新申报，客车企业需要时间来研发、匹配能够适应新补贴标准的车型，市场在年初时缺乏适销对路的新能源车型。

（三）市场从6月份走出低迷，下半年将环比大增

从6月份开始，客车整体市场和新能源客车市场逐渐走出低迷，环比回暖明显。图6显示，6月份，我国客车市场销量达到1.95万辆，同比降幅大幅收窄，只有3.2%的降幅，环比更是大幅上升50%；7月份，客车市场销量虽环比有所下降，但2017年以来首次实现同比正增长，增幅达到4.8%。由于6、7月份市场逐步回暖，2017年1~7月我国客车市场销量累计降幅也在收窄。表13显示，1~7月客车市场销量虽然还在下降（同比降幅24.1%），但比上半年28.4%的同比降幅收窄了4.3个百分点（上半年的同比降幅相比1~5月33.6%的同比降幅，已经收窄了5.2个百分点）。可见，客车市场下半年正迎来回暖潮。

表13 2017年1~7月我国客车市场销量一览

单位：辆，%

年月	总计	12米<L	11米<L≤12米	10米<L≤11米	9米<L≤10米	8米<L≤9米	7米<L≤8米	6米<L≤7米	5米<L≤6米
2017年1~7月	88030	1151	17970	17778	2856	13948	9496	10022	14809
2016年1~7月	115969	1099	20238	16561	3530	28380	15022	12786	18353
同比增长	-24.1	4.7	-11.2	7.3	-19.1	-50.9	-36.8	-21.6	-19.3

注：L指"车长"。
资料来源：中国客车统计信息网。

客车市场触底反弹的原因，主要还是因为新能源客车的回暖。图7显示，2017年6月，我国新能源客车月度产量开始大幅收缩，当月产量同比下降28.7%；7月份，新能源客车月度产量达到6996辆，同比增幅自年初以来首次由负转正，达到49.7%。

新能源客车回暖的驱动力，要归结于市场的刚性需求。虽然从2017年1月1日起国家对新能源客车的财政补贴金额下降40%~50%，但很多地方公交公司的车辆更新需求是刚性的，地方政府对当地公交公司有车辆新能源化率的数量要求，再加上公交公司购车大多是当地财政埋单，因此，它们对补贴退坡的敏感程度显然不如民营公交公司及客运公司那样大。随着2017年新能源汽车地方补贴政策的陆续出台，各地新能源公交客车招标采购需求从5月下旬陆续启动，6月份和下半年不断加速。

与此同时，2017年《新能源汽车推广应用推荐车型目录》年初至今已陆续发布七批（截至笔者8月20日截稿时），客车方面共涉及1390款入选新能源车型，其中包括1029款纯电动客车、356款插电式混合动力客车和5款燃料电池客车。有了入选车型，客车企业就相当于有了"粮草弹药"，从而为市场发力以及客户采购打下了产品基础。

然而，喜中有忧的是，虽然可以预期2017年下半年客车市场将环比（上半年）有大幅增长，但全年出现同比较大下滑几成定局。预计2017年我国客车整体市场的同比降幅将达到10%以上，而新能源客车市场总产量将下降到10万辆以下，比上年同期的13.52万辆下降26%以上。

参考文献

1. 财政部：《关于2016~2020年新能源汽车推广应用财政支持政策的通知》（财建〔2015〕134号），2015年4月22日。
2. 财政部新闻办公室：《关于地方预决算公开和新能源汽车推广应用补助资金专项检查的通报》，2016年9月8日。
3. 财政部：《关于调整新能源汽车推广应用财政补贴政策的通知》（财建〔2016〕958号），2016年12月29日。

行业发展报告
Industry Development Report

B.3
中国新能源客车行业发展现状及趋势展望

吴胜男*

| 摘　要： | 我国新能源客车长期坚持自主创新的发展道路，成绩斐然，在市场规模和核心技术领域具备世界领先优势，更是我国新能源汽车产业发展的"排头兵"，带动了车用电池、电机、电控等关键零部件的协同发展。本文主要从政策、技术和市场角度切入，详细剖析中国新能源客车行业发展态势和重大变化，重点解读最新补贴政策对新能源客车带来的影响，系统分析不同技术路线产品发展水平以及主流汽车企业市场竞争格局，并结合未来面临的机遇和风险，预测新能源客车发展新趋势等。我国 |

---

* 吴胜男，湖南大学车辆工程硕士，中国汽车工程研究院股份有限公司北京分公司行业研究总监，主要从事节能与新能源汽车产业及政策咨询工作。

新能源客车行业正面临新的机遇和挑战，将促使产业格局产生新的变化，客车企业需抓住转型升级的机遇，发挥自身优势，整合行业优势资源，在新能源发展浪潮中提升核心竞争力。

关键词： 新能源客车　竞争格局　技术路线　产业政策　行业集中率

2016年，中国汽车产销均超2800万辆，再创历史新高，连续八年蝉联全球第一。在世界的地位逐年上升之际，中国汽车产业所面临的能源和环境问题日益严峻，由大到强的战略性需求极为迫切，在此复杂形势下催生出新技术、新市场、新模式，新能源汽车无疑成为汽车行业发展的重要坐标。近年来，在政府高度重视和大力扶持下，中国新能源汽车发展成绩斐然。2016年，中国新能源汽车销售50.7万辆，占全球电动汽车市场份额超过50%，成为世界电动汽车第一大市场。

依据《节能与新能源汽车产业发展规划（2012~2020年）》和《战略性新兴产业重点产品和服务指导目录》2016版，本研究中新能源客车主要是指插电式客车（含增程式）、纯电动客车和燃料电池客车三类。

一　新能源客车产业政策解读

（一）需求型补贴政策为主导

作为七大战略性新兴产业之一，新能源汽车产业一直受到中央和地方政府一揽子政策支持。2009年，财政部、工信部、科技部、国家发改委四部委联合发布《关于开展节能与新能源汽车示范推广试点工作通知》，在25个试点城市开展节能与新能源汽车示范推广，较好地完成了先导市场培育工作。2012年，国务院印发《节能与新能源汽车产业发展规划（2012~2020年）》，正式将新能源汽车产业地位提升至国家最高层级。各项新能源汽车政策相继发布，如2012年启动新能源汽车产业技术创新工程，我国快速形成了具备国际市场竞争力的系列化产品和批量化能力；2013年，国家四部委联合下发《关于继续开展新能源汽车推广应用工作的通知》，在2013年至2015年开展新一轮新能源汽车的推广应用工作，我国新能源汽车进入快速发展期，市场规模跃居世界第一。2016年12月29日，财政部、科技部、工信部、国家发改委联合发布《关于调整新能源汽车推广应用财政补贴政策的通知》，在保持补贴政策总体稳定的大前提下，调整了新能源汽车补贴标准（见表1）。

表1 2009~2017年中国新能源汽车重点政策

政策名称	出台时间	出台部门
关于开展节能与新能源汽车示范推广试点工作通知	2009年1月23日	财政部、科技部
节能与新能源汽车示范推广财政补助资金管理办法	2009年1月23日	财政部、科技部
关于扩大公共服务领域节能与新能源汽车示范推广有关工作的通知	2010年5月31日	财政部、科技部、工信部、国家发改委
关于开展私人购买新能源汽车补贴试点的通知	2010年5月31日	财政部、科技部、工信部、国家发改委
电动汽车科技发展"十二五"专项规划	2012年3月27日	科技部
节能与新能源汽车产业发展规划（2012~2020年）	2012年7月10日	国务院
新能源汽车产业技术创新工程	2012年9月20日	财政部、工信部、科技部
关于继续开展新能源汽车推广应用工作的通知	2013年9月13日	财政部、科技部、工信部、国家发改委
关于进一步做好新能源汽车推广应用工作的通知	2014年1月28日	财政部、科技部、工信部、国家发改委
关于印发《政府机关及公共机构购买新能源汽车实施方案》的通知	2014年7月13日	国管局
关于加快新能源汽车推广应用的指导意见	2014年7月14日	国务院办公厅
关于电动汽车用电价格政策有关问题的通知	2014年7月22日	国家发展改革委
关于免征新能源汽车车辆购置税的公告	2014年8月1日	财政部、国家税务总局、工信部
国家重点研发计划新能源汽车重点专项实施方案（征求意见稿）	2015年2月16日	科技部
2016~2020年新能源汽车推广应用财政支持政策方案	2015年4月22日	财政部、科技部、工信部、国家发改委

续表

政策名称	出台时间	出台部门
关于节约能源使用新能源车船车船税优惠政策的通知	2015年5月7日	财政部、国家税务总局、工信部
电动汽车动力蓄电池回收利用技术政策（2015年版）	2016年1月5日	国家发改委、工信部、环保部、商务部、质检总局
新能源汽车废旧动力蓄电池综合利用行业规范条件	2016年2月4日	工信部
关于发布国家重点研发计划新能源汽车等重点专项2017年度项目申报指南的通知	2016年10月14日	科技部
关于调整新能源汽车推广应用财政补贴政策的通知	2016年12月29日	财政部、科技部、工信部、国家发改委
新能源汽车生产企业及产品准入管理规则	2017年1月16日	工信部
汽车产业中长期发展规划	2017年4月6日	工信部、国家发改委、科技部
乘用车企业平均燃料消耗量与新能源汽车积分并行管理办法（征求意见稿）	2017年6月	国务院法制办

柳卸林（1985）提出的创新政策分析框架，将创新政策分为三类：供给型、环境型和需求型三种政策工具模型，主要包括人才和技术支持、政府采购、市场补贴、试点示范、价格指导、目标规划、税收优惠、法规管制等内容，具体表现形式见图1。

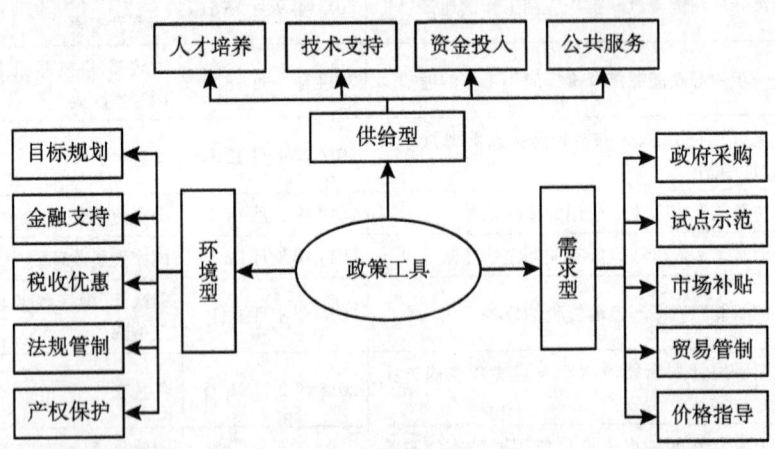

图1　创新政策工具分析框架

根据创新政策模型，将我国中央政府2009年以来出台的新能源汽车产业政策做如下细分，见图2。可以看出，在技术支持、目标规划、法规规范、税收优惠、市场补贴、试点运营等方面均有相应政策工具支持。以补贴为代表的需求型工具和以目标规划及法规规范为代表的环境型工具最为密集，供给型工具中技术支持政策相对较少。

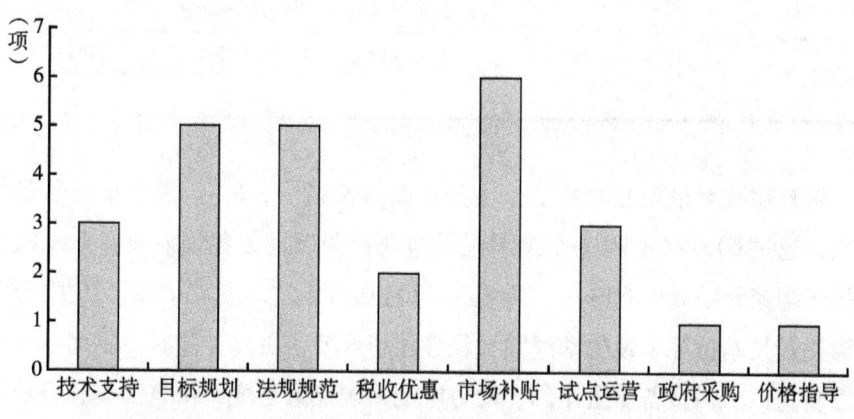

图2　2009~2017年主要新能源汽车产业政策分布情况

（二）补贴新政解读

2016年12月29日，国家四部委联合发布了《关于调整新能源汽车推广应用财政补贴政策的通知》。其中，新能源客车补贴标准调整幅度最大，各项技术指标与安全技术条件的要求也大幅提升（见表2）。该政策短期内使得整个客车行业盈利能力承压，中长期则有利于行业集中度提高，促进优胜劣汰。

表2　最新中央财政补贴标准

车辆类型	中央财政补贴标准（元/kWh）	中央财政补贴调整系数		
		系统能量密度 Wh/kg		
非快充类纯电动客车	1800	85~95(含)	95~115(含)	115以上
		0.8	1	1.2

续表

车辆类型	中央财政补贴标准（元/kWh）	中央财政补贴调整系数		
快充类纯电动客车	3000	快充倍率		
		3C~5C（含）	5C~15C（含）	15C以上
		0.8	1	1.4
插电式混合动力（含增程式）客车	3000	节油率水平		
		40%~45%（含）	45%~60%（含）	60%以上
		0.8	1	1.2

新补贴政策呈现五大特征：一是补贴金额减少，6~8米客车补贴降幅最大，超过60%（见图3）。新补贴政策明确限制地方各级财政补贴总额不得高于国家补贴额的50%。二是补贴门槛和技术要求提高。单位载质量能量消耗量技术指标和纯电动续驶里程性能指标要求更严，同时，新增电池系统总质量占车辆整备质量比例、动力电池系统能量密度、快充倍率和节油率等技术要求。三是首次区分快充类和非快充类客车类型，快充类纯电动客车技术得到了认可。四是提升安全要求。五是普惠性政策转向优胜劣汰竞争机制，设立《目录》动态管理制度。

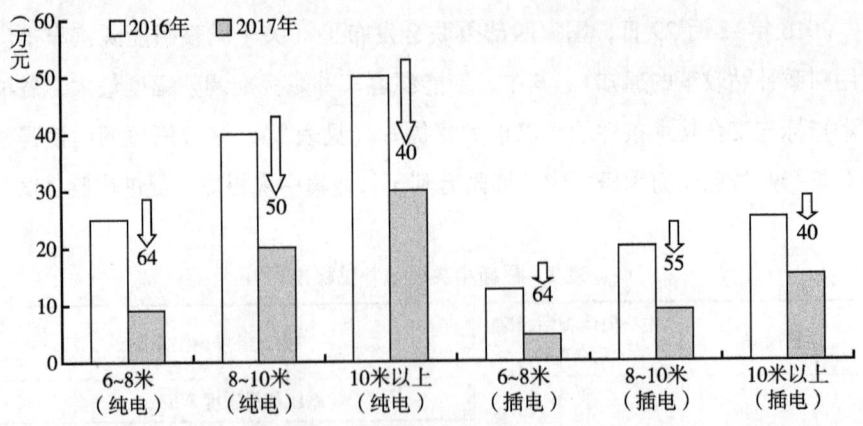

图3 2016年和2017年新能源客车补贴金额对比

1. 新能源客车市场格局有望出现结构性变革

（1）快充类纯电动客车迎来利好机遇

2017年新能源补贴政策将新能源客车分为4类：非快充类纯电动客车、快充类纯电动客车、插电式混合动力（含增程式）客车和燃料电池客车，快充类纯电动客车身份得到认可并明确了具体补贴标准。公交车运行线路和公交场站较为固定，快速充电技术方案可以在保证满足城市公交正常运营的前提下，有效解决充电难的瓶颈问题。因此，预计快充类纯电动客车将在公交领域加速发展。

（2）插电式混动客车销量或持续下降

根据中国汽车工业协会数据，2016年我国新能源汽车销售50.7万辆。其中，新能源客车销售17.1万辆，插电式混合动力客车的销量在1.9万辆。由于插电式混合动力客车的补贴额度大幅降低，预计未来插电式混合动力客车销量或将进一步下降。

2. 10~12米纯电动客车或将成为市场主流产品

新能源客车补贴标准以车辆带电量为依据。本研究选取2016年进入工信部新车公告目录的6~8米、8~10米和10~12米共6款新能源客车代表产品（见表3）。

表3　2016年进入公告目录客车代表产品参数

类型		续驶里程(Km)	带电量(Kwh)	备案整车价格(万元)
6~8m	车型一	350	75	69.5
	车型二	295	69	65
8~10m	车型三	255	76	128
	车型四	251	69	60.2
10~12m	车型五	280	147.5	130
	车型六	300	180	150

综合补贴金额与电池成本抵销情况，以及补贴金额占整车报价占比（见图4），6~8米车补贴优势明显降低，补贴不足以抵销动力电池成本。

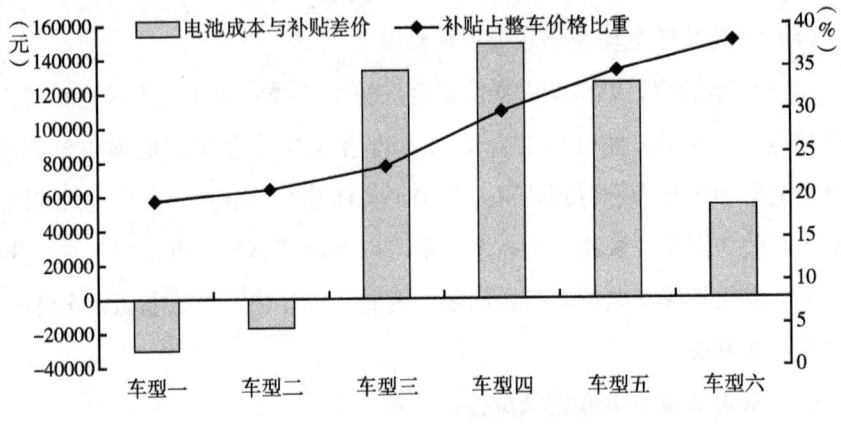

图4 不同车长产品补贴与成本对比

10~12米车的优势明显，有望成为未来市场主流产品。

3. 三元动力电池技术路线更具成本优势

在2017年新补贴政策下，以获得中央和地方最高补贴为前提条件，分别推算6米、8.5米、10.5米和12米纯电动客车的装车总电量，测算三元电池、磷酸铁锂和钛酸锂三种动力电池技术路线下，扣除补贴后的成本对比（见图5）。三元技术路线下的新能源客车扣除补贴后成本最低，更具成本优势。但受限于安全要求，企业对三元电池在客车领域的应用仍较为谨慎。

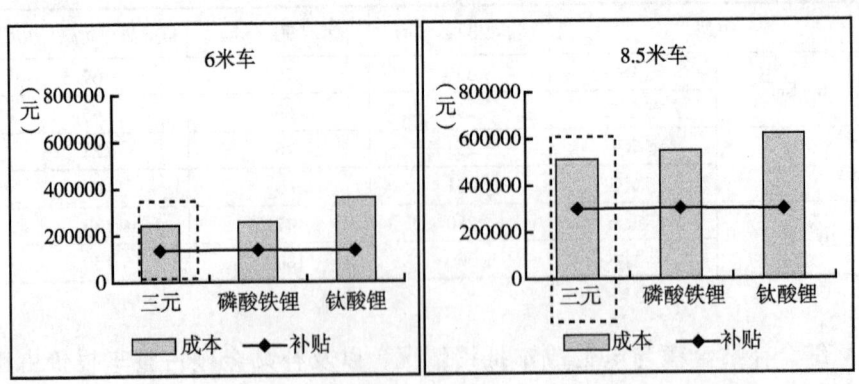

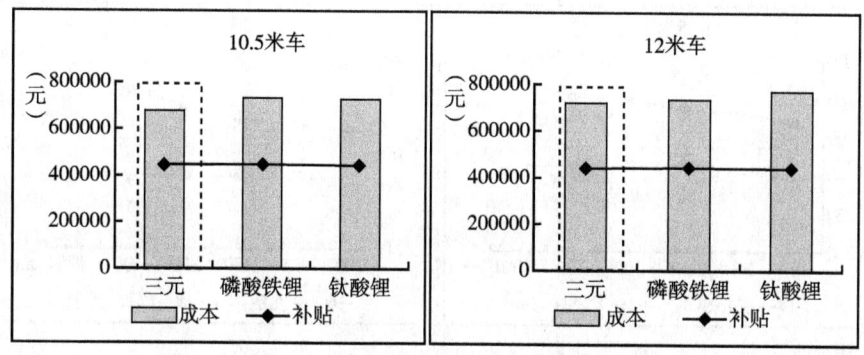

图5 三种动力电池技术路线成本与补贴差价对比

注：①成本=动力电池成本+驱动电机及电控系统成本+车身成本；
②最高补贴=中央补贴+地方补贴。

4. 车企将以新政为准则调整产品性价比

以非快充类纯电动客车产品为代表，本研究从续驶里程维度出发，共设定200km、250km、300km、400km，取得最高补贴下续驶里程，以及代表车型实际续驶里程六个情景，对不同车长产品的成本与补贴关系进行对比分析（见图6）。研究发现，6~8米、8~10米和10~12米车均是在获得最高补贴情况下，成本与补贴差价最小，性价比最高。可见，补贴政策对整车厂研发和生产仍起到重要导向作用。因此，预计未来企业重新申报公告目录时，仍将继续围绕补贴金额和技术指标，在产品达到基础性能指标要求的前提下，以获得最高补贴为准则，研发和优化客车产品。

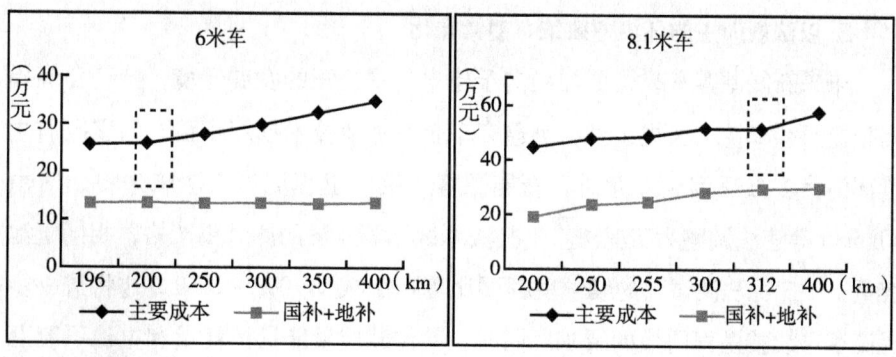

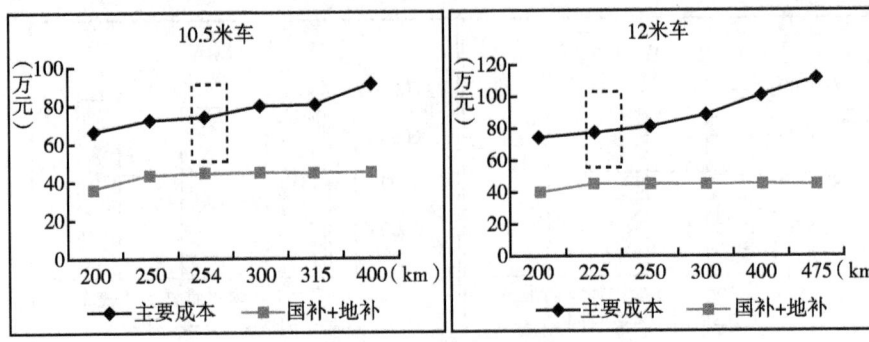

图6　不同续驶里程情景下的成本与补贴差价对比

（三）未来政策趋势预测

1. 以补贴为主的需求型政策将合理退坡

需求型政策容易导致企业形成依赖性，甚至产生劣币驱逐良币现象。2016年国家财政部公布5家新能源客车企业骗补事件可以证明这一点。从政策工具达到的效果来看，需求型政策主要催熟早期市场成熟度，在新技术产品处在培育阶段时有效拉动市场需求。目前，我国新能源客车已完成早期市场培育和导入阶段，未来新能源客车补贴政策将合理退坡。在政策退坡前，补贴技术门槛将进一步提高，择优扶强趋势明显。同时，针对插电式混合动力客车、纯电动客车、燃料电池客车不同的发展成熟度，会制定不同退坡节奏的补贴政策，优化政策实施效果。

2. 以法规为主的环境型政策有望常态化

未来新能源客车政策更加趋向于建立公平公正的发展环境，持续合理提高新能源客车技术法规条件，倒逼客车企业加快技术创新步伐。国家政府主管部门将多方征询企业意见，新能源客车续驶里程测试方法未来将适时由40km/h等速法调整为工况法。工况法测试比等速法的测试更严格，相同电池容量下，工况法测试出的续驶里程要比等速法减少10%～20%，这将进一步提高客车续驶里程门槛的要求。同时，单位载质量能量消耗量和电池系统总质量占整车质量比例指标也将进一步提高，对企业整车和动力电池轻量化提出更高要求。此外，国家还将持续健全新能源客车安全法规体系，从标准监管、处罚、问责等环节建立常态化管理机制，保障新能源客车运行安全。

3. 以技术支持为主的供给型政策持续跟进

供给型政策主要催熟新兴技术和产品度，为市场增长奠定产品技术基础。目前，我国已经形成了完全自主知识产权的新能源客车关键技术研发平台体系，在整车优化与集成技术、轻量化、安全性、可靠性和耐久性等技术领域取得了突破性进展，共性核心技术能力得到有效提升，产品品质不断优化。但高效的机电耦合系统、整车控制轻量化、充电技术、系统集成、低温冷启动技术等基础共性技术还需要进一步攻关突破，未来国家将集中优势资源力量，在整车共性技术和关键零部件技术领域加大供给型政策扶持力度，尽快解决相关技术问题，为新能源客车产业进一步发展提供坚实的技术支撑。

二 新能源客车技术发展态势

我国新能源汽车产业仍处于政策导向阶段，产业发展受政策影响较大。以新能源客车为例，从暂停三元锂电池客车列入新能源汽车推广应用推荐车型目录到三元锂电池客车"解禁"；从公布对骗补企业行政处罚决定到调整完善新能源汽车补贴政策方案；从2016年五批新能源汽车推广应用推荐车型目录重新审查到2017年新能源汽车推广应用推荐车型目录陆续发布，无一不对新能源客车技术、产品和市场产生了重大影响。经过2016年的政策调整，2017年新能源客车产业也在前行中探索自身发展节奏，以下主要对2017年1~5批"新能源汽车推广应用推荐车型目录"中新能源客车技术产品情况进行分析。

（一）总体技术发展特征

2017年1~6月，国家工信部陆续发布了5批"新能源汽车推广应用推荐车型目录"（以下简称推广目录），共157家企业1782个车型，可以体现出政策调整后新能源汽车的技术发展趋势和企业重点布局特征。"理性发展、纯电动客车、10米以上、公交"成为关键词。

1. 新能源客车逐步调整发展节奏

经历了2016年政策震荡期,2017年新能源客车逐渐恢复正常发展状态。从进入推广目录的车型数量来看,前两批车型数量分别为76款和128款,数量相对较少,到第三批、第四批车型迅速增加,分别达到454款、268款;到第五批推广目录时,新能源客车逐渐回归常态发展,车型数量为189款。这种趋势主要与2016年五批推广目录重新审查有关,针对2017年新的补贴政策和技术条件,客车企业需要一段时间调整。总体来看,我国新能源客车行业发展热情仍持续走高,但相对2016年爆发式增长,2017年的新能源客车发展更加理性。

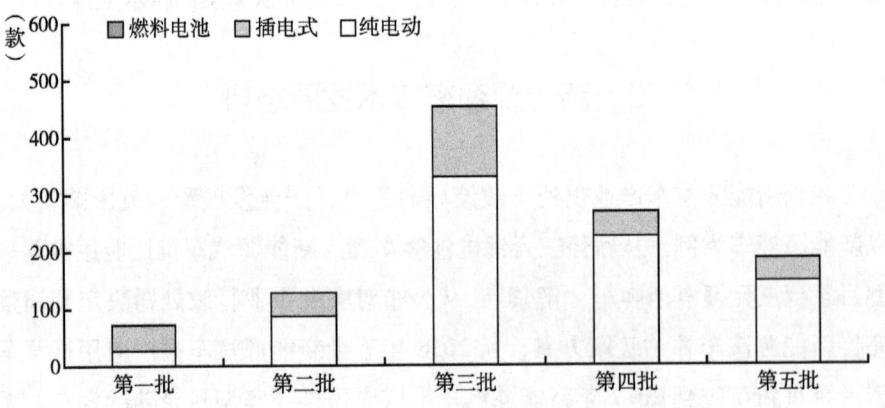

图7 2017年1~5批新能源汽车推广应用推荐车型目录数量分布(客车)

2. 多种技术路线并存,纯电动客车依然是主流

《节能与新能源汽车发展规划(2012~2020)》中,明确提出了"纯电驱动"的新能源汽车发展战略。从2017年新能源汽车推广应用推荐车型目录分布来看,我国新能源客车多种技术路线并存,依然以纯电动客车为主,快充类纯电动客车发展潜力有待进一步释放,插电式客车产品占一定比例,油电和气电混合车型占比平分秋色,燃料电池客车仍处于起步阶段(见图8)。

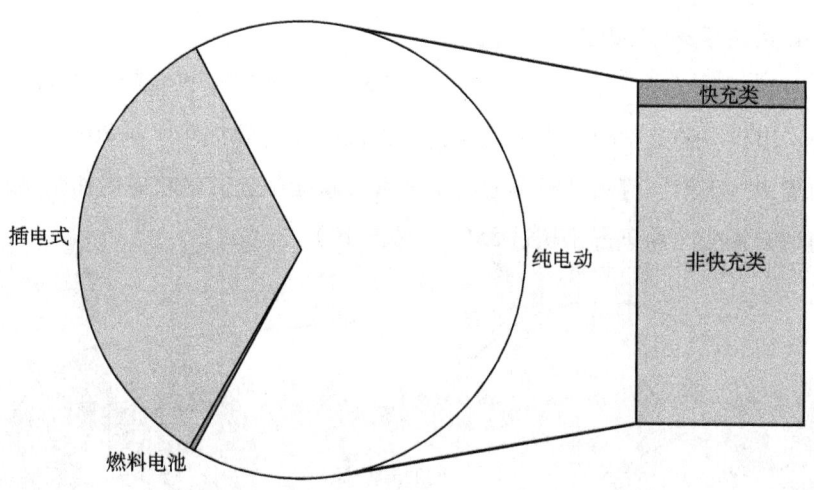

图 8　新能源汽车客车技术路线分布

3. 10米以上客车产品成焦点

在2017年1~5批新能源汽车推广应用推荐车型目录中,10米以上客车产品比重高达60%,8~10米和6~8米客车比重分别为36%和4%,这一产品结构也是最新补贴政策带来的重大影响之一,新能源大客车逐渐成为市场主流产品。此外,从技术路线来看,插电式混合动力客车主要集中在10米以上区域,纯电动客车则集中分布在8~10米和10米以上区域(见图9)。

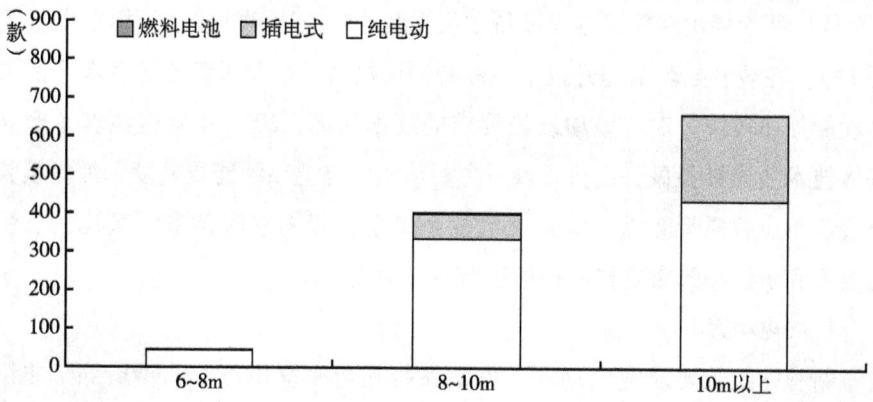

图 9　新能源客车按车长分布

4. 新能源公交化趋势较为明显

自 2009 年国家四部委启动"十城千辆"示范工程，我国一直将公交、公务、出租等公共领域作为切入点，大力推广新能源汽车。从 2017 年 1~5 批新能源汽车推广应用推荐车型目录来看，新能源公交化趋势更加明显，公交用途的新能源客车占比超过 85%（见图 10）。

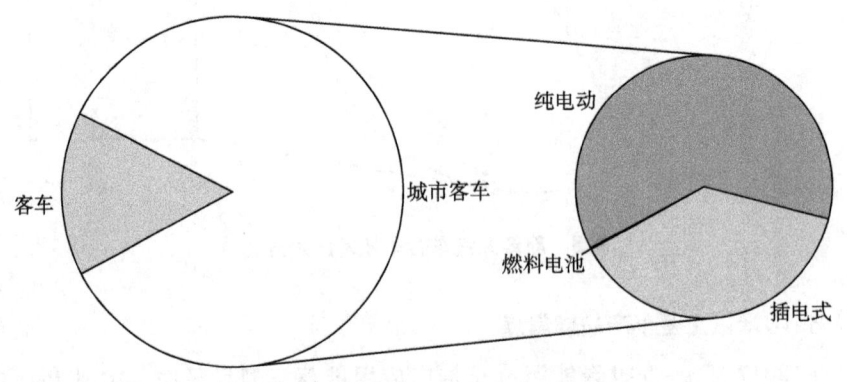

图 10　新能源客车按用途分布

（二）主要技术性能对标

《关于调整新能源汽车推广应用财政补贴政策的通知》（财建〔2016〕958 号）明确提出新能源客车获得中央财政补贴应达到的技术指标要求（见图 11）。在该补贴政策提升技术指标的倒逼机制下，我国新能源客车产品整体性能提速较快。对比该项政策要求的技术指标，2017 年新能源客车产品整体技术性能具备显著优势。以下主要从动力电池系统能量密度、纯电续驶里程、单位载质量能耗（Ekg）、电池系统总质量占整车整备质量比例、快充倍率和节油率等重要技术指标进行对比分析。

1. 纯电动客车

新补贴政策要求纯电动客车电池系统能量密度不低于 85Wh/kg、非快充类续驶里程不低于 200km、单位载质量能量消耗量不高于 0.24Wh/km·kg、电池系统总质量占整车整备质量比例不高于 20%、快充类快充倍率不低于3C。经统计，2017年1~5批新能源汽车推广应用推荐车型目录中，纯电动客车主要技术性能指标平均水平均高于政策要求（见图11）。

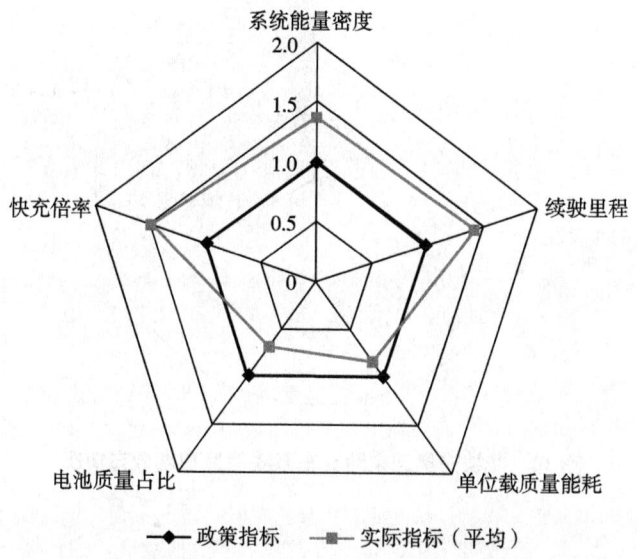

图11 目录产品技术指标与补贴政策要求指标对比

在非快充类纯电动客车产品中，动力电池系统能量密度提升尤为明显。这与补贴金额调整为与车辆带电量挂钩有关。在1~5批推广目录共787款非快充类纯电动客车中，系统能量密度超过115 Wh/kg的客车产品占比超过60%（见图12）。根据最新补贴政策，该类客车可获得最高系数补贴。

从续驶里程指标来看，纯电动客车产品主要集中在200~250km和250~300km两个区间，占比分别为30%、41%。新补贴政策中提到今后适时将新能源客车续驶里程测试方法由40km/h等速法调整为工况法，那么在相同电池容量条件下，续驶里程200km的指标要求将提升至250km，目前不达标产品占比达到30%，未来企业压力大增，须早做准备（见图13）。

在快充类纯电动客车中，产品主要集中在快充倍率5C~15C这一区间，占比超过七成（见图14）。但59款产品中充电倍率最高仅为5.46C，距离1.4倍补贴对应的15C以上充电倍率的技术指标存在较大差距，快充类客车技术发展空间有待进一步提升。

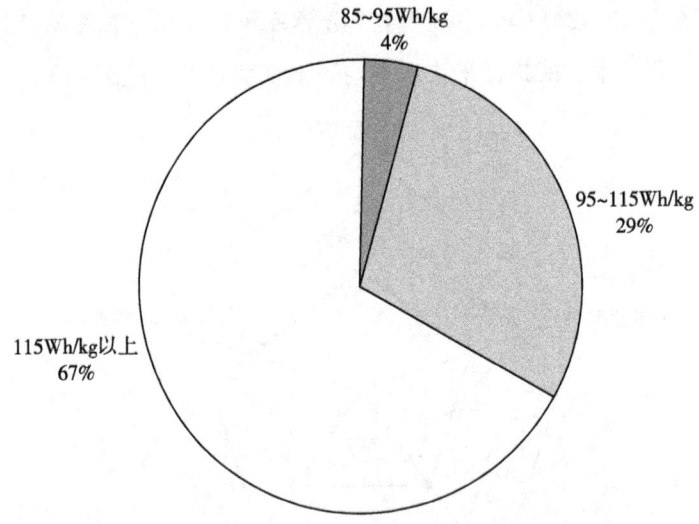

图12　非快充类纯电动客车系统能量密度分布情况

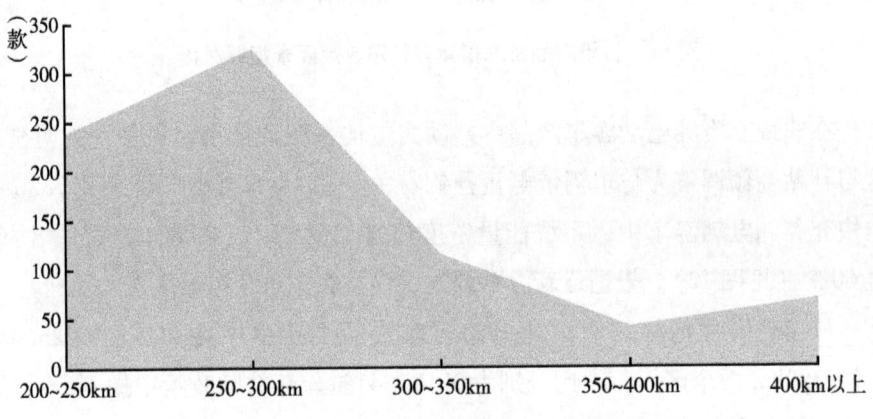

图13　非快充类纯电动客车续驶里程分布情况

2. 插电式混合动力客车

最新补贴政策对插电式客车的节油率作了明确要求，节油率水平要高于40%。1~5批推广目录中共有137款油电混合插电式客车产品，平均节油率为51%。新补贴政策中提到将节油率分为40%~45%、45%~60%、60%以上三个区间设定补贴系数，在1~5批推广目录共137款插电式客车

中国新能源客车行业发展现状及趋势展望

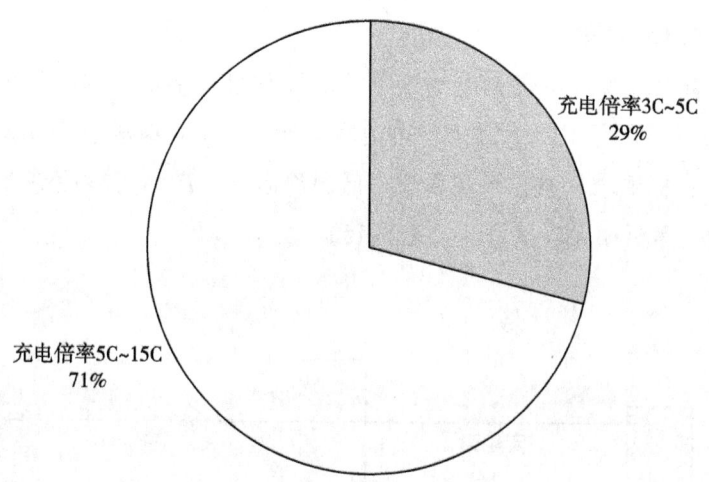

图14 快充类纯电动客车快充倍率分布情况

产品中，处于中档水平的插电式产品比重最高，接近80%（见图15）。可以看出，插电式客车节油水平表现一般，整体技术优势不明显，这或与新能源客车企业主力发展纯电动客车有关。

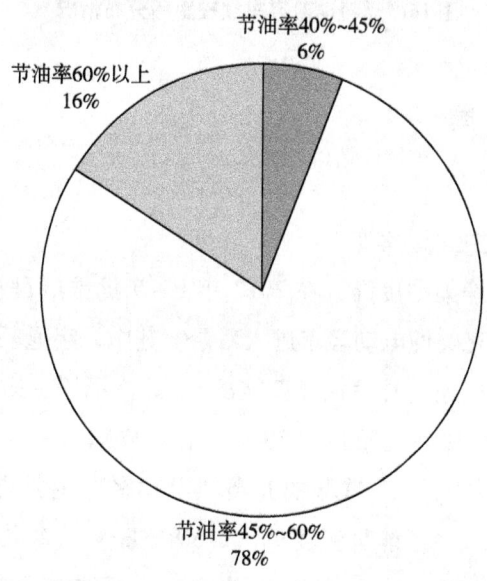

图15 插电式混合动力客车（油电混合）节油率分布情况

3. 燃料电池客车

最新补贴政策规定燃料电池汽车纯电续驶里程不低于 300 公里。2017 年 1～5 批推广目录共有 5 款燃料电池客车产品，平均续驶里程 423km，远超 300km 指标要求；但在系统集成、低温冷启动、产品可靠性等方面存在较大问题，需要加大攻关力度（见图 16）。

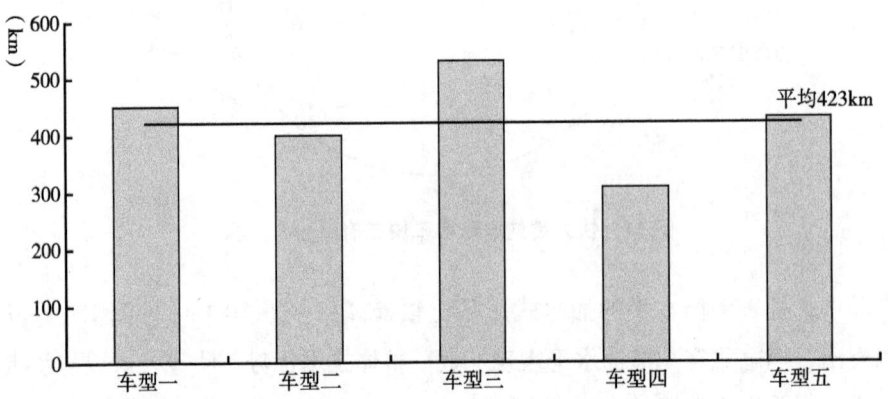

图 16 燃料电池客车续驶里程分布情况

（三）企业布局

1. 纯电动客车

（1）非快充类纯电动客车

①主流企业品牌集中度高。在 2017 年 1～5 批推广目录中，总计有 76 家企业 787 款非快充类纯电动客车进入目录。其中，宇通、南京金龙、厦门金旅、中通、珠海广通（珠海银隆新能源）、北汽福田、扬州亚星、厦门金龙 8 家主流企业产品所占比重达到 50%（见图 17）。

从图 18 可以看出，787 款非快充类纯电动客车主要集中在四个区域，即（车长 8～10 米，系统能量密度 95～115Wh/kg）、（车长 8～10 米，系统能量密度 115Wh/kg 以上）、（车长 10 米以上，系统能量密度 95～115Wh/kg）以及（车长 10 米以上，系统能量密度 115Wh/kg 以上）。

中国新能源客车行业发展现状及趋势展望

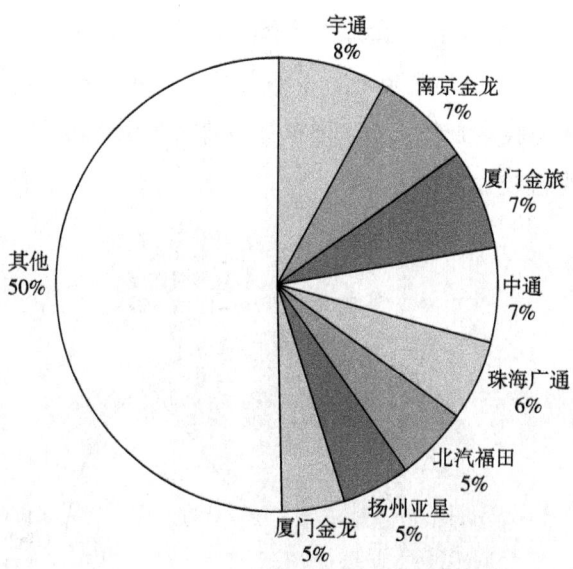

图 17 非快充类纯电动客车企业布局情况

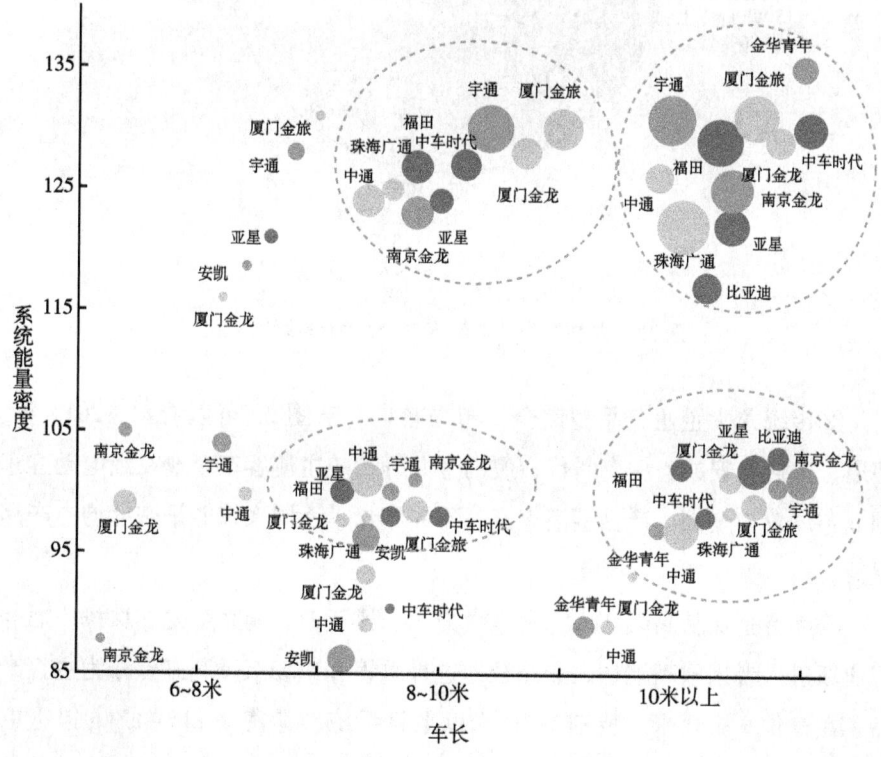

图 18 非快充类纯电动客车企业和产品细分情况

特别是车长 10 米以上、系统能量密度 115Wh/kg 以上的纯电动客车产品逐渐成为主流，占比达到 36%。客车大型化、电池高能量密度化已经成为当前纯电动客车技术趋势。未来国家补贴政策有望实施能量密度领跑者制度，龙头企业受益较大。

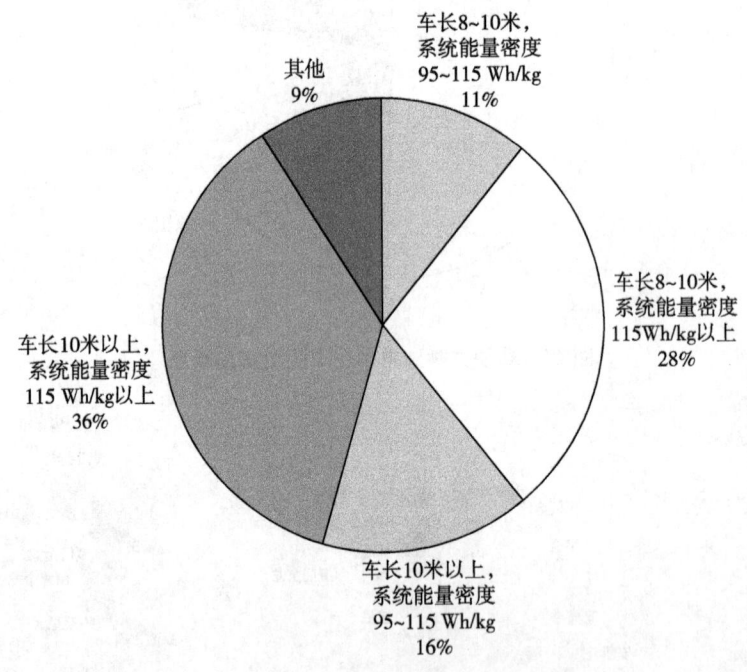

图 19　非快充类纯电动客车产品细分占比情况

②传统龙头企业产品型谱全，布局较广。从图 20 可以看出，2017 年，宇通、中通、安凯、中车时代、厦门金龙等传统主流客车企业在纯电动客车领域布局较为全面，产品型谱丰富，不同车长、不同系统能量密度均有产品覆盖。

③新晋企业从高端切入，发展潜力大。比亚迪、南京金龙、珠海广通等行业新进入者采取高端切入的路径，选择政策和市场双重利好点作为主打产品，在车长 8～10 米，特别是 10 米以上且系统能量密度 115Wh/kg 以上的系列产品上发力，产品综合竞争力较强。这类新企业具备较强的资金和技术

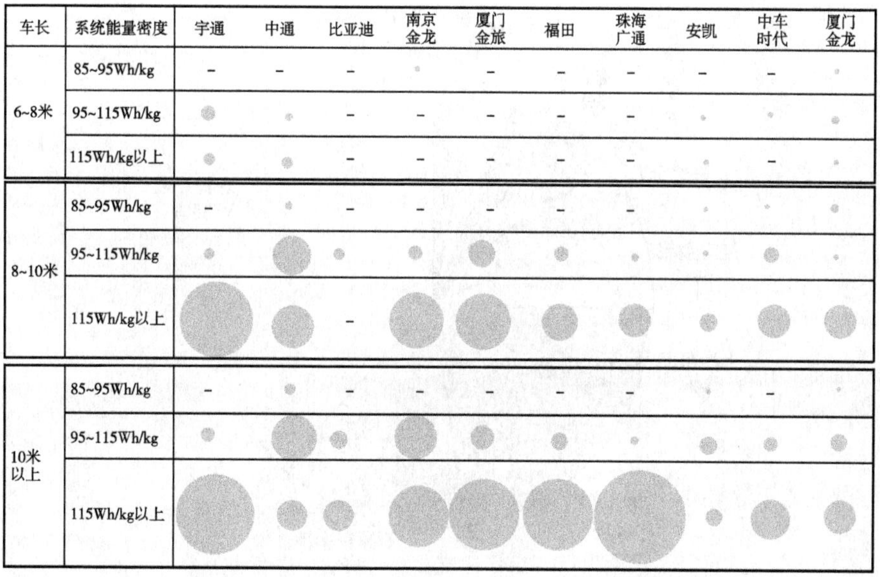

车长	系统能量密度	宇通	中通	比亚迪	南京金龙	厦门金旅	福田	珠海广通	安凯	中车时代	厦门金龙
6~8米	85~95Wh/kg	-	-	-	-	-	-	-	-	-	-
	95~115Wh/kg	●	·	·	·	·				·	·
	115Wh/kg以上	·	·	·				·		·	·
8~10米	85~95Wh/kg										
	95~115Wh/kg	●	●	●	●	●	●	●	●	●	●
	115Wh/kg以上	●	●	●	-	●	●	●	●	●	●
10米以上	85~95Wh/kg	-	-	-	-	-	-	-	-	-	-
	95~115Wh/kg	●	·								
	115Wh/kg以上	●	●	●	●	●	●	●	·	●	●

图20 非快充类纯电动客车主流企业产品型谱分布

实力，它们的进入加剧了新能源客车市场竞争的激烈程度，有望改写既有行业格局。

（2）快充类纯电动客车

快充技术逐渐成为新能源客车重要技术路径之一，近年来在公交领域日益受到重视。在2017年1~5批推广目录中，总计有11家企业63款快充类纯电动客车进入目录。从企业分布来看，珠海广通呈现一家独大的趋势，产品数量占比达38%。此外，石家庄中博汽车有限公司于2013年被珠海广通全资收购，这两家企业的快充类客车数量占比超过50%，具备较强竞争优势。但需要注意的是，北汽福田、上海申龙、厦门金旅、宇通等客车企业也开始加速布局快充领域（见图21）。

从技术路线来看，快充类纯电动客车也是多种技术路线并存。以珠海广通和石家庄中博汽车为代表的企业选择钛酸锂路线；以宇通、厦门金龙、厦门金旅、上海申龙为代表的企业选择磷酸铁锂路线，北汽福田则选择锰酸锂技术路线（见图22）。

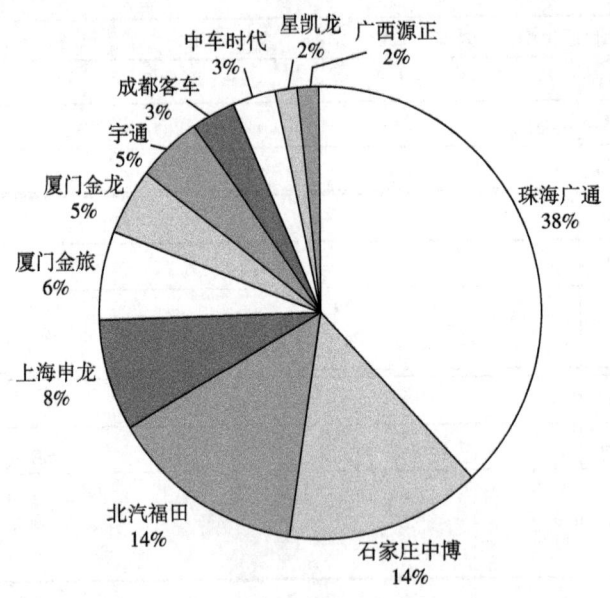

图 21 快充类纯电动客车企业布局情况

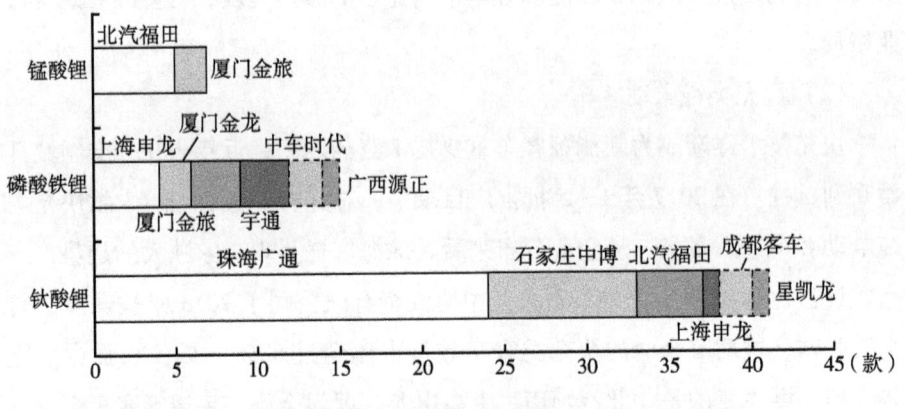

图 22 不同技术路线下快充类纯电动客车企业布局情况

相比磷酸铁锂和锰酸锂电池，钛酸锂材料电池具备安全性能好、循环寿命高、充放电速度快等优点，在保证纯电动公交车正常运营的前提条件下，可实现较好的经济效益和社会效益。因此，钛酸锂类快充纯电动客车的公交用途占比较高（见图23）。2017年6月23日，中机车辆技术服务

中国新能源客车行业发展现状及趋势展望

中心发布通知，2380款新能源客车由于未提交《电动客车安全技术条件》检测报告，拟在297批《公告》中予以暂停。这说明国家管理部门高度重视新能源客车安全问题，对其管理也更加严格，预计钛酸锂类快充客车有望迎来更好的发展机遇。

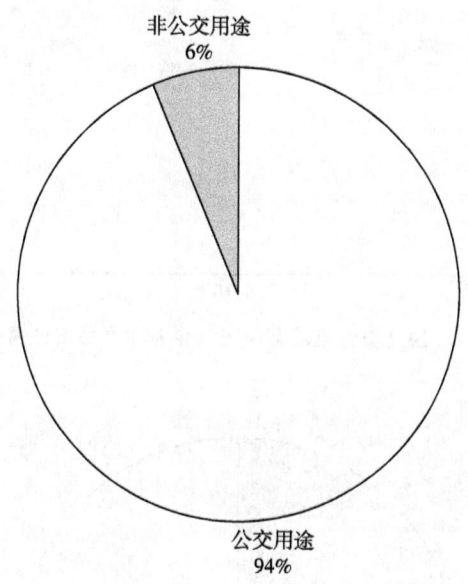

图23　快充类纯电动客车产品用途分布情况

从图24可以看出，目前快充类客车产品快充倍率主要集中在5C以上，快充倍率有待提升。此外，快充类客车企业在提升充电倍率的基础上，还要综合能量密度、寿命、安全性、价格等多重指标因素，提高客车产品整体竞争力。

2. 插电式客车

（1）气电混合占燃料类型主导地位

在1~5批推广目录的插电式客车中，NG（天然气）动力客车占比53%，超过柴油动力所占比重44%，表明气电混合动力客车成为目前主流技术路线（见图25）。同时，我国油气价差呈扩大态势，天然气应用领域经济性凸显，未来气电混合动力客车市场占有率还将逐步提升。

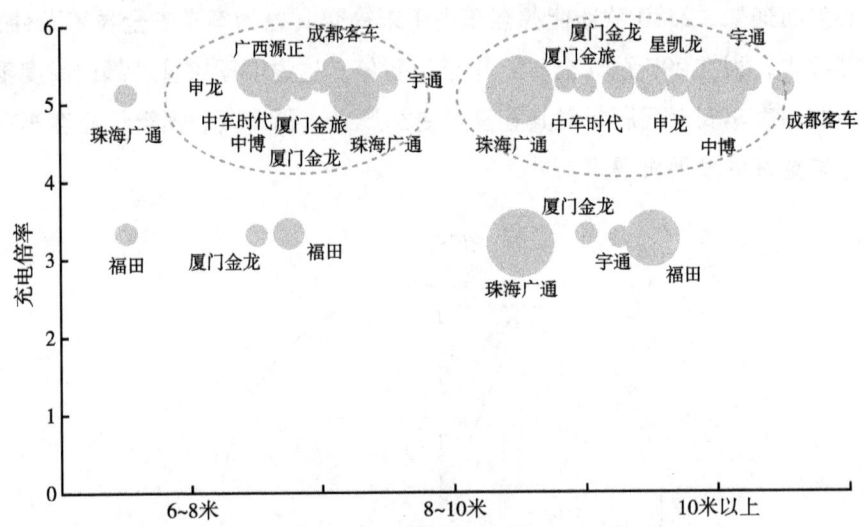

图24　快充类纯电动客车主流企业和产品细分情况

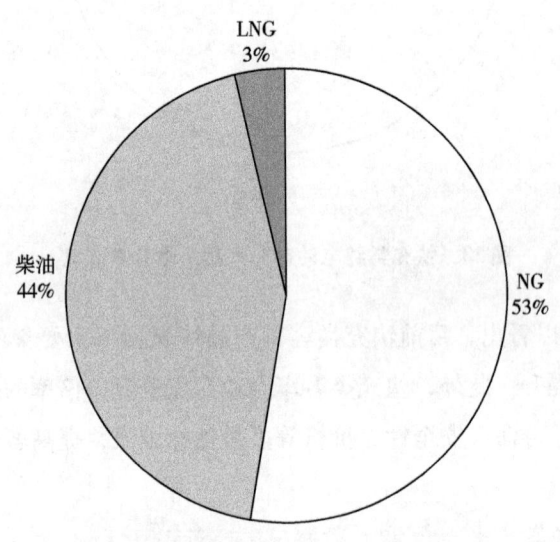

图25　插电式客车不同技术路线分布情况

（2）大型化插电式公交客车占据主流

从1~5批推广目录来看，插电式客车产品主要集中在车长10米以上，占比接近80%，且1~5批推广目录中没有车长8米以下产品，说明当前插电式客车大型化趋势占据绝对主流。从使用领域来看，城市公交用途比重高达99%（见图26）。

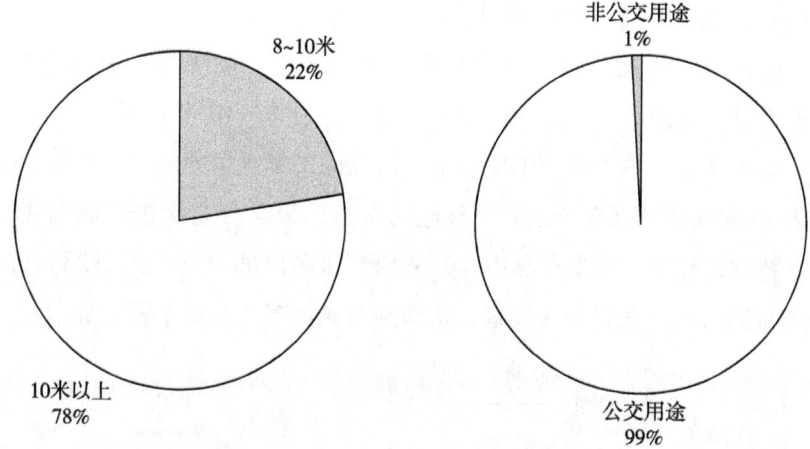

图 26 插电式客车车长和用途分布情况

(3) 主流品牌产品集中度较高

在新能源客车竞争越来越激烈的市场中，新产品推出速度成为一种特别重要的竞争力，特别是关系到国家补贴和地方补贴。中通、北汽福田、厦门金龙、宇通和中车时代 5 家企业集体发力，插电式客车产品占比超过 60%，主流品牌产品集中度较高，在未来市场竞争中优势逐渐显现（见图 27）。

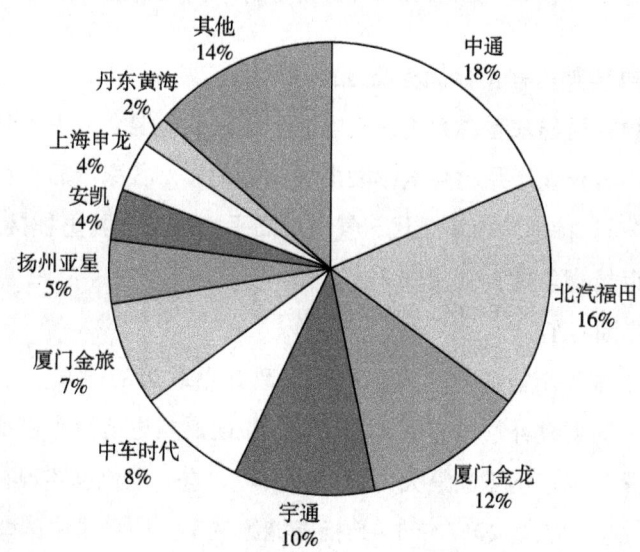

图 27 插电式客车企业布局情况

(4)主流产品竞争更加激烈

据统计,1~5批推广目录中所有插电式客车产品平均节油率为51%。分企业来看,安凯、北汽福田、厦门金旅等企业8~10米和10米以上产品平均节油水平在整体平均节油率以上,产品的市场竞争力较强。此外,南京金龙2016年新能源客车产品均为纯电动客车,2017年首次进军插电式客车领域,特别是在8~10米产品中,其平均节油率为60.1%(见图28)。南京金龙从高端切入,发展势头较猛,未来插电式客车市场竞争将更加激烈。

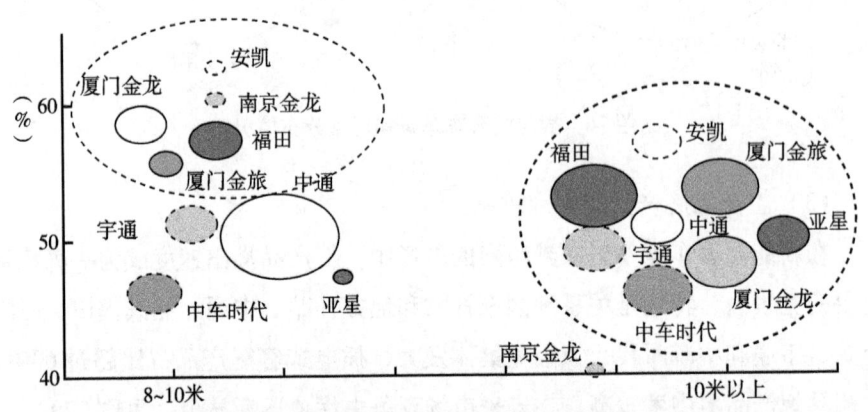

图28 插电式客车主流企业和产品布局情况

(5)纯电续驶里程指标优势凸显

从纯电续驶里程来看,无论是气电混合还是油电混合,中车时代、厦门金旅、安凯三家企业产品的纯电续驶里程优势明显,各家产品平均纯电续驶里程超过70km。特别是中车时代,气电产品平均纯电续驶里程接近100km,具备较强的市场竞争优势(见图29)。

3. 燃料电池客车

在《关于调整新能源汽车推广应用财政补贴政策的通知》中,燃料电池汽车是唯一的财政补贴没有下调的车型,说明燃料电池汽车在我国处于发展的初级阶段,未来仍需政策大力引导和扶持。这一现象也体现在燃料电池客车目录产品上。综观2017年1~5批新能源汽车推广目录中的燃料电池客车产品,基本呈现整体占比低、申报企业少的特征。从产品布局来看,以

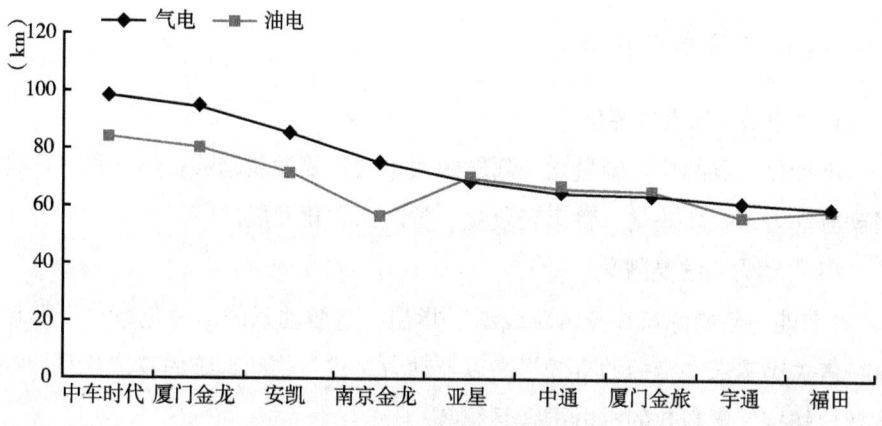

图29 插电式客车主流企业产品纯电续驶里程

8~10米为主;从企业分布来看,既有宇通、北汽福田等传统客车企业布局燃料电池客车,也有南京金龙、佛山飞驰等新晋企业加速布局该领域;从技术指标来看,以南京金龙为代表的燃料电池客车产品具有较强的竞争优势,续驶里程高达530km(见图30)。但总体来说,客车行业对燃料电池产品研发及市场化热情相对较低,这也受限于加氢站等基础设施的滞后发展,未来在国家的强力引导下,燃料电池汽车将成为重要发展方向,客车企业应提早布局燃料电池技术,加快产品研发和市场化运营进程。

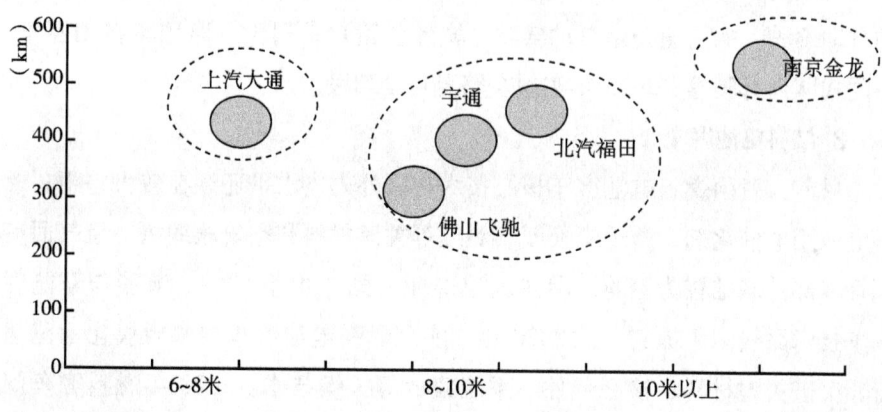

图30 燃料电池客车主流企业产品布局

（四）未来发展趋势

1. 纯电动和插电式客车

电动化、智能化、轻量化是新能源汽车的重要发展趋势。新能源客车也将朝着动力系统高效化、整车轻量化、智能网联化发展。

（1）动力系统高效化

"节能与新能源汽车技术路线图"指出，电驱动系统高效化取决于驱动系统各关键零部件指标的有效提高以及动力总成与传动系统的集成优化，如有效比转矩、更高效的机电耦合系统等。

（2）轻量化

未来应大量应用铝合金挤压件、冲压件和铸件，客车车身逐步实现全铝骨架，车门、发动机舱罩、翼子板等部件应用碳纤维增强复合材料；内饰大量采用长纤维增强热塑性复合材料；铝合金悬架及副车架逐步应用等。

（3）智能网联化

未来逐步提高纯电动和插电式客车智能网联化水平，2016年逐步实现自动紧急制动、车道保持辅助、自适应巡航等驾驶辅助功能，2018年实现车道自动驾驶、换道辅助、盲区监测等功能；2020年实现较为复杂工况下的自动驾驶，如高速公路自动驾驶、城郊公路自动驾驶、商用车自动停车、协同式队列行驶等；2025年实现全路况自动驾驶。

2. 燃料电池客车

目前，我国燃料电池客车核心技术与国外先进水平还存在较大差距，燃料电池用电催化剂、质子交换膜、炭纸等关键材料和空气压缩机、氢气回流泵等零部件基础较为薄弱，燃料电池寿命与国外相差40%。节能与新能源汽车技术路线图中提到，到2020年，实现燃料电池汽车技术规模化示范运行，突破关键材料、核心部件、系统集成等关键技术。2020年燃料客车规模达到万辆，2030年实现大规模推广应用（见表4）。未来客车企业可以小功率燃料电池系统为市场切入点，加大批量生产和小批量装车推广，依据小功率燃料电池与大容量动力电池混合动力到大功率燃料电池与小容量动力电池混合动力的发展路线，逐步提升燃料电池系统功率，优化系统结构和功能，重点解决系统集成、低温冷启动、可靠性等问题，同时逐步降低成本。

表4　燃料电池客车技术路线

	2020年	2025年	2030年
最高车速	高于80km/h	高于80km/h	高于80km/h
成本	低于150万元	低于100万元	低于60万元
冷启动温度	零下30摄氏度	零下40摄氏度	零下40摄氏度
比功率	2Kw/kg	2.5Kw/kg	2.5Kw/kg
寿命	5000h	6000h	8000h

三　新能源客车市场竞争格局

2016年，在传统动力客车市场呈现下滑的状况下，我国新能源客车逆势增长，成为拉动整体客车市场发展的重要引擎。2017年1~6月，受补贴政策等多重影响，我国新能源客车呈现低开的发展局面，销量大幅下降。以下主要回顾2016年新能源客车市场特征，分析2017年上半年新能源客车市场态势，并预测未来面临的机遇和挑战。

（一）新能源客车市场2016年总结

1. 新能源公交市场竞争白热化

从用途划分来看，2016年新能源公交车销量占比超过80%，已经成为我国新能源客车市场的重中之重。特别是在插电式客车领域，公交用途占比高达96%（见图31）。

从企业销量来看，宇通客车、中通客车和比亚迪等客车企业均重点布局新能源公交产品，市场竞争十分激烈，新能源公交市场逐渐成为各家企业角逐的"红海"市场。截至 2016 年，我国公交客车总保有量超过 50 万辆，其中，新能源公交客车约 16 万辆，市场占比超过 30%。

与新能源公交"红海"市场相比，我国公路客车年销量约 40 万辆，未来随着新能源客车关键技术进步和充电基础设施的普及，该领域有望成为发展潜力巨大的蓝海市场。建议客车企业高度重视并加快该领域的技术研发和产品储备。

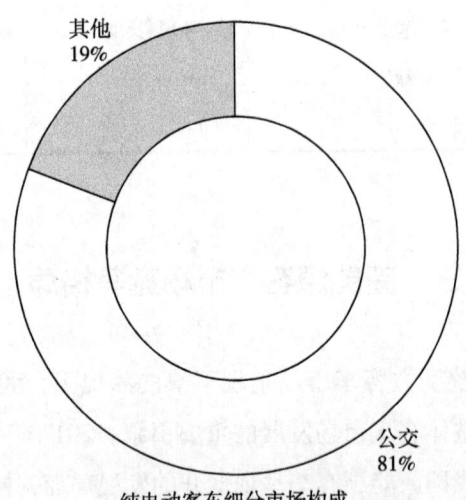

新能源客车细分市场构成

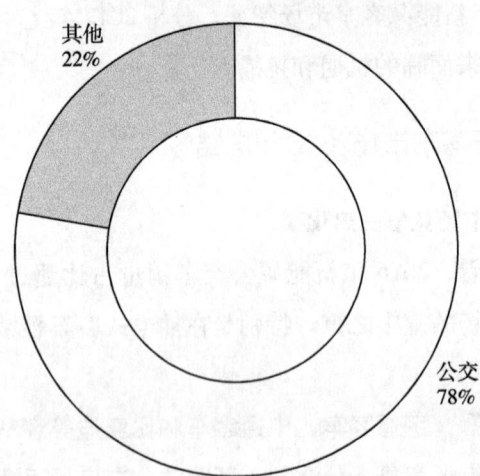

纯电动客车细分市场构成

中国新能源客车行业发展现状及趋势展望

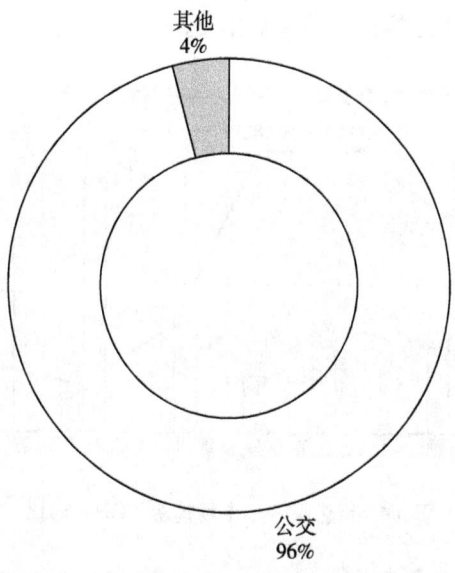

图31 2016年新能源客车细分市场构成

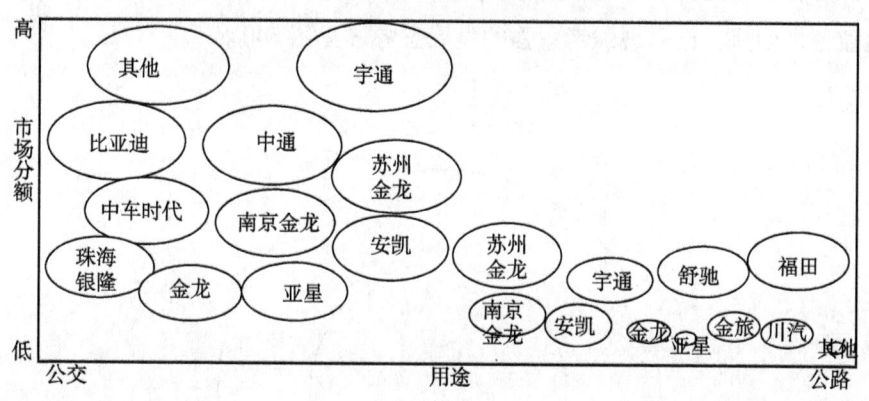

图32 2016年各企业新能源客车细分市场构成气泡分布

2. 新能源逐渐成为企业核心竞争要素

2016年，在新能源客车市场销量前八名中，比亚迪、南京金龙和珠海广通三家企业的新能源客车销量占本企业客车总销量的比例达到或接近100%（见图33）。这说明上述三家客车企业高度重视新能源客车战略转型

发展,在技术研发和主打产品上均将新能源作为发展重点,成效颇丰。新能源代表着新势力,并已然改写传统竞争格局。

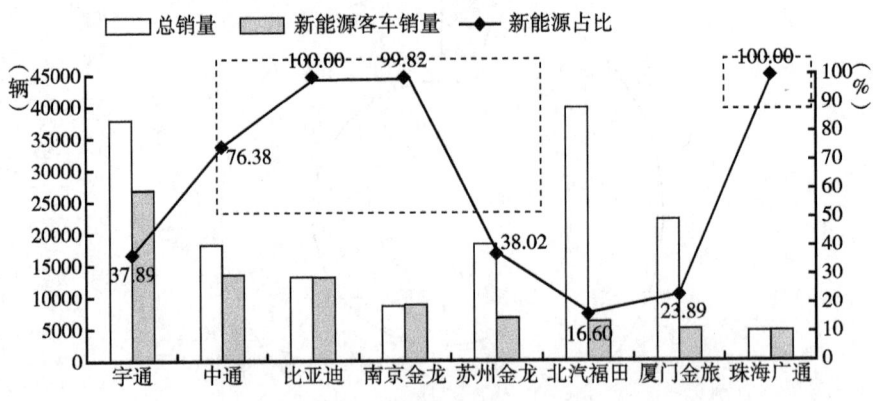

图33 新能源客车市场销量 TOP 8 对比

(1)宇通：作为龙头企业,宇通不仅在传统动力客车领域具备行业竞争优势,在新能源客车领域凭借坚实的技术储备、扎实的产品,其市场领先地位更加明显,已呈现强者愈强的发展态势（见图34）。

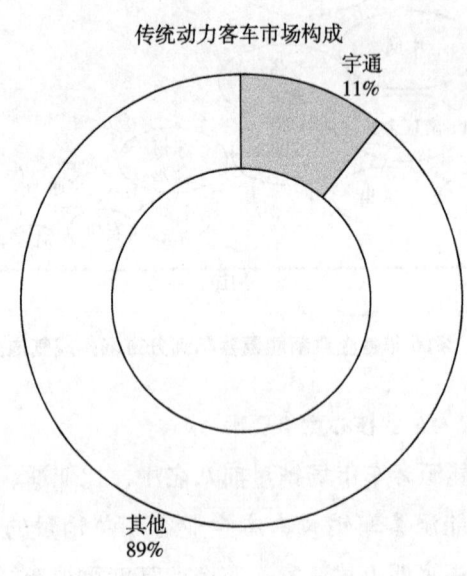

中国新能源客车行业发展现状及趋势展望

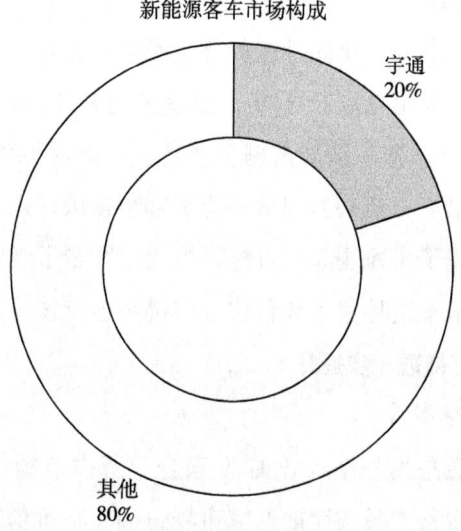

图34 宇通客车2016年市场份额占比

资料来源：中国汽车工业协会。

（2）比亚迪：近年来，比亚迪全面实施新能源战略，凭借12米K9主打产品的超高销量，在大型客车总体销量排名中升至第二（见图35）。此外，比亚迪新能源产品在海外表现良好，已出口至意大利、美国、英国、澳大利亚、荷兰等多个国家和地区。

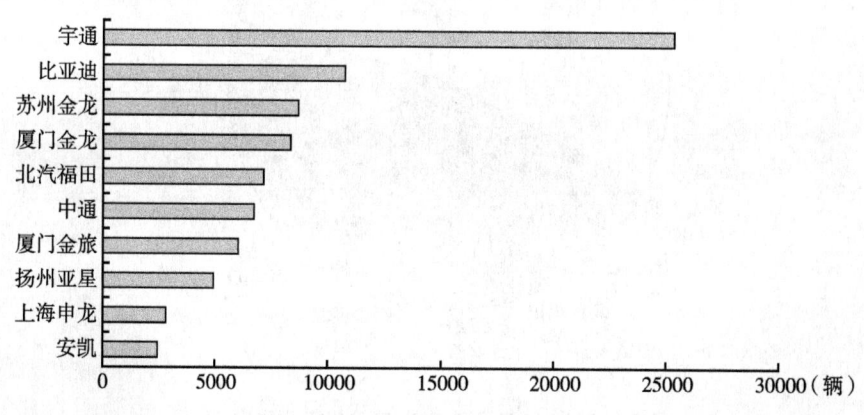

图35 大型客车市场销量TOP 10

081

(3)南京金龙和珠海广通：南京金龙、珠海广通代表着新能源客车行业的新兴力量，相比老牌企业如丹东黄海、深圳五洲龙、重庆恒通等，其新能源客车销售业绩较为出众。2016年，南京金龙和珠海广通分别销售8939辆、5225辆，在新能源客车领域占据重要地位。新能源汽车战略已上升为国家战略，在此背景下，新兴品牌从新能源客车领域切入，避开传统动力客车领域之锋芒，实现了快速崛起的目标，极大地冲击了老牌客车企业的市场份额。可以预见，未来这种竞争和替代效应仍将会持续放大。

3.市场集中度有待进一步提升

（1）行业集中率指数

行业集中率指数是指一个行业前N家企业所占市场份额的总和。美国经济学家贝恩和日本通产省按照前八家市场份额，将市场结构划分为寡占型（CR8≥40%，指前八家市场份额总和大于等于40%）和竞争型（CR8＜40%）两个类别。2016年，我国新能源客车行业CR8为67.59%，属于寡占型市场，市场较集中（见图36）。

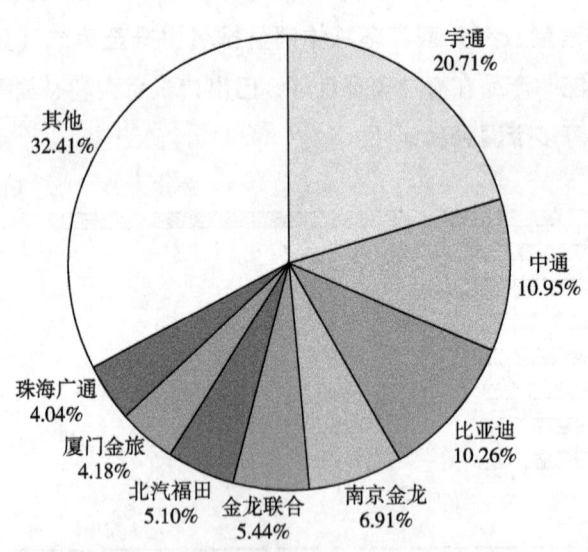

图36 2016年新能源客车TOP 8行业集中率

行业集中率是目前业内较为普遍的衡量参数，但其无法反映行业内企业总数量，故本文引入另一指标——赫希曼指数。

（2）赫希曼指数

赫希曼指数，又称 HHI 指数，是衡量市场垄断及竞争程度的重要指数，它以行业中企业的数量和总体规模分布为研究基础，将市场上全部企业的市场份额平方再加总。美国和欧盟等国家的《并购指南》将赫希曼指数 1~1000 的行业划分为低度集中市场。经计算，我国新能源客车赫希曼指数为 864，市场集中程度较低。

具体来看，2016 年我国新能源客车实现销售的企业共计 42 家，呈现"长尾状态"。按企业市场份额划分，可将我国新能源客车企业分为三个梯队：市场占比大于 5% 为第一梯队，主要是宇通客车、中通客车、比亚迪、南京金龙、厦门金龙和北汽福田共计 6 家企业；市场占比 1%~5% 为第二梯队，主要有厦门金旅、珠海广通等 11 家企业；市场份额小于 1% 则为第三梯队，主要有四川野马、上海申沃等 25 家企业（见图 37）。

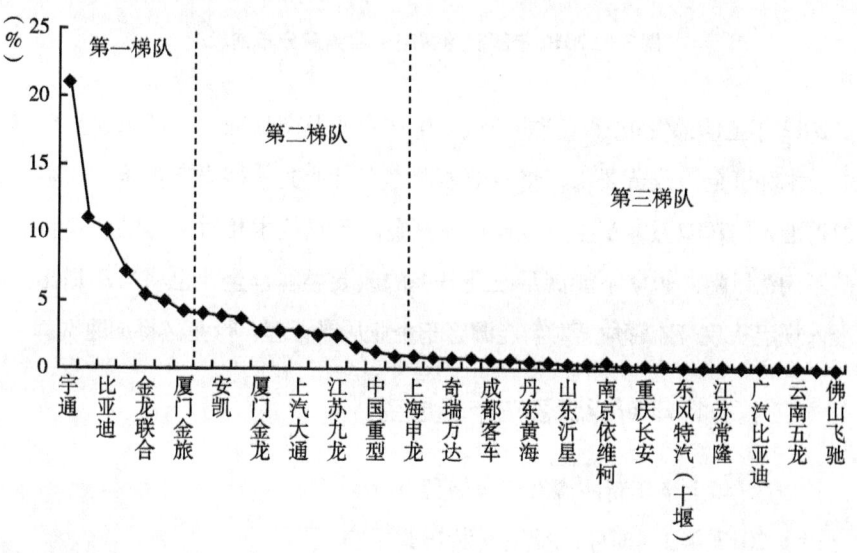

图 37　2016 年新能源客车企业市场占有率

我国新能源客车市场相对分散，主要是由其发展阶段所决定的。我国新能源客车真正实现发展始于2009年开展的"十城千辆"示范工程，在"公共领域先行"的大力倡导和推动下，相关客车企业逐渐加快发展。尤其是在中央和地方高额财政补贴的刺激下，规模大小不一的各类企业均进行新能源客车建设和产品投放，部分销量极低的"僵尸企业"亦借机复活。据统计，2016年新能源客车销量不足千辆的企业超过20家，占企业总数量的50%以上（见图38）。

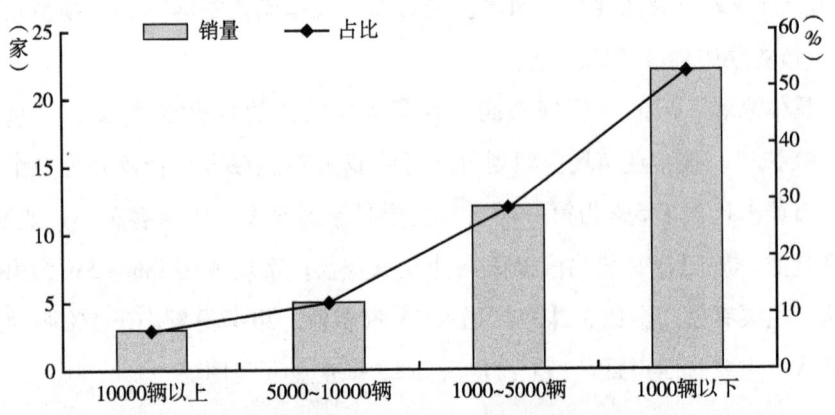

图38　2016年新能源客车企业销量分布情况

2017年工信部发布的《新能源汽车生产企业及产品准入管理规定》明确了企业技术和资金等改造要求，将对新能源客车行业竞争格局产生重大影响。在已取得准入的新能源客车生产企业中，资金匮乏且技术相对落后的企业将面临大范围淘汰风险，逾期不能满足改造升级的改装类客车企业也将自动退出。新版准入规定从政府监管角度对新能源客车企业从严管理，行业必将加速洗牌。

（二）2017年新能源客车市场展望

1. 2017年上半年新能源客车市场盘点

（1）2017年1~6月销量呈现断崖式下滑

根据中国汽车工业协会统计，2017年1~6月，我国新能源客车共销售14994辆，同比下降47%（见图39）。

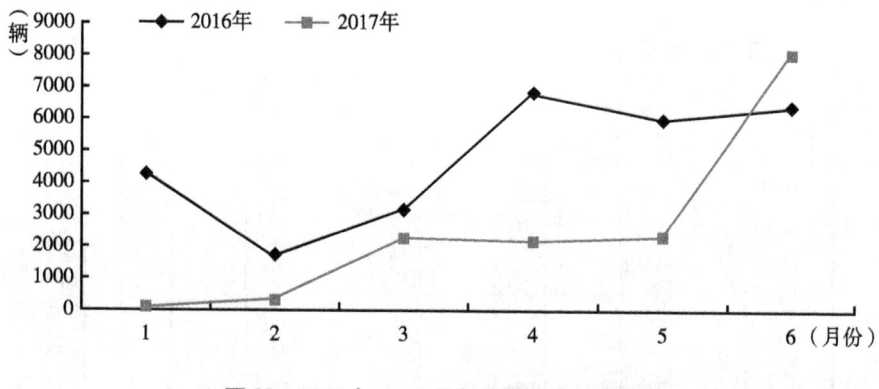

图39 2017年1~6月新能源客车销量走势

2017年1~6月新能源客车销量呈现断崖式下滑，原因主要有三个方面。

①2017年新能源汽车补贴政策调整发布后，续驶里程、单位载质量能耗等关键技术指标加严，整车企业需要优化设计产品、重新申报推广目录，需要1~3个月时间周期。2017年前期新能源推荐车型目录数量少、月度销量低迷，两者呈正相关，这是2017年上半年新能源客车销量下滑的重要原因。

②2016年底，新能源汽车补贴退坡和调整，刺激了各大客车厂和公交客运公司提前生产并采购大量新能源客车，造成正常需求提前释放。尤其是2016年12月份呈现井喷现象，新能源客车单月销量达到3.5万辆，占全年的比重接近30%，一定程度上影响了2017年一季度的正常订单。同时，新能源汽车补贴调整后要求地方补贴不超过国家补贴的50%，各地方配套补贴政策尚未出台，均对销量下滑造成一定影响。

③2017年上半年，商用车两极分化较为明显，货车销量实现快速增长，客车销量则整体显著下降，1~5月，客车销量同比降幅较大，6月迎来正增长，客车总体发展环境不利，也对新能源客车销量下降带来一定影响（见图40）。

（2）新能源客车占比逐月提升，未来趋势向好

2017年1~6月，虽受多重因素影响，我国新能源客车销量下滑较为明显，其占客车总体销量比重较低，不足7%。但6月份以来新能源客车市场

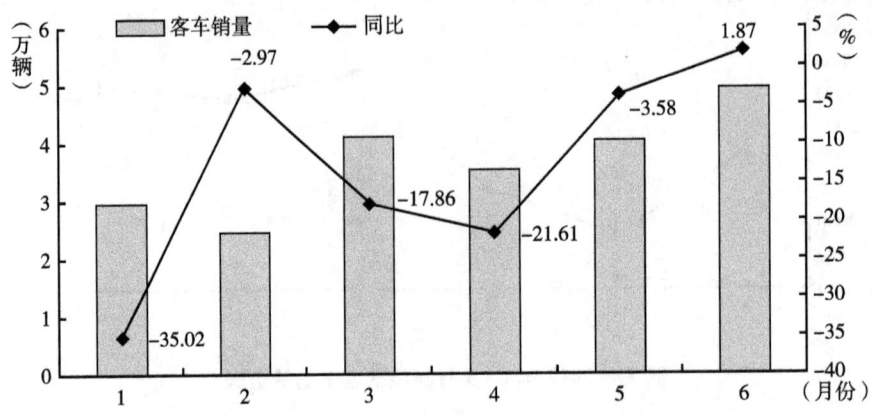

图40　2017年上半年客车月度销量走势

开始回暖，销量实现迅速提升，单月销量超过8000辆，新能源客车销量占客车总销量的比重为20%，接近2016年的23.86%（见图41）。下半年新能源客车发展趋势向好。

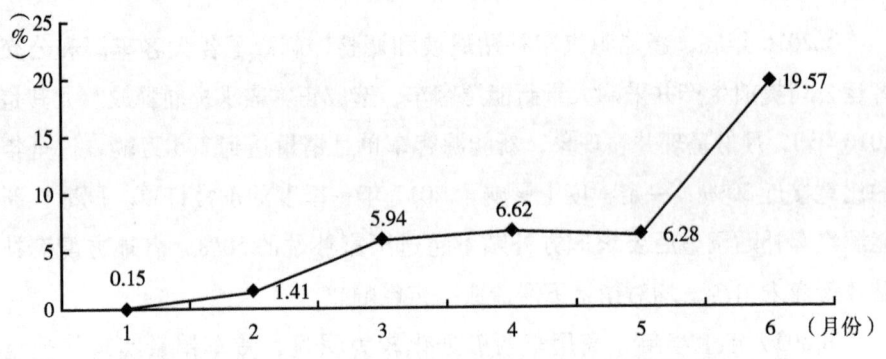

图41　2017年1~6月新能源客车销量占客车总销量的比重

（3）纯电动、大型化占据产品销量结构主流

从产品销量结构来看，2017年上半年，纯电动客车占比超过70%，大型客车占比超过50%，纯电动、大型化依然是新能源客车主流产品（见图42）。

但需要注意的是，纯电动、大型化不完全等同于纯电动+大型化。具体

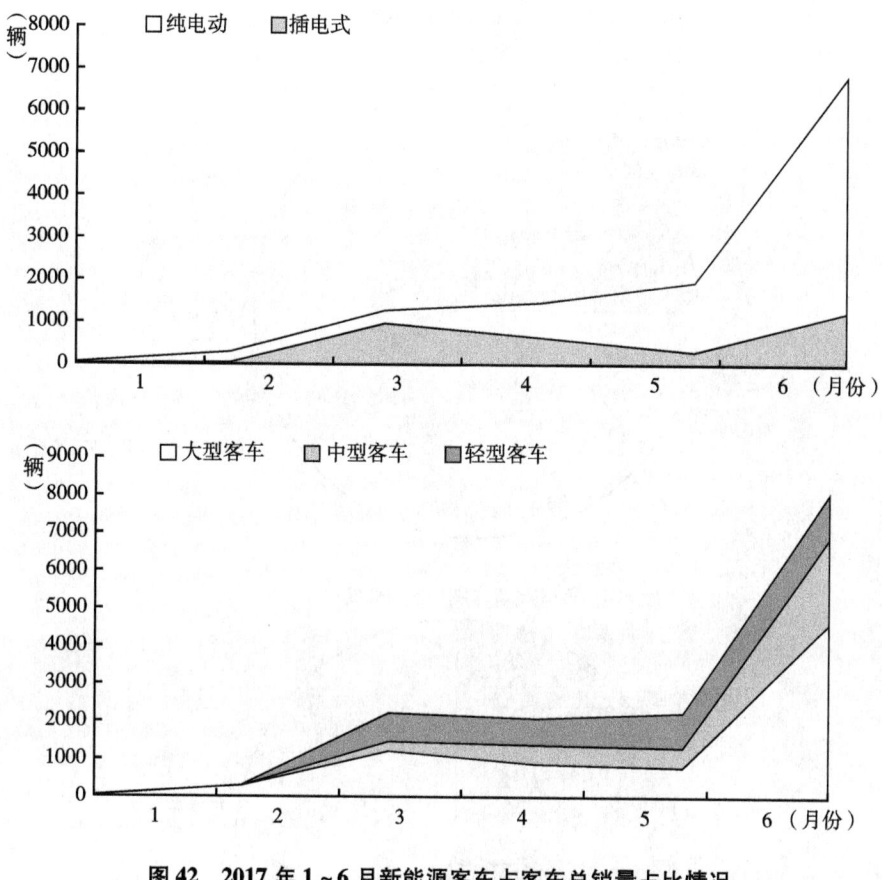

图42 2017年1~6月新能源客车占客车总销量占比情况

来看,插电式客车产品主要集中在大型客车领域,占比高达75%,纯电动客车则涉及大、中、轻型全系列产品(见图43)。

(4)市场集中度较高,未来将掀起并购热潮

2017年1~6月,我国新能源客车销售前8名企业占比达到81%,市场集中度极高(见图44)。纵观新能源客车产业发展,仍然受政策影响较大,特别是国家补贴政策对新能源客车技术指标要求逐渐提高,且国家对补贴的清算要求也越来越严格,新能源客车生产企业需要承受的垫资压力与市场销售规模正相关。在这种形势下,拥有较高技术和资金优势的企业具备较好竞争优势,处于"长尾"梯队的小企业更是面临生存压力。可以预见,未来

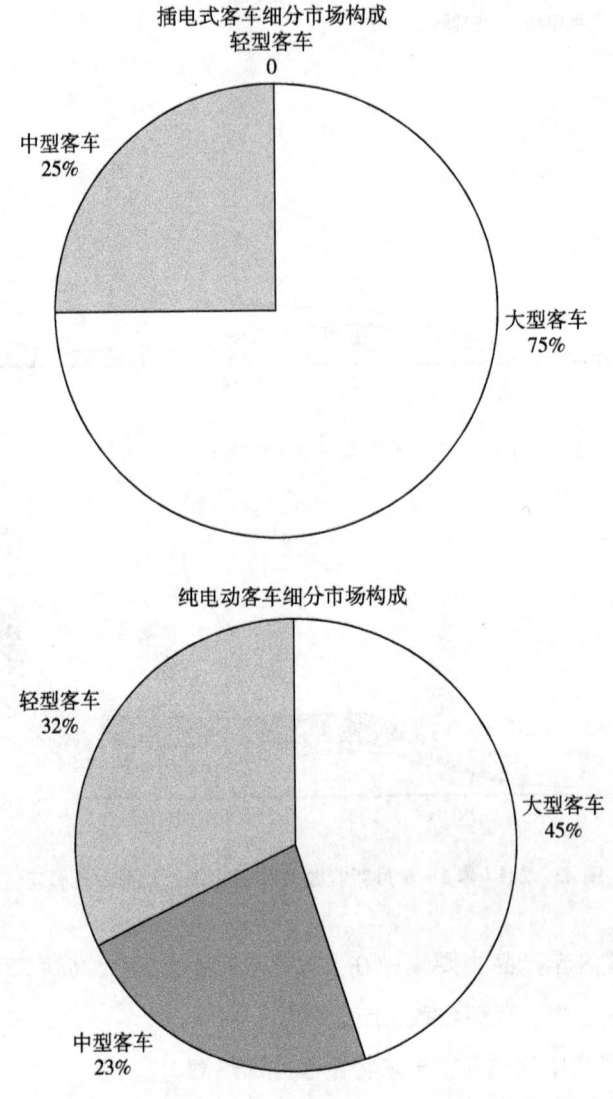

图43 2017年1~6月新能源客车细分市场占比情况

客车行业兼并重组将成为新常态。事实上，新能源客车行业并购潮已然开始，如西部资源控股恒通客车，吉利收购东风南充，京威股份参股五洲龙与江苏卡威，江特电机收购宜春客车和九龙汽车，珠海银隆收购珠海广通、石家庄中博汽车，东旭光电收购申龙客车。

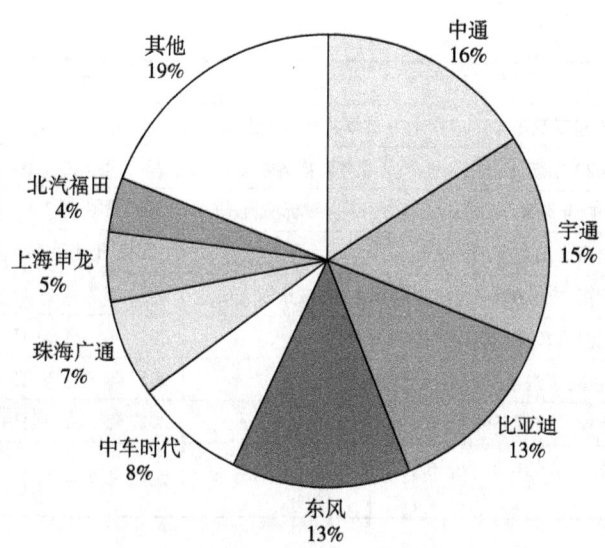

图 44　2017 年 1~6 月新能源客车前 8 名企业销量占比情况

2. 未来机遇与挑战并存

（1）各地陆续出台配套政策

最新国家补贴政策要求首次对地方补贴有明文规定，要求地方财政对单车的补贴上限不得超过中央财政单车补贴额的50%。在此规定指导下，各地方主管机构陆续出台新的补贴政策，也将成为直接推动新能源客车市场推广的落地性文件，对下半年新能源客车实现"低开高走"的局面是重大利好（见表5）。

表5　2017 年地方省份新能源汽车补贴政策一览

政策名称	发布时间	补贴标准
山西省《关于调整新能源汽车补贴政策的通知》	2017 年 3 月 10 日	1:0.5
甘肃省《关于调整省级新能源汽车推广应用财政补贴政策》	2017 年 3 月 13 日	1:0.5
西安市《进一步加快新能源汽车推广应用的实施方案的通知》	2017 年 3 月 15 日	1:0.5
江苏省《关于做好 2017 年新能源汽车推广应用地方财政补助工资的通知》	2017 年 4 月 11 日	1:0.5
《天津市推广应用新能源汽车地方补助管理办法 2017》	2017 年 4 月 28 日	1:0.5

续表

政策名称	发布时间	补贴标准
《2017年南通市新能源汽车推广应用地方财政补贴实施细则》	2017年5月31日	1:0.5
《厦门市2017～2020年新能源汽车推广应用财政补贴办法》	2017年7月4日	1:0.5
广州市《2016年、2017年新能源汽车购置地方财政补贴标准的通知》	2017年7月5日	1:0.5
《北京市推广新能源商用车管理办法》	2017年7月14	1:0.5
《2017～2018年杭州市新能源汽车推广应用财政支持政策的通知》	2017年7月19日	1:0.5
《成都市支持新能源汽车推广应用的若干政策》	2017年7月20日	1:0.5
《深圳市2017年新能源汽车推广应用财政支持政策》	2017年7月20日	1:0.5
《关于促进贵阳市推广应用新能源汽车的实施意见》	2017年7月20日	1:0.5
《2017年宿迁市新能源汽车推广应用地方财政补贴实施细则的通知》	2017年7月25日	1:0.3

从表5可以看出，积极响应政策区域主要集中在北京、上海、广州、深圳以及江苏等省市地区，而以上大部分区域均是充电基础设施发展较完善的地方，适合新能源客车规模化推广（见图45）。

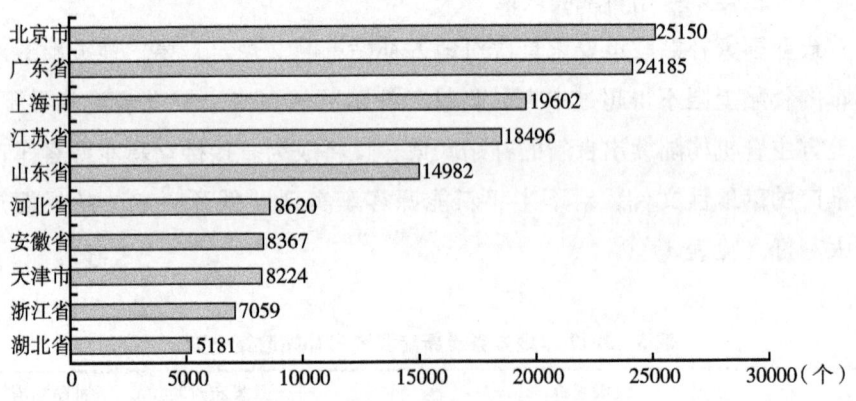

图45 各省市充电桩总量TOP 10

资料来源：中国电动汽车充电基础设施促进联盟。

（2）公交电动化转型趋势不可逆

2017年2月3日，国务院印发了《"十三五"现代综合交通运输体系发展规划》，提出在城市公共交通领域、出租车领域和配送领域发展新能源汽车；在地市级及以上城市中全面推行公交都市建设，要求新能源公交占比不低于35%。在该政策的引导下，广东、河北、河南、陕西、海南等省市地区配套出台了新能源公交车推广计划，促进新能源公交车推广实施方案落地。我国公交车保有量预计到2020年有望达到70万辆，若2020年全部替换成新能源公交车，未来市场容量极其可观。

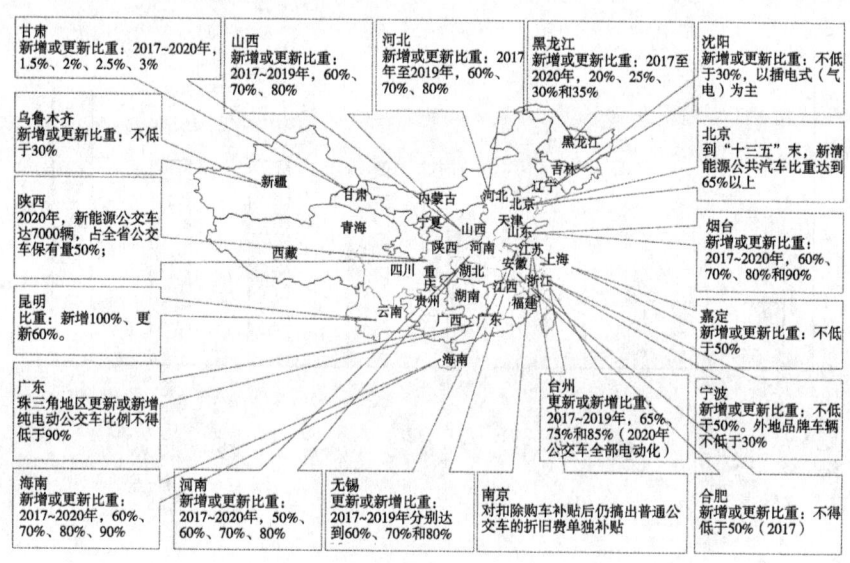

图46 新能源公交车利好推广省市

（3）技术指标要求逐渐提升

新版补贴政策明确提出在补贴额度逐年退坡的同时，逐步提高新能源客车获取补贴资格的技术门槛，同时加强对于车辆及电池安全的管理，这对整车匹配及优化技术、轻量化技术以及电池管理系统等关键技术提出了较高要求。此外，通过上文对新能源客车技术性能指标和补贴政策技术要求对比分析可以发现，我国新能源客车技术进步加快，大部分车型均已达到补贴政策要求，较多车型将获得最高补贴，已不能体现择优扶强的作用，预计未来国家将综合评估现行政策效果并进一步提高相关技术指标要求，技术门槛不断提高将成为未来客车企业需要面临的新常态。

（4）用户要求更加精细高端化

通过深入调研深圳市、上海市、杭州市、合肥市和海口市等多个地区的公交运营公司，我们发现用户群体对新能源客车的诉求呈现多元化趋势，在客车产品性价比优化、充电便利性、维修便利性等方面提出了更高的要求，这对新能源客车企业市场开拓和产品推广提出了较大挑战。

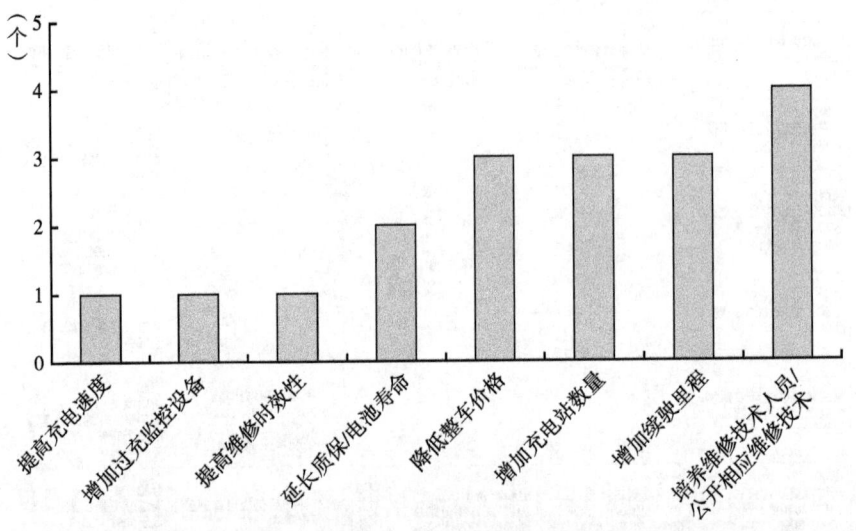

图47　新能源客车消费市场诉求调研

资料来源：2016年国际电动车创新发展论坛——市场驱动期的新能源汽车产业生态分析。

（5）替代性竞争压力持续存在

高铁和私家车是当前中国客车的主要替代品。2016年7月13日，国家发改委、交通部和中国铁路总公司联合印发了《中长期铁路网规划》（发改基础〔2016〕1536号），规划中明确提出到2020年我国高速铁路将达到3万公里。可以预见，高铁对客车的替代性压力还将持续增强。此外，根据公安部交管局统计数据，截至2016年底，我国私家车保有量已达到1.46亿辆，但我国汽车市场总体来看发展潜力仍然较大。未来私家车进一步普及，也将对新能源客车市场产生较大威胁。

结 语

在《中国制造 2025》规划中，新能源汽车在建设汽车强国中发挥着举足轻重的作用。总体而言，我国具备较好的新能源汽车政策推广环境，在政府多年扶持和培育下，我国新能源客车技术和产品成熟度大幅提升，与国际先进水平的差距不断缩小，市场规模进一步扩大，形成不同的商业模式；新能源客车的保有量全球第一，未来较长一段时间内新能源客车仍将是推广的重点，发展潜力巨大。客车企业需要瞄准新能源汽车技术路线图，紧密结合产业发展新形势，持续研发核心技术，优化产品性能，创新商业模式，为早日实现汽车强国梦贡献自己的力量。

参考文献

1. 柳卸林：《技术创新经济学》，中国经济出版社，1993。
2. 节能与新能源汽车技术路线图战略咨询委员会、中国汽车工程学会：《节能与新能源汽车技术路线图》，机械工业出版社，2016。

B.4
2016年轻客市场盘点及2017年展望

谢国平 苑伟超*

摘 要： 2016年轻客市场出现近12年以来的最大跌幅，最主要的原因是453号文件导致日系M1类车型销量大幅下降，新能源补贴政策调整导致纯电动轻客销量回落。其次，宏观经济下行，企业盈利不佳，商贸流通业态变革带来物流车辆效率提升，同城货运平台兴起削弱自备用车意愿等因素也起到一定的下拉作用。2016年轻客企业竞争格局发生重大变化，企业表现明显分化，欧系轻客市场占有率继续提升，柴油动力份额随之上升，主力需求区域仍然是江浙沪、鲁豫、京、粤等商业发达地区。2017年新能源补贴政策深度调整对市场影响深远，欧系轻客扎堆出新品利好市场需求释放，预计2017年轻客需求仍将小幅下跌，未来几年有望重回增长态势。

关键词： 轻型客车 新能源轻客 欧系轻客 日系轻客

一 2016年轻客市场总体表现

2016年对于轻型客车（指4.5米＜车长≤7米的客车车型。以下简称

---

* 谢国平，北京师范大学心理测量与评价专业硕士，具有十余年汽车市场调查、分析、预测经验，现任国家信息中心信息化与产业发展部副处长、商用车研究组负责人；苑伟超，中国人民大学经济学硕士，现任国家信息中心商用车研究高级分析师。

"轻客")市场而言,是不平凡的一年,也是"悲催"的一年。根据中国汽车工业协会官方数据,2016年轻客实现批发销量353632辆,同比深度下跌18%,此为近12年以来的最大跌幅(见图1)。纵向对比来看,轻客的深度下滑与前几年的稳定增长形成鲜明反差;横向对比来看,轻客市场遇冷与回暖的商用车总体市场(同比增长5.6%)形成鲜明反差,与整个汽车行业总体的火热场面(同比增长13.7%)更是不相匹配。

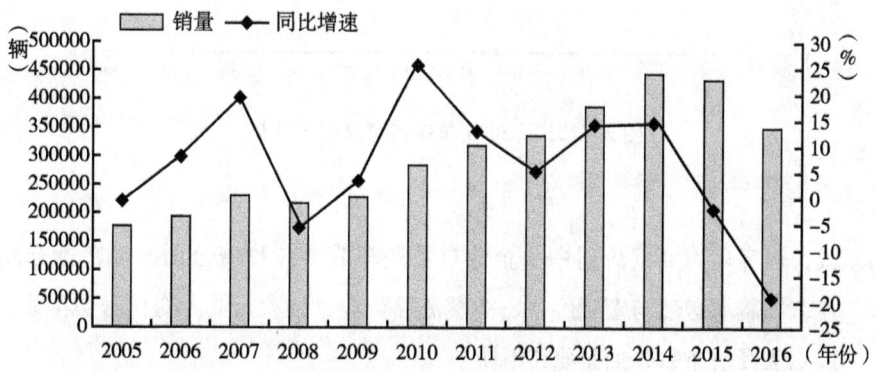

图1 轻客市场历年规模及增速

资料来源:中国汽车工业协会。

分月度来看,轻客逐月与同期相比,都是负增长状态,尤其是12月达到全年最大降幅34%;即使是在历年的所谓"销售旺季"之时,也呈现萎靡不振或销量不足的情况(见图2)。

2016年的轻客市场到底怎么了?为什么会如此"悲催"?需要从需求侧、供给侧和外部竞争等角度来分析研判。

(一)需求侧原因

从用途需求上看,轻客主要涉及客货两用、城市高端物流、通勤旅游及营运、商务接待、专用改装车等领域。其中,轻客在商务接待、旅游通勤及营运领域处于边缘位置,属于MPV、大中型客车的补充车型;在城市物流、客货两用、专用改装领域,轻客属于核心产品。在物流及客货两用这一主战

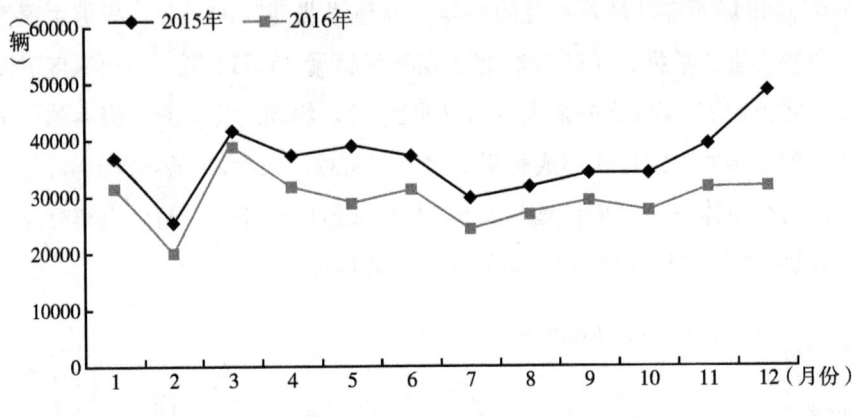

图2 2015~2016年轻客月度销量走势

资料来源：中国汽车工业协会。

场领域，轻客多为商贸流通中小企业自备用车或专业物流公司的城市配送用车，其市场需求必然与宏观经济、商贸流通行业、物流行业的变化密切相关。

1. 宏观经济下行，企业盈利不佳

2016年宏观经济从三个方面对城市物流用车产生影响。第一，中国宏观经济仍处于转型换挡期，总体增速继续下行，2016年GDP增长6.7%，与2015年相比下降0.2个百分点；第二，经济结构转型升级，"三产"及服务业占比上升，使得相同GDP所带来的货运需求也在减小，物流需求增长乏力；第三，制造业总体不景气，对于物流环节降本增效的需求日益强烈，进一步压缩物流费用。上述原因使得城市物流市场出现货源紧缺、运力过剩、运价低迷的局面，再加上房租场租成本、人工成本、税费成本的不断上升，城市物流企业的运营收益情况总体不容乐观，物流企业的优胜劣汰在残酷地进行，对行业购车意愿造成一定影响。

2. 商贸流通业态变革，物流车辆效率提升

从商贸流通行业自身结构来看，线上、线下零售业态都在发生深刻变革，也从两个方面持续影响物流用车需求。第一，大型超市、连锁自营超市、连锁加盟超市、连锁社区便利店等得到快速发展，统一形象、统一管理、集采（集中采购）集配（集中配送）成为趋势，使得物流更为集约规模化，车辆使用效率提升，车辆需求减少；第二，电商零售对于传统零售业态的影响还在进一步加剧，越来越多的消费品需求通过电商得以满足，快递物流用车快速发展的同时，部分中小型商贸流通企业在电商的冲击下经营效益不佳或规模变小，甚至出现亏损，自备用车的购车意愿受到影响。并且，由于电商物流具有集中性、规模化特点，中小企业自备物流具有分散性、临时性特点，快递物流用车的增长难以抵消自备用车需求的减少。

3. 同城货运平台兴起，削弱自备用车意愿

从物流市场自身来看，58速运、蓝犀牛、速派得、云鸟、易货滴等同城货运平台自2015年以来大量涌现，2016年开始逐渐发挥效用，对较为发达的一、二线城市物流市场带来冲击。这类平台的共同特点是利用信息化手段，整合社会海量零散运力，提供标准化物流服务。平台通过车货匹配、系统管理和司机管理等手段，起到"化零为整"的作用，使得零散个体司机变成"有组织、有纪律"的团队，既可为大客户提供合同配送服务，也可满足个体及小型企业的非计划性零散物流需求；平台通过打造标准的物流服务流程和时效，甚至是定制解决方案，提供零散个体难以满足的确定性的客户体验；平台通过信息化手段实现精准配货、路线优化、共同配送、动态追踪等功能，从而促使车辆空驶率减少，效率提升。商贸流通行业的中小企业原有的自备用车使用强度和频次本身并不饱满，再考虑到较为昂贵的车辆采购和保有费用，开始选择同城货运平台解决即时性的用车需求，在一定程度上降低了自备用车的采购意愿。

当然，以上需求侧原因虽然对于2016年轻客市场造成一定负面影响，但这种影响是渐进的、缓慢的，并不是2016年轻客深度下滑遇冷的决定性原因。

（二）供给侧原因

2016年，轻客深度下滑遇冷的"罪魁祸首"来自供给侧，日系轻客、新能源轻客供给都出现大幅波动，其背后的"推手"都源于政策法规。

1. 453号文件执行导致日系M1类车型销量继续大幅下降

近年来，随着经济发展，农村地区机动车数量呈现快速增长趋势。同

时,与小微型面包车有关的交通事故也频频发生,造成大量人员伤亡。事故分析表明,小微型面包车安全性能低是造成安全事故的重要原因。2014年10月18日,工信部、公安部联合发布〔2014〕453号文件《关于加强小微型面包车、摩托车生产和登记管理工作的通知》,进一步提高小微型面包车安全技术性能,切实加强小微型面包车的生产和登记管理工作。

453号文件对小微型面包车(指平头或短头车身结构、单层地板、发动机中置的小型、微型载客汽车)提出了六条严格的安全技术性能要求。①提高小微型面包车侧倾稳定性要求,满载状态下其侧倾稳定角向左侧和右侧倾斜最大侧倾稳定角应不小于28°。②提高小微型面包车安全装置配置要求,小微型面包车应配装防抱制动系统(ABS)。③提高小微型面包车比功率要求,比功率应不小于21kW/t(比功率是指发动机净功率与车辆最大总质量之比)。④禁止小微型面包车使用轮胎名义宽度为155mm及以下规格的轮胎,鼓励使用宽断面规格轮胎,提高车辆行驶稳定性和制动安全性。⑤严格限制小微型面包车尺寸,避免小微型面包车大型化趋势,小微型面包整车长度应≤4500mm,宽度应≤1680mm,鼓励提高小微型面包车宽高比,准乘人数(含驾驶员)应为7人及以下。⑥提高小微型面包车车身强度要求,强化车身顶部抗压试验考核指标,按照GB26134-2010《乘用车顶部抗压强度》标准试验时,施加载荷应提高至车辆整备质量的3倍,评价指标不变。

453号文件从执行时间上做出如下规定:自2015年1月1日起,新申报《公告》的小微型面包车产品应符合上述要求;自2015年7月1日起,新生产的小微型面包车应符合除第(六)款车身强度要求以外的上述要求;自2016年7月1日起,《公告》内的小微型面包车应符合上述全部要求。

在这一政策的影响下,我国传统轻客市场出现明显的波动,发动机中置的日系海狮类平头轻客由于其长度大于4500mm不符合面包车上牌要求而首先受到影响。自2015年7月1日起,全国有11个省市不允许大于4500mm的日系轻客上牌,后来逐渐向全国蔓延,日系M1类轻客因此出现大幅回落,一直延续至2016年。预计在不久的将来,随着保有量的逐步淘汰,日系平头M1类轻客将退出历史舞台。国家信息中心消费者调研显示,在日系

M1类车型不能上牌之后，客户需求将向欧系轻客、MPV和大尺寸微客转移。从华晨金杯近两年轻客销量数据可以看出，453号文件通过改变日系轻客的供给，对轻客市场产生了深刻的下拉影响（见图3）。

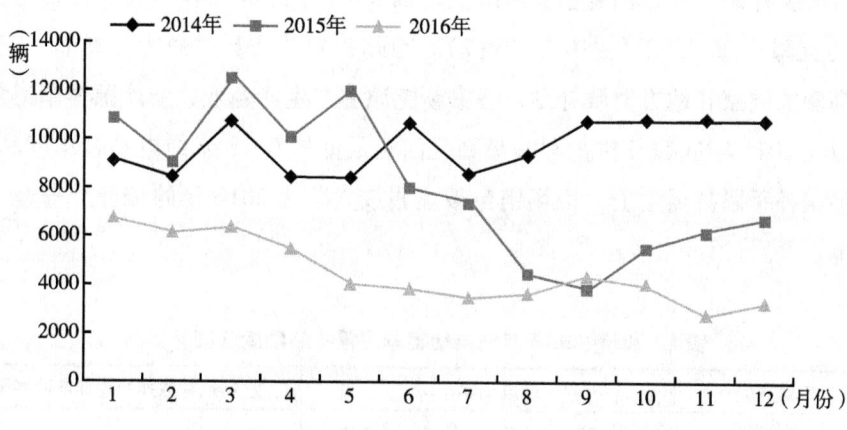

图3　2014～2016年华晨金杯轻客月度销量走势

资料来源：中国汽车工业协会。

2. 骗补风波突起，政策模糊不定，新能源轻客回落

根据中国汽车工业协会数据，2015年新能源轻客销售28767辆，2016年销量为13263辆，同比下滑53.9%，成为2016年轻客市场全年深度下滑的又一下拉力量。

新能源客车仍处于行业发展初期，国家通过给予高额补贴的方式来促进行业的快速发展，补贴门槛、标准和额度的变化调整对于新能源客车企业的供给行为会产生直接的深刻影响。2015～2016年新能源轻客销量如过山车般"上蹿下跳"，反过来也倒逼政府部门对补贴政策进行调整优化，促使市场回归理性。

回顾2015年年底新能源轻客的野蛮爆发增长，与补贴政策的切换密不可分，也为2016年的轻客市场准备了"高基数"。根据财政部、工信部、科技部、国家发改委四部委发布的《关于继续开展新能源汽车推广应用工作的通知》以及《关于2016～2020年新能源汽车推广应用财政支持政策的通知》，2015年是2013～2015年新能源汽车推广应用阶段的最后一年，单纯根据长度来补贴纯电动客车的时代将结束。从2016年开始，虽然补贴政策仍有，但是补贴标准复杂很多，需按照单位载质量能量消耗值和续航里程进行分类补贴，补贴额度也有所降低，如6～8米纯电动客车最高补贴将由30万元降至25万元（见表1和表2）。因此，为了赶上"最后一班车"，享受高额的国家和地方财政补贴，各家新能源客车生产企业、新能源客车运营企业在2015年底疯狂拼抢利润最高且门槛最低的6～8米纯电动客车产品，各种骗补手段甚嚣尘上，市场销量被虚假放大，为2016年的骗补严查埋下伏笔。

表1 2013～2015年纯电动客车购置补贴额度（国补）

车辆类型	纯电动客车			超级电容、钛酸锂快充纯电动客车
车长（米）	6≤L<8	8≤L<10	L≥10	定额补贴15万元
补贴额度（万元）	30	40	50	

表2 2016年新能源客车推广应用补贴标准（国补）

单位：万元/辆

车辆类型	单位载质量能量消耗量（E_{kg},Wh/km·kg）	标准车（10米<车长≤12米）					
		纯电动续驶里程R（等速法、公里）					
		6≤R<20	20≤R<50	50≤R<100	100≤R<150	150≤R<250	R≥250
纯电动客车	E_{kg}<0.25	22	26	30	35	42	50
	0.25≤E_{kg}<0.35	20	24	28	32	38	46
	0.35≤E_{kg}<0.5	18	22	24	28	34	42
	0.5≤E_{kg}<0.6	16	18	20	25	30	36
	0.6≤E_{kg}<0.7	12	14	16	20	24	30
插电式混合动力客车（含增程式）		/	/	20	23	25	
燃料电池客车		30（轻型客车），50（大中型客车）					

注：上述纯电动、插电式混合动力客车补助标准以10～12米客车为标准车给予补助，其他长度纯电动客车补助标准按照上表单位载质量能量消耗量和纯电动续驶里程划分，插电式混合动力客车（含增程式）补助标准按照上表纯电动续驶里程划分。其中，6米及以下客车按照标准车0.2倍给予补助；6米<车长≤8米客车按照标准车0.5倍给予补助；8米<车长≤10米客车按照标准车0.8倍给予补助；12米以上、双层客车按照标准车1.2倍给予补助。

2016年也是新能源轻客市场不寻常的一年，一波三折，风波不断，先后经历了骗补严查、补贴目录推倒重来、暂停三元锂电池客车列入推广车型目录、补贴与电池目录捆绑传言等一系列政策扰动，厂家及用户都处于观望状态。临近年底，随着政策明朗和多批补贴目录发放，市场又掀起产销高峰。

（1）骗补严查

2015年8月，由于调研过程中发现新能源市场骗补情况十分严重，19位院士向国务院联名上书；2015年11月，中机车辆技术服务中心发布通知称将开展新能源车辆生产一致性监督检查工作；2016年1月，工信部、财政部等四部委联合发布通知，对新能源汽车推广应用实施情况及财政资金使用管理情况进行专项核查，至此，骗补严查拉开序幕。2016年3月，央视新闻曝光了某商用车车企的骗补事实，骗补事件开始引发多方关注。2016年9月，财政部发布了新能源汽车推广应用补助资金专项检查的通报。

骗补严查期间，涉嫌骗补的企业减少产量，甚至停产停销，以应对检查；未涉嫌骗补的企业也减少产量，慎重接单，以减缓补贴不能按时到位而带来的资金链紧张；在车辆销售过程中，新能源补贴也由厂家垫付改为由经销商、用户垫付。有购车需求的用户也会因为前期垫付的补贴不能及时到位，或者需要自己垫付补贴而选择放弃或推迟购车。

在多种车型中，6~8米的客车由于补贴占成本比例较大而成为骗补重灾区，其中，6~7米的轻客占较大比例。在这样的市场环境下，2016年，新能源轻客市场格外萧条，同比下跌37.9%。相比之下，新能源大中型客车因基数较小，且具有新能源公交采购等硬性需求，同比增长97.5%；新能源物流车2016年起继续享受补贴，呈现同比快速增长（新能源轻客中有一部分车型用于物流车用途）。

（2）补贴目录推倒重来

2013~2015年的纯电动客车购置补贴仅与车辆米段相关；然而，按照2016年的补贴标准，纯电动客车的补贴额度与单位载质量能量消耗量、纯电动续驶里程挂钩，插电式混合动力客车也与纯电动续驶里程挂钩。由于补贴标准的变化，2015年的补贴目录不能直接沿用，需要推倒重来。

2015年，补贴车型数量高达3269款；2016年1~4月，工信部先后发布了三批补贴目录，车型数量898款；5~11月迟迟没有新的补贴目录发布，直到12月才发布了第四批、第五批补贴目录。补贴目录推倒重来导致2016年享受补贴的车型数量大幅减少，而且"先注册上牌后进入目录"的车型不追溯补贴，在一定程度上对2016年的市场供给和需求产生了抑制作用。

(3) 暂停三元锂电池客车列入推广车型目录

2015年12月，香港发生了一起装配三元材料动力电池的电动大巴着火爆炸事件。2016年1月，工信部装备工业司司长张相木在中国电动汽车百人会上明确表示："暂停三元锂电池客车列入新能源汽车推荐车型目录，原因是三元锂电池的安全性和稳定性差于磷酸铁锂电池，且我国三元材料研发起步较晚，用于客车的安全性开发和验证还不够。未来国家将组织开展对三元锂电池客车等车型在现行安全标准体系下的风险评估，在评估完成前，暂停三元锂电池客车列入新能源汽车推广应用推荐车型目录。"

2016年11月工信部在会议中指出，自2017年1月1日起，搭载三元锂电池的客车可以申请《新能源汽车推广应用推荐车型目录》，但应同时提交第三方检测报告。此举预示着，三元锂电池客车正式"解禁"，但提高了门槛。在暂停期间，三元锂电池轻客市场也受到了一定影响。

(4) 补贴与电池目录捆绑传言

2016年5月，工信部决定对2009年发布的《新能源汽车生产企业及产品准入管理规则》进行修改，并制定了第一版征求意见稿，向社会公众征求意见。意见稿中新增了对动力电池企业需符合2015年《汽车动力蓄电池行业规范条件》要求的规定，这就意味着将新能源补贴与电池目录进行捆绑。业内传言，采用未进入目录的电池的新能源汽车产品，从2016年5月1日开始，将不能进入新能源汽车推广目录，从而无法获得补贴。截至2016年6月，工信部共发布了四批新能源电池目录，共57家企业进入。

然而，2016年8月工信部公布的《新能源汽车生产企业及产品准入管理规则》第二版征求意见稿却与5月披露的版本有较大不同，基调比之前的版本严格很多,但是删去了对动力电池企业目录的硬性要求,业内解读为新能源补贴与电池目录"松绑"。

(三)外部竞争:微客、MPV和中客替代车型挤压轻客空间

2016年由于厂家供给及政策调整等原因,轻客需求向邻近的MPV、微客和中客转移,是轻客市场下滑的又一原因。从用途需求上看,轻客主要涉及客货两用、城市高端物流、通勤旅游及营运、商务接待、专用改装车等领域,几乎在每个细分市场都面临替换产品的竞争。在客货两用和城市物流领域,2016年受453号文件影响,M1类日系轻客市场被菱智、瑞风等MPV和加长型微客侵蚀加重;在商务接待领域,轻客企业为迎合客户需要,主动将产品往MPV方向打造,福特途睿欧和大通G10等轻客企业打造的MPV产品,直接分流了传统轻客的商务接待需求;在通勤旅游及营运领域,由于新能源客车补贴政策的调整,6~7米的轻客产销量明显减少,市场需求向8~9米中型客车转移。

二 2016年轻客市场特点

(一)竞争格局:企业表现明显分化,几家欢喜几家愁

2016年主流轻客企业出现明显分化,竞争格局发生很大变化(见表3)。老牌优势企业江铃实现历史最高销量70072辆,超过金杯成为行业第一;后起之秀上汽大通V80凭借出色的产品力、超强营销力和出口优势,完成销量27142辆,同比增长高达43.2%,排名从第十升至第六;北汽福田通过日系和欧系产品"双管齐下",实现销售30635辆,同比增长3.7%。除了江铃、大通、福田外,排名前十的其他轻客企业或多或少都出现下滑,尤其是深受453号文件冲击的金杯,销售53255辆,同比出现44.5%的深度下滑,销量排名退居第二。由此可见,2016年的轻客企业真的是"几家欢喜几家愁",行业竞争更加激烈。

表3　销量前10位的轻型客车企业同比状况

	单位名称	2016年销量（辆）	2015年销量（辆）	增量（辆）	增长（%）
1	江铃控股有限公司	70072	63141	6931	11.0
2	金杯汽车股份有限公司	53255	95988	-42733	-44.5
3	南京依维柯汽车有限公司	37057	40720	-3663	-9.0
4	北汽福田汽车股份有限公司	30635	29532	1103	3.7
5	东风汽车公司	28782	39466	-10684	-27.1
6	上汽大通汽车有限公司	27142	18950	8192	43.2
7	厦门金龙联合汽车工业有限公司	20818	22586	-1768	-7.8
8	保定长安客车制造有限公司	19232	23453	-4221	-18.0
9	厦门金龙旅行车有限公司	11632	20261	-8629	-42.6
10	安徽江淮汽车股份有限公司	11413	21280	-9867	-46.4
	总计	353632	431997	-78365	-18.1

资料来源：中国汽车工业协会。

（二）产品格局：欧系轻客市场占有率继续提升

按照技术来源和产品特点对轻型客车市场进行划分，可分成日系VAN、欧系VAN和轻型BUS三类（见表4）。日系VAN以金杯海狮、福田风景为代表车型，以汽油车为主，价格偏低，主要用途为客货两用、城市物流和通勤。欧系VAN以江铃全顺、南京依维柯、上汽大通V80、江淮星锐、东风御风、奔驰凌特、福田图雅诺等为代表车型，以柴油车为主，价格相对较高，

表4　不同类别轻型客车的主要区别

类别	主要品牌	燃油	主要用途
日系VAN	金杯海狮、福田风景及其他类海狮车系	汽油为主	客货两用、城市物流、通勤等
欧系VAN	江铃全顺、依维柯、上汽大通V80、江淮星锐、东风御风、奔驰凌特、福田图雅诺等	柴油为主	客货两用、城市高端物流、专业改装等
轻型BUS	东风莲花、江淮星巴、奇瑞万达（贵州）、郑州宇通等	柴油为主	通勤旅游、公交、城乡客运等

用途广泛,以客货两用、城市高端物流、商务接待和专业改装为主。轻型BUS以东风莲花、江淮星巴、奇瑞万达(贵州)、郑州宇通等自主企业生产的7米以下客车为代表,其主要用途是通勤旅游、公交、城乡客运等。

从2006~2016年国内轻客需求产品结构演变来看,轻型BUS市场份额较为稳定,但日系VAN市场份额的逐年萎缩与欧系VAN市场份额的逐年扩张形成了极其强烈的反差(见图4)。2016年这一趋势更加明显,主要是因为日系VAN受到453号文件的致命打击,产品供给被迫调整升级,市场需求萎缩,部分转移至欧系VAN。当然,从中长期趋势来看,也必然会呈现"欧系进,日系退"的趋势,这主要体现在如下三个方面:

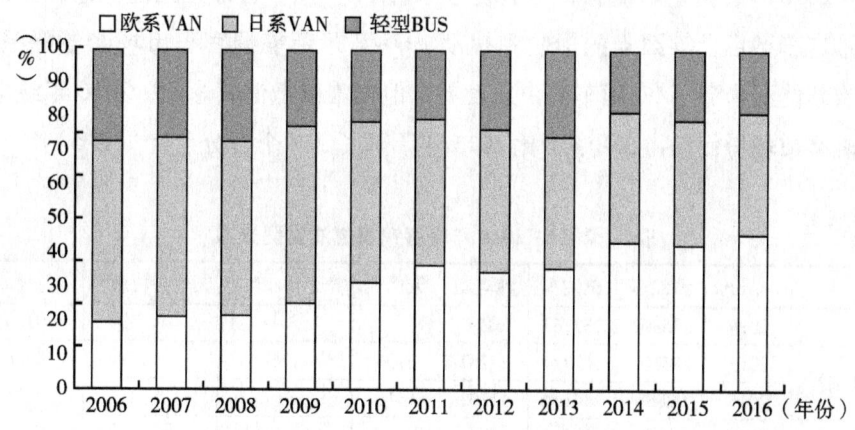

图4 2006~2016年轻客产品结构演变

资料来源:国家信息中心推算,不含出口。

第一,在产品竞争力上,欧系VAN在空间、动力、载重量、可改装性等方面更胜一筹,覆盖商务接待、通勤旅游、客货两用、专业改装等细分领域,并以长、短轴,高、中、低顶,单、双侧移门以及各档配置形成多种车型组合供消费者选择;第二,在消费者偏好方面,随着购买力的提升,消费者对安全、舒适、质量、面子的要求逐渐提高,对价格的敏感度降低,日系升级到欧系的趋势非常明显,较多用户从体面形象、公司实力等角度考虑,也会更加偏爱欧系;第三,从新产品供给来看,

欧系轻客新进入者日益增多,竞争将更加激烈,促使欧系价格下移,市场扩容的同时挤占日系份额。

(三)燃油类型:柴油轻客份额上升,纯电动轻客降温

随着欧系VAN市场份额提升,轻客柴油动力占比快速提升,2016年已经达到69.4%,相比2015年提升了8.9个百分点(见表5)。柴油发动机具有动力大、节油、故障少、易维修等经济优势,尤其对货运用途的消费者吸引力很大,同时柴油发动机也面临排放升级、成本上升的问题,可以说是需求与挑战并存。

2016年,由于新能源补贴退坡、"骗补"严查、暂停三元锂电池客车列入推广车型目录等因素的影响和扰动,6~8米新能源客车市场明显降温,虽有新能源物流车/专用车的快速发展,但也难以抵消其影响,2016年纯电动轻客市场份额仅占3.8%,比2015年下降了2.8个百分点(见表5)。

表5 2014~2016年轻客销量燃油类型分布

	年份	汽油车	柴油车	纯电动	天然气	普通混合动力	其他替代燃料	总计
销量 (辆)	2014	175802	257163	6194				439159
	2015	136609	262774	28767	5706	196	94	434146
	2016	92888	244344	13263	1548	81		352124
份额 (%)	2014	40.0	58.6	1.4				100
	2015	31.5	60.5	6.6	1.3	0.05	0.02	100
	2016	26.4	69.4	3.8	0.4	0.02		100

资料来源:中国汽车工业协会。

(四)区域分布:江浙沪、鲁豫、京、粤是轻客需求主力

2016年的轻客市场,江、浙、沪三省份的合计销量占据了四分之一的份额;鲁、豫两省占据13%,广东占到6.9%,北京占到4.8%,由此可见,排名前八的省份合计占据50%的市场份额(见表6)。轻客的需求与地区经济活跃度密切相关。江浙沪是我国重要的经济、金融、商业中心,经济活跃度最高，经商氛围浓厚，是电商和民营快递的发源地，外资企业相对集中，中小企业数量众多，是轻工业制造及流通基地，也是全国最大的消费市场，从需求和购买力上给予轻客双重保障。鲁豫是我国重要的物流集散地、农副产品生产基地，人口众多，具有较强的消费潜力，是传统的商用车销售主力区域，轻客也不例外。

表6 2016年轻客需求地区分布

单位：%

省份	份额	省份	份额	省份	份额
江苏	10.4	陕西	3.5	广西	1.4
浙江	7.5	安徽	3.2	吉林	1.3
上海	7.5	云南	3.0	黑龙江	1.3
河南	6.9	辽宁	3.0	内蒙古	0.9
广东	6.9	重庆	2.5	甘肃	0.9
山东	6.1	贵州	2.4	海南	0.6
北京	4.8	福建	2.3	青海	0.4
湖北	4.5	山西	1.9	宁夏	0.4
四川	4.0	新疆	1.8	天津	1.3
湖南	3.9	江西	1.6	西藏	0.2
				河北	3.5

资料来源：国家信息中心。

随着我国城镇化建设的推动，内陆省份城市功能逐渐完善，电商与物流产业业务覆盖区域由沿海发达省份向内陆省份扩张，预计内陆省份轻客市场具有上升潜力。

三 2017年轻客市场展望

2017年1~5月，我国轻客市场批发销量为132712辆，同比继续下跌10.9%，究其原因，基本重演了2016年的大部分"故事情节"，当然也有新情况、新特点。从需求侧来看，宏观经济面临下行压力，中小企业盈利不佳，商贸流通业态变革和同城货运App提升车辆使用效率等不利因素持续存在，但影响力度明显减弱。从供给侧来看，453号文件对M1类日系轻客的打击仍在持续，日系企业加大力度向新能源、专用车、发动机前置MPV和宽体轻客等方向转型发展。2017年的新情况、新特点主要体现在两个方面：新能源客车补贴政策深度调整，欧系轻客企业扎堆出新品。

（一）2017年新能源补贴政策深度调整，市场回归理性

2016年12月30日，财政部、科技部、工信部、国家发改委四部委发布《关于调整新能源汽车推广应用财政补贴政策的通知》，从2017年1月1日起实施。通知从三个方面调整完善推广应用补贴政策。第一，提高推荐车型目录门槛并动态调整，具体包括增加整车能耗要求、提高整车续驶里程门槛要求、提高燃料电池汽车技术要求、提高安全要求、建立市场抽检机制、建立《目录》动态管理制度，督促推广的新能源汽车应用等。明确要求"非个人用户购买的新能源汽车申请补贴，累计行驶里程须达到3万公里（作业类专用车除外）"。第二，在保持2016~2020年补贴政策总体稳定的前提下，调整新能源汽车补贴标准（见表7）。对新能源客车，以动力电池为补贴核心，以电池的生产成本和技术进步水平为核算依据，设定能耗水平、车辆续驶里程、电池/整车重量比重、电池性能水平等补贴准入门槛，并综合考虑电池容量大小、能量密度水平、充电倍率、节油率等因素确定车辆补贴标准。同时，分别设置中央和地方补贴上限，其中地方财政补贴（地方各级财政补贴总和）不得超过中央财政单车补贴额的50%。第三，改进补贴资金拨付方式。每年初，生产企业提交上年度的资金清算报告及产品销售、运行情况，包括销售发票、产品技术参数和车辆注册登记信息等，企业注册所在地新能源汽车推广牵头部门会同有关部门对企业所上报材料审查核实并公示无异后逐级报省级推广工作牵头部门；省级新能源汽车推广牵头部门会同相关部门，审核并重点抽查后，将申报材料报至工信部、财政部，并抄送科技部、国家发改委。工信部会同有关部门对各地申请报告进行审核，并结合日常核查和重点抽查情况，向财政部出具核查报告。财政部根据核查报告按程序拨付补贴资金。

上述调整完善新能源车推广应用补贴政策的实施,短期来看,对2017年新能源轻客市场带来了严重的冲击,生产企业在补贴门槛提高、标准下调、垫付资金压力三大难题之下,生产和销售变得极为谨慎,上半年新能源轻客销量紧缩。但从长期来看,将促进新能源轻客市场规范化发展,需求由政策刺激向真实需求转变。

表7 2017~2018年新能源客车补贴标准

车辆类型	中央财政补贴标准(元/kWh)	中央财政补贴调整系数			中央财政单车补贴上限(万元)			地方财政单车补贴
					6<L≤8m	8<L≤10m	L>10m	
非快充类纯电动客车	1800	系统能量密度(Wh/kg)			9	20	30	不超过中央财政单车补贴额的50%
		85~95(含)	95~115(含)	115以上				
		0.8	1	1.2				
快充类纯电动客车	3000	快充倍率			6	12	20	
		3C~5C(含)	5C~15C(含)	15C以上				
		0.8	1	1.4				
插电式混合动力(含增程式)客车	3000	节油率水平			4.5	9	15	
		40%~45%(含)	45%~60%(含)	60%以上				
		0.8	1	1.2				

注:补贴金额=车辆带电量×单位电量补贴标准×调整系数。

(二)欧系轻客企业扎堆出新品,利好市场需求释放

随着新进入厂家逐渐增多,欧系轻客市场的竞争也越来越激烈,各家企业纷纷着力完善产品线,提高产品力。2017年是欧系轻客企业新老产品更替的关键之年,将从"供给侧"创造出更多市场需求。

江铃汽车从外方福特引入的福特新全顺于2016年9月上市,提供短轴低顶和中轴中顶两种车身尺寸共8款车型;2017年4月,江铃新全顺短轴中顶上市,短轴中顶是欧系轻客占比最大的细分市场,对销量拉动作用较强。江铃福特经典全顺于2016年12月停产,2017年3月挂JMC商标的江

铃特顺接受预订，预售价10.68万元，价格明显下移，市场表现良好，截至2017年5月，江铃特顺共销售6386辆。

南京依维柯在2017年初，推出"得意"轻客（Turbo Daily）的升级版；2017年7月，南京依维柯官方宣布旗下全新Daily车型在南京桥林工厂正式下线，并将于2017年底上市。该车属于国产Daily系列车型的第三代产品，采用了海外版New Daily造型设计，搭载2.3T和3.0T两款柴油发动机，可用于物流运输、通勤、改装等多个领域。

江淮第二代星锐于2017年3月上市，新车外观整体延续原有设计风格，在产品内饰及配置方面进行了升级改进，并且新推出2.0T汽油和2.7T柴油两款发动机，原有的1.9T柴油发动机也升级为国V排放标准；分长、短轴和中、高车顶，提供厢式运输车、多用途乘用车、轻型客车三种可选，共有13款车型。

未来1~2年内，奔驰凌特、江铃福特全顺还将推出自动挡车型供消费者选择。

结　语

综合考虑供给侧、需求侧的多重因素，预计2017年下半年轻客需求将略有恢复，全年销量相比2016年小幅下跌。未来几年，随着453号文件影响逐渐减弱，二、三线城市物流用车向轻客升级，房车等生活类专用车型兴起，新能源物流车稳步发展，轻客产品供给更加丰富，轻客市场将结束"悲催"的下降态势，重回增长态势。

B.5 客车安全标准提升对行业的影响

裴志浩 张仪栋[*]

摘　要： 客车安全性能的提升，直接关系到民众出行的安全。2017年多项与客车安全相关标准的发布和实施，从整车性能、车身结构、主动安全、被动安全、逃生便利、安全防护、材料阻燃防火等方面对客车整车及零部件产品提出了安全性更高的技术要求。这些标准的实施，将对我国客车及客车零部件企业的技术提升起到积极的推动作用。

关键词： 安全标准　营运客车　交通事故　驾驶安全

一　进一步提高客车安全的必要性

近年来，随着我国民航建设事业的蓬勃发展及高速铁路骨干网络的初步形成，人们的日常出行方式、旅客运输的格局正悄然发生改变。在2017年春运中，民航、铁路的旅客发送量都实现了两位数的增长，增长势头强劲，而道路旅客发送量只有1%的微增长，道路客运行业处境艰难。道路客运在与民航、高铁的竞争中逐渐处于劣势，表面上看是不敌其他运输业态强大的属性优势（如民航的快速、高效，高铁的速度及准点率），但往更深层次分析，我国客车安全技术水平不高导致道路交通事故频发，小事故往往酿成大

---

[*] 裴志浩，教授级高级工程师，中国公路学会客车分会高级技术顾问；张仪栋，工学硕士，重庆车辆检测研究院副研究员，主要研究方向为客车技术和标准。

灾难，也是制约道路客运行业健康持续发展的主要内因。

数据显示，2016年全国客车共发生死亡3人及以上重特大交通事故137起，死亡10人及以上重特大交通事故5起，这些事故给人民群众生命财产造成严重损失，产生了恶劣的社会影响。2016年6月，湖南郴州宜凤高速发生了一起客车起火燃烧事故，造成35人死亡、13人受伤，直接经济损失2290余万元。事故现场惨烈、触目惊心。据国务院事故调查组调查分析，事故的直接原因是驾驶员疲劳驾驶造成车辆失控，与道路中央护栏发生多次碰撞，导致车辆油箱破损，燃油泄漏，泄漏的燃油起火燃烧。[①] 由于车门被护栏阻挡无法打开，车内乘客不能及时疏散，且安全锤未按规定放置在车厢内，乘客也无法击碎车窗逃生，造成重大人员伤亡。在这起事故中，如果肇事客车配置了车道偏离预警系统，或安装了有效的燃油箱防护装置，又或者配备了两个乘客门，也许这起事故就可能避免发生或大大减少事故造成的人员伤亡。2016年7月，天津宝坻"7·01"重大道路交通事故中，若肇事客车装备了胎压监测系统或爆胎应急安全装置，这起事故同样也可能避免发生。

通过对近年来发生的典型客车安全事故分析发现，道路客运行业在追求发展速度的同时，受市场需求驱使，存在过度注重装载能力、舒适性、美观度等外在属性的问题，对客车的本质安全性能重视程度不够，致使我国客车在主动安全、被动安全、防火性能、逃生性能方面与欧洲、美国、日本等发达国家和地区相比，还有相当大的差距。因此，全面提升客车安全技术水平已成为国家重视的焦点、社会关注的热点，更是行业未来健康发展的第一要务。

二 目前客车安全标准的状况

现阶段，在提升我国客车安全技术水平的对策中，依靠行政管理监督手

---

① 《湖南宜凤高速6·26事故：司机疲劳驾驶致车辆失控》，网易新闻，2017年1月14日，http://news.163.com/17/0114/06/CANKDJHO00018AOP.html。

段，通过标准的约束与引导作用，促使客车企业加快技术进步，加强安全技术的研发及各类安全配置的应用，无疑是最为直接、有效的方式。目前，我国客车安全标准的总体情况是体系结构比较完整，适用范围、技术要求基本能满足当前客车行业发展需要，但也存在不同标准间协调、衔接性不够；国际上已广泛应用的新技术、新装备专项标准导入不及时等问题。

（1）我国客车安全标准的体系主要有3个，分别是国标GB（含GB/T）、汽车行业标准QC/T及交通行业标准JT/T。国标体系架构的设计基本参照联合国欧洲经济委员会的ECE法规，根据车辆结构专家组WP29的工作分工，从灯光、制动及底盘、一般安全、被动安全等方面制定相应的安全标准。这些标准大多是基础性、通用性的，不仅适用于客车，对乘用车、货车、挂车都有要求，如：GB 12676-2014《商用车辆和挂车制动系统性能要求及试验方法》，GB 1589-2016《汽车、挂车及汽车列车外廓尺寸、轴荷及质量限值》等。也有部分标准是专门针对客车制定的，如：GB13094《客车结构安全要求》、GB 17578-2013《客车上部结构强度要求及试验方法》，GB 30678-2014《客车用安全标志和信息符合》等。JT/T安全方面的标准主要是基于不同客车类别的差异性、实际使用环境的不同、载运乘客的安全需求等方面，比国标提出更高、更严格、更适用的技术要求，如JT/T 1094-2016《营运客车安全技术条件》，JT/T 963-2015《青藏高原营运客车技术要求》等。QC/T标准更多是依据总成部件不同结构形式、工作原理、技术路线，提出相应的试验方法及评价限值，如QC/T 1004-2015《汽车电动真空泵性能要求及试验方法》，QC/T 942-2014《汽车电控液压助力转向器总成技术要求及试验方法》等。

（2）在GB标准中存在有些标准间试验方法及技术要求不一致，相互矛盾的问题，在实施层面给企业、检测机构、管理部门带来一定困扰，亟须尽快解决，突出表现为：GB 13094-2007中关于侧倾稳定性的规定为客车满载时最大侧倾稳定角应大于等于28度，用来防止车辆滑动的挡块，其高度应不大于侧翻前轮胎平面和轮辋之间距离的2/3（对于大多数客车来讲此高度在80cm以上）；而GB 7258-2012中关于侧倾稳定性的

规定是客车除满载时最大侧倾稳定角应大于等于 28 度外，空载时最大侧倾稳定角还应大于等于 35 度，用来防止车辆滑动的挡块，其高度为 30cm。两项强制标准对于挡块高度要求的不同，直接影响到被测车辆侧倾稳定角的最大值。

（3）电子稳定性控制系统（ESC）可大幅减少弯道侧滑、转向不足情况下引发的交通事故。自动紧急制动系统（AEBS）能够减少驾驶员精力不集中、操作不当引发的追尾事故，这两项经实践证明对提高道路安全性成效显著的主动安全装备，欧洲在 2015 年 11 月就已经强制要求新生产的公路客车安装；而到目前为止，我国还没有制定出相应的性能标准，影响了在主动安全方面追赶欧洲的步伐。

三 欧美客车安全发展趋势

随着近年来汽车智能化技术的蓬勃发展，智能汽车、无人驾驶汽车在保障道路交通安全方面有无可比拟的优势，已逐步得到行业共识，欧洲、美国作为全球汽车产业的领跑者，正开足马力向无人驾驶进发，向零伤亡愿景迈进。这股浪潮已从乘用车领域席卷到客车领域。

2016 年 1 月 28 日，全球首辆自动驾驶摆渡客车在欧洲的荷兰上路，荷兰成为第一个允许自动驾驶巴士上路的国家。7 月，一辆奔驰自动驾驶大巴在荷兰上路并成功完成了 20 公里行驶路程，创下新的测试纪录。2016 年 7 月 15 日，位于北欧的芬兰批准无人驾驶公交车上路。芬兰法律并没有特别要求机动车必须配备驾驶员，这就为无人驾驶汽车合法上路扫清了障碍。

2017 年 5 月 6 日，美国电动客车制造商 Proterra 联合内华达州大学等合作伙伴发布了美国第一个自动驾驶客车项目。该项目通过研究车辆感知、导航控制、路径规划以及 vehicle-to-vehicle（车与车之间的互联）和 vehicle-to-infrastructure（车与基础设施之间的互联），旨在建立更安全的移动解决方案，以增强公众对自主公共交通安全的信心。

2017年6月，美国密歇根大学的校园内出现了搭载有激光雷达、GPS、摄像头和车载Wi-Fi的无人驾驶班车，车辆最高时速能达到45km，最多可乘坐15名乘客。研究团队将监测搭乘人的数量和使用模式，并进行用户调查，目的是设计更安全的自动驾驶车辆，以便更有效地运行，为主题公园、大学、工作园区等"第一公里"和"最后一公里"的交通提供解决方案。

对于客运行业而言，对自动驾驶最大的热情始于驾驶安全。高速公路事故死亡是全世界面临的重大问题，据世界卫生组织统计，世界每年有124万人死于高速公路事故。美国高速公路安全保险研究所的一项研究表明，94%的事故与驾驶员的决策和操作失误有关，全部安装自动驾驶装置能使高速公路事故死亡数量减少31%，每年可挽救11000条生命。自动驾驶技术给未来客运行业带来的重大变革就是能够消除并且减轻绝大部分的交通事故。不管是通过修正驾驶员操作失误，还是完全取代驾驶员的职责，自动驾驶创新均可以显著降低驾驶员决策和操作失误引起的车祸数量。高度自动驾驶比人类更加具有学习的优势，一个人类驾驶员可能重复百万人犯过的相同错误，但是高度自动驾驶车辆可以从其他路上行驶的车辆积累的数据和经验中获益。

目前，以威伯科和克诺尔为首的欧美零部件公司正在发力自主式客车智能安全技术，该技术通过以采用雷达和摄像头为核心的环境感知传感器，对车辆与车道线进行自主检测，实现自适应巡航控制、自动紧急制动、向前避撞报警、车道偏离报警等功能。要实现高级自动驾驶，还需要结合协同式客车智能安全技术的应用。协同式客车智能安全技术包括vehicle-to-vehicle和vehicle-to-infrastructure技术，vehicle-to-vehicle（车与车之间的互联）安全技术通过使用短距离无线通信技术来获取周边车辆的行驶状况，并对客车进行实时的安全控制，保持纵向和横向的安全距离，降低客车与乘用车、大货车碰撞的可能性。vehicle-to-infrastructure（车与基础设施之间的互联）安全技术通过路侧基站发送路段内的各种信息，客车按照安全驾驶要求进行实时的自适应控制，从而减少单车事故，提高车辆在不良天气条件和恶劣路况下的行驶安全性。

客车蓝皮书

四 2017年我国客车安全标准的主要变化和要求

2015~2016年,国家更加关注提高客车的安全性能,组织专家和技术人员编写客车安全标准体系,补充制定（修订）了提高客车安全性能的标准,从源头上提升客车安全的整体技术水平。在国标委和相关部委的组织领导下,我国相继完成了与客车安全相关的国家和行业标准十多项,这些标准有些已经发布,有些已完成审查并上报审批等待发布,将在2017年陆续实施。这些标准主要见表1。

表1 2017年将发布和实施的与客车安全相关的标准

GB7258	机动车运行安全技术条件	GB7258	机动车运行安全技术条件
GB13094	客车结构安全要求	JT/T 1094	营运客车安全技术条件
GB19260	低地板及低入口城市客车结构要求	JT/T 1095	营运客车内饰材料阻燃特性
GB30678	客车用安全标志和信息符号	JT/T 1030	客车电磁击窗器
*GB××××	客车内饰材料燃烧特性	QC/T 1030	客车外推式应急窗
*GB××××	客车灭火装备配置要求	QC/T 1048	客车应急锤

注:*该标准国家尚未正式颁发,标准号待定。

新制定（或修订）的客车安全标准涉及客车整车、客车车身、客车零部件、客车材料等,在客车主动安全、被动安全、乘员逃生、安全防护、内饰材料阻燃等方面都提出了许多新的要求,这些要求将从2017年开始陆续在营运客车（或其他客车）上强制执行。主要有以下要求：

（1）增加了对乘员数的限制,要求未设置乘客站立区的客车核定乘员数不应超过56人（不分三轴车或两轴车）。

（2）营运客车地板下置行李舱净高度应不大于1.2米。目前个别客车行李舱净高度超过1.3米,整车重心偏高,影响整车行驶稳定性。经过充分调研,1.2米的行李舱净高限值即可满足存放乘客行李物品及小件运输存储空间的要求,也能有效控制车辆的质心高度。

（3）营运客车驾驶区上方不应布置地板,即取消一层半低驾驶区客车。

有些客车为提高载客率，在驾驶区上方布置了座椅以增加座位数（俗称低驾驶区客车或一层半客车）。低驾驶区客车存在一些影响安全的因素，主要表现在四个方面：车高都在 3.8m 以上，质心高，行驶稳定性差，容易发生侧翻事故；车厢内楼梯踏步过于陡峭、狭窄，发生事故时不方便成员快速疏散与逃生；上层前排乘客座椅据前风窗玻璃太近，发生碰撞事故时，由于没有足够的缓冲区，容易给前排乘客造成更大的伤害；低驾驶区客车驾驶员视野不佳，影响行车安全。

（4）营运客车（含车高大于等于 3.7 米、未设置乘客站立区的客车）应装备电子稳定控制系统（ESC）。ESC 通过测定车辆横摆角速度及驾驶员转向输入来实时监控车辆的运行状态，根据需要调节制动力和发动机扭矩以改变车辆横摆力矩，使车辆安全行驶。车辆装备符合要求的 ESC 系统后，可大幅降低弯道侧滑、转向不足情况下引发的交通事故。ESC 系统是截至目前最为有效的主动安全装备。

（5）车长大于 9m 的营运客车应装备符合 JT/T 883 规定的车道偏离预警系统（LDWS），还应装备自动紧急制动系统（AEBS）。AEBS 的前撞预警功能应符合 JT/T 883 的规定，其他功能应符合相关标准规定。

随着汽车智能化技术的快速发展，先进驾驶辅助系统（ADAS）技术已趋于成熟并已大量运用于乘用车，为提升乘用车安全性能，减少由驾驶员操作不当引发的交通事故发挥了重要的作用。在 ADAS 系统中最具代表性的两项技术装备分别为车道偏离预警系统（LDWS）和自动紧急制动系统（AEBS），这两项技术装备可显著减少或避免驾驶员注意力不集中甚至疲劳驾驶而导致车辆偏离车道事故或追尾事故的发生。在欧洲，这两项技术已批量应用在商用车上。这些技术的采用，也将进一步提升我国客车的主动安全性。

（6）营运客车应具有不足转向特性，按 GB/T 6323 进行试验，不足转向度应符合 QC/T 480 的规定。《机动车运行安全技术条件》（GB 7258 - 2012）要求：汽车应具有适度的不足转向特性。但该法规仅从定性的角度对转向特性提出要求，没有明确具体的评价方法及限值，不具有可操作性。

JT/T1094 结合客车新车定型试验时需要满足的操控稳定性（稳态回转、转向回正、转向轻便性）的相关试验要求，提出了营运客车不足转向特性的具体评价方法及限值。

（7）营运客车应按 GB/T 6323 规定的试验条件和方法进行蛇形试验，其平均横摆角速度峰值应高于 QC/T 480 对应标桩间距和基准车速下的下限值要求，且应符合 GB 18565 规定的行驶稳定性要求。

蛇形试验的目的是考核车辆的瞬态行驶稳定性，对于评价车辆变道、超车工况的行驶稳定性能具有实际意义。目前乘用车新车定型试验规程对此项目有要求，乘用车主机厂在车型研发时也将蛇形试验作为操控稳定性的基础测试项目，但客车产品对操控稳定性的重视程度不够，不仅新车定型试验规程中未要求蛇形试验项目，客车主机厂在产品开发、工程验证时也普遍未开展相关试验。考虑到营运客车日常运营时行驶速度较快，路况及环境较为复杂，变道超车等驾驶行为也较频繁，因此引入了相应的试验项目来考核营运客车瞬态行驶稳定性的优劣。

《道路运输车辆综合性能要求和检验方法》（GB 18565 – 2016）规定营运客车的行驶稳定性应满足如下要求：在满载条件下沿特定曲线匀速行驶，当车辆质心处的最大向心加速度达到 0.4g 的稳定状态时，车辆不发生侧翻或侧滑。

（8）营运客车所有车轮应安装盘式制动器。目前，我国大部分客车普遍装备的是鼓式制动器或前盘后鼓式制动器，在山区、长下坡工况使用时，由于鼓式制动器制动效能不够稳定、热衰退率高，容易因制动力不足或制动失效诱发交通安全事故。

相比鼓式制动器，盘式制动器的工作表面是平面并且两面传热，圆盘旋转易冷却，不容易发生较大变形，制动效能比较稳定。欧洲、美国、日本等发达国家和地区的客车都已不再装配鼓式制动器，盘式制动器是未来制动系统执行机构的发展趋势，故以面向未来提高我国营运客车安全技术水平、减少由制动系统结构不合理引发的道路交通事故为出发点，JT/T1094 提出营运客车的所有车轮均应装备盘式制动器。

(9) 营运客车所有的行车制动器应具备制动间隙自动调整功能。盘式行车制动器的衬片需要更换时,应采用声学或光学报警装置向在驾驶座上的驾驶员报警。

制动器间隙会随着制动器衬片的磨损而增大,直接影响制动器发挥作用的时间,严重时甚至会导致制动滞后,延长制动距离,因而制动器间隙需要定期调整。营运客车所有的行车制动器都应具备制动间隙自动调整功能。制动器制动衬片的严重磨损会直接影响车辆的制动效能,如不及时发现并更换,容易引发追尾、碰撞等交通事故,为了能主动提醒驾驶员及时更换制动衬片,防患于未然,JT/T1094要求行车制动器制动衬片严重磨损时,应有自动报警。

(10) 车长大于9m的客车应装备缓速装置,其性能除了应满足GB 12676规定的IIA型试验要求外,营运客车安装的发动机缓速器、液力缓速器及电涡流缓速器装车性能还应分别满足JT/T 889、JT/T 890和JT/T 721的要求。

大型客车安装缓速装置,能够在长下坡、堵车频繁制动工况下,减轻制动系统负荷,保持制动效能的长期稳定,保障行车安全。因此,标准要求车长大于9m的营运客车应装备缓速装置。

(11) 采用气压制动系统的营运客车制动储气筒内工作气压应大于等于1000kPa。营运客车在高附着干燥路面,高速、全力状态下紧急制动时,有很大一部分车辆会出现ABS未循环的状态(即车辆制动器制动力不足以抱死车轮,ABS未达到调节状态),此时路面的附着力还没有达到极限最佳状态,车辆的制动性能还有提高的可能性。这种情况有两种原因:第一,制动器摩擦力不足;第二,制动管路压力不够。因此,在这种状态下,适当增加制动管路压力,有利于提高车辆在良好附着路面的制动效能。

(12) 营运客车应满足弯道制动稳定性要求。满载车辆在附着系数不大于0.5、车道中心线半径150m、宽3.7m的平坦圆弧车道上,以50km/h的初始车速进行全力制动的过程中,车辆应保持在车道内。

对近五年发生的重特大道路交通事故统计分析表明,近一半的营运客车重特大交通事故发生在弯坡路段,其中车辆弯道制动稳定性差导致侧滑、摆

头、甩尾、失控等现象引发车辆偏离车道是发生事故的主要原因。因此，从提高营运客车弯道制动稳定性的角度考虑，JT/T1094提出了弯道稳定性的要求。

（13）营运客车应装备无内胎子午线轮胎。营运客车高速行驶时，车轮爆胎往往酿成重特大交通事故，因此，配置高安全性能的轮胎对于提升营运客车行车安全性至关重要。轮胎制造技术及工艺经过长期演进，无内胎子午线轮胎具有滚动阻力低、摩擦生热小、散热快等优点，已成为行业应用最广泛、安全等级最高的轮胎代名词。

（14）营运客车安装单胎的车轮应安装胎压监测系统或胎压报警装置，并能通过仪表台向驾驶员显示相关信息。轮胎充气压力值的大小对于保障轮胎安全性非常重要，胎压过高易引起爆胎，胎压过低会增加行驶阻力，加剧轮胎磨损，导致早期损坏或其他故障。因此，在车辆行驶过程中有必要对轮胎气压进行实时监测，当胎压不正常时及时报警，提醒驾驶员检查并采取相应措施。

（15）车长大于9m的营运客车前轮应安装符合JT/T 782规定的爆胎应急安全装置，并能通过仪表台向驾驶员显示。爆胎应急安全装置能够在车辆转向轮轮胎破裂失压后，使车辆的行驶方向继续可控，制动性能稳定有效。可以在发生前轮爆胎事故后，给驾驶员赢得宝贵的处置时间，避免事故的发生。

（16）营运客车上部结构强度应符合GB 17578的规定。按GB 17578进行试验后，座椅的调整和锁止装置应能保持锁止状态，座椅与车辆固定件不应失效；以汽油为燃料的营运客车，其燃油箱不应发生泄漏。

《客车上部结构强度要求及试验方法》（GB 17578 – 2013）仅对倾翻试验后乘客的生存空间做出了要求，保障车辆发生侧翻事故后乘客不会受到车身变形侵入物的伤害。但根据对典型侧翻事故现场状态分析，发现有些伤亡是座椅调整、锁止装置和车辆固定件失效导致乘客被抛甩，乘客间及乘客与座椅间相互撞击、挤压造成的，还有些伤亡是侧翻碰撞事故汽油箱燃油泄漏起火燃烧所致，因此，JT/T1094在GB 17578 – 2013在侧翻试验的基础上增加了几项检查项目,要求:座椅的调整和锁止装置应能保持锁止状态,座椅与车辆固定件不应失效;以汽油为燃料的营运客车,其燃油箱不应发生泄漏。

(17) 营运客车座椅及其车辆固定件强度应符合 GB 13057 的规定。按 GB 13057 进行试验后,将假人从约束系统中解脱时,约束系统在不使用其他工具情况下应能被正常打开。

《客车座椅及其车辆固定件的强度》(GB 13057 - 2014)仅要求座椅及其车辆固定件的强度应满足动态试验的要求,对试验后安全带能否正常解锁没有做出规定。根据对典型碰撞、落水类事故现场状态分析发现,有些伤亡是事故发生后安全带不能正常解锁,乘客无法逃生所致。因此,JT/T1094 在 GB 13057 - 2014 在动态试验的基础上增加了检查项目,要求:按 GB 13057 进行试验后,将假人从约束系统中解脱时,约束系统在不使用其他工具情况下应能被正常打开。

(18) 车长大于 9m 的营运客车右侧应至少配置两个乘客门。后置发动机的营运客车后轮后方不应设置乘客门。

客车发生事故后,乘员第一反应是从乘客门逃生,有些碰撞事故可能导致乘客门损坏,由于 9m 以上的客车乘员较多,为满足事故发生后乘员快速疏散、撤离的需求,应在车身右侧至少配置两个乘客门。对于后置发动机的营运客车,如在后轮后方设置乘客门,当发动机热源部件失火时,由于乘客门距热源太近,在高温烘烤下,乘客门可能失效,无法开启;另外,当发动机舱起火后,坐在车厢后部的乘客下意识地会逃向车厢中前部的乘客门,后轮后方的乘客门逃生利用率低,起不到紧急情况下疏散、逃生有效出口的作用,因此,后置发动机的营运客车后轮后方不应设置乘客门。

(19) 车长大于 9m 的营运客车,无论车身左侧是否设置驾驶员门,均应在车身左侧设置符合 GB 13094 要求的应急门。

根据对典型侧翻事故现场状态分析发现,当营运客车向右侧侧翻时,右侧的乘客门基本都被路面或其他障碍物堵死,无法为外部救援,内部乘客疏

散、逃生所利用，如果车身左侧设置有应急门，将有利于增加乘客逃生机会。

（20）车长大于9m的营运客车和未设置乘客站立区的公共汽车，左、右两侧应至少各配置2个外推式应急窗；车长大于7m小于等于9m的营运客车，左、右两侧应至少各配置1个外推式应急窗。外推式应急窗应符合QC/T 1030的要求，其安全标志颜色应符合 GB 30678的规定。

从国际上看，营运客车应用较多的应急窗有三种类型：可击碎玻璃式、外推式、推拉式。由于外推式应急窗具有操作方便、安全可靠、开启洞口大、通过性好等优势，美国、日本已在客车上大量推广使用外推式应急窗。近年来，我国对外推式应急窗开展了相关研究，并制定了相应的技术标准《客车外推式应急窗》（QC/T 1030）。

（21）营运客车应急窗附近应安装符合QC/T 1048要求的应急锤，应急锤取下时应能通过声响信号实现报警。

近五年发生的重特大道路交通事故表明，应急锤对提升乘员应急逃生能力，减少道路交通事故次生伤亡具有重要的现实意义。而且，应急锤相对于其他安全措施，具有成本较低、操作方便、便于实施等优点，但应急锤市场也存在质量参差不齐、实际破窗效果不好等问题，严重影响乘客紧急逃生。因此，JT/T1094要求所有应急窗（包括：外推式、推拉式、击碎玻璃式）附近应安装符合《客车应急锤》（QC/T 1048-2016）要求的应急锤。《客车应急锤》（QC/T 1048-2016）不仅对应急锤材料、硬度、锥度等方面进行了全面规范，对应急锤取下时声响报警信号强度也提出了要求，以警示乘客非紧急状态不要触碰或取下应急锤。

（22）营运客车踏步区不应设置座椅。通道中不应设置折叠座椅。应急门引道宽度应符合 GB 13094 的规定，应急门引道处前排的座椅靠背应不可调节。

营运客车踏步区若设置座椅和通道中设置折叠座椅，其安全防护设施不健全，其乘员的安全防护得不到有效保障，同时也在一定程度上影响了通道的通过性能，降低了乘客紧急疏散、撤离的效率。因此，JT/T1094要求：

营运客车踏步区不应设置座椅；通道中不应设置折叠座椅。

应急门引道宽度应符合 GB 13094－2007 的规定。另外，如果应急门引道处前排的座椅靠背调节角度过大，侵入到应急门引道区域，紧急情况下也会阻碍乘客的疏散、逃生，因此，JT/T1094 要求应急门引道处前排的座椅靠背不可调节。

（23）客车座椅在车辆横向上不应采用"2＋3"布置（专用校车和最后一排座椅除外）。

（24）营运客车在车内乘客易见位置应设置安全带佩戴提醒标识；应装备乘客安全带佩戴提醒装置，当乘客未按规定佩戴安全带时，对乘客至少应有声学信号报警。

声学报警方式避免了视觉报警的局限，具有干扰强度大、警示效果好等优点，同时便于乘客间互相提醒与监督，具有较好的约束效果。这种强制的措施能让安全带不会成为摆设，实实在在起到紧急情况下保护乘客安全的"生命带"作用。

（25）营运客车用内饰材料性能应符合《营运客车内饰材料阻燃特性》（JT/T 1095）的规定（具体要求见表2）。

内饰材料的阻燃特性直接影响车辆起火后的燃烧速度、人员逃生时间，直接决定乘员生命财产安全。阻燃特性差的内饰材料燃烧速度过快，乘客应急逃生时间不足，并释放大量有毒有害气体，极短的时间内便可导致乘员窒息，从而失去自救能力，增加人员伤亡数量。

《营运客车内饰材料阻燃特性》（JT/T 1095－2016）标准是目前国内客车内饰材料阻燃性要求最为严格的标准，标准在燃烧评价项目、客车内饰材料种类等方面相比之前标准均有较大的提高。该标准不仅对客车内饰材料在水平燃烧、垂直燃烧、氧指数、烟密度等级方面有所要求，而且对铺地材料、保温、隔热、降噪、减振材料等方面也增加了燃烧性能等级、产烟特性等级、烟气毒性等试验项目。《营运客车内饰材料阻燃特性》（JT/T 1095－2016）标准中对于内饰材料燃烧特性的要求，相比欧洲法规 ECE R118《用于某些类型机动车辆内部结构的材料的燃烧特性和/或燃料或润滑材料性能的统一技术规定》、美国联邦标准 FMVSS 302《汽车内饰材料的燃烧特性》和日本道路机动车安全法规 11 – 3 – 27《机动车内饰材料阻燃特性技术要求》中相关指标的要求,更为严格。

表2 《营运客车内饰材料阻燃特性》(JT/T 1095 – 2016)中的部分要求

序号	应用材料		技术要求						
			水平燃烧(mm/min)	垂直燃烧(mm/min)	氧指数(%)	烟密度等级	燃烧性能等级	产烟特性等级	燃气毒性等级
1	内饰板材		不低于B	≤100	≥22	≤70	—	—	—
2	铺地材料	地板覆盖物	A – 0	—	≥30	—	B_1 – B	s1	t0
		行李舱覆盖物、地板基衬	不低于B	≤100	≥26	≤75	—	—	—
3	弹性软垫材料		A – 0	≤100	≥22	—	—	—	—
4	纺织材料	窗帘、遮阳帘等悬挂材料	A – 0	0	≥30	≤50	—	—	—
		座椅用及其他	不低于B	≤100	≥28	≤50	—	—	—
5	皮革材料	座椅用	不低于B	≤100	≥27	≤70	—	—	—
		其他	不低于B	≤100	≥25	≤70	—	—	—
6	座椅用塑料材料		≤50	≤100	≥24	—	—	—	—
7	保温、隔热、降噪、减振材料	发动机舱、动力电池舱及车体侧围	A – 0	≤100	≥28	≤70	—	—	—
		其他	不低于B	≤100	≥26	≤75	—	—	—
8	连接材料		不低于B	≤100	≥26	≤75	—	—	—
9	其他内饰材料		≤50	—	≥24	—	—	—	—

(26)根据国家标准《客车灭火装备配置要求》的规定,对客舱内手提式灭火器的规格、数量和位置以及车辆上各保护位置灭火装置的灭火方式、启动方式和总灭火剂量都提出了具体要求。比如,目前的客车相关标准只对后置发动机舱提出配置灭火装置的要求,而《客车灭火装备配置要求》对所有位置(包括前、中后置)的发动机舱都提出了配置灭火装置的要求。该标准很快将发布实施。

五　客车安全标准提升对行业的影响

（1）2017年发布和实施的一系列客车安全标准，将进一步提升我国客车安全标准的整体水平，使我国客车安全标准体系更加完善，从而形成客车行业发展史上要求最高、执行最严格的客车安全标准体系。这些标准在车内逃生、内饰材料燃烧特性、安全带佩戴提醒等方面甚至超过了国外客车标准的先进水平，其他安全要求也达到了国外标准的先进水平，其实施以后将从根本上使我国客车产业发生大的变革和升级。

（2）客车安全标准促进了客车安全性能的提高。客车安全性是民众道路和公交出行的安全保障，标准的实施将最终有利于我国道路旅客运输和城市公共交通的发展。人们的出行将更加安全、更加舒适、更加便捷。

（3）对客车整车企业而言，这些客车安全标准既带来了压力更带来了动力；既增加了挑战更增加了机会。标准中对公路客车行李舱高度做了限制，取消了低驾驶区客车，对客车车门和逃生窗提出新的要求，这些无疑对客车厂家现有产品带来了整改和调整的压力；标准同时增加了许多主、被安全新技术的要求，这些技术在欧洲近几年也才刚刚采用，具有一定的前瞻性和挑战性，但这些新技术的推广同时也是促使我们探索、开发和创新的动力。近几年来，新能源客车技术的发展和应用给客车行业带来了新的生机，客车安全新技术的推进也将带来新的挑战。可以说，在"百舸争流"的市场竞争中抓住这些生机和挑战，为企业迈向新的起点创造了新的契机。

（4）零部件是客车的基础，没有技术可靠、先进的客车零部件，就不可能有安全舒适、性能先进的客车。随着客车安全标准的实施，一大批技术含量高、具有国际先进水平的零部件产品将应运而生并投放市场。电子稳定控制系统（ESC）、车道保持系统（LDWS）、自动紧急制动系统（AEBS）这些装置也是欧洲近几年刚刚开发应用的主动安全先进技术。这些技术在国内客车行业强制推广和应用，不仅能迅速提升我国客车产品的安全性，也势必会带动国内商用汽车主动安全技术的跨越式发展，达到或接近国际先进水平。标准对客车内饰材料提出了史上最严格的要求，有些指标甚至超过国外水平，这虽然对材料厂家带来了压力，但通过技术创新，必将使我国客车内饰材料发生质的提升；全轮盘式制动器、胎压监测系统、爆胎应急安全装置、外推式应急窗以及气压制动系统压力提高等新产品、新技术近几年已在客车上逐渐得到应用，通过标准的实施，加快这些新技术和新产品的推进步伐，扩大它们的使用范围，将对鼓励零部件制造企业技术创新、加快产品升级换代、实现产业转型升级起到积极的促进作用。

"好风凭借力，送我上青云"。随着全社会对客车安全的要求日益迫切，以标准全面推动产业升级，形成新的竞争优势，促进行业健康发展，为人民群众的出行提供更安全、更可靠的交通工具，将是2017年的主旋律。

细分市场报告

Segment Markets Report

中国校车市场发展趋势简析

罗永昌*

摘　要： 校车市场经过前几年的发展，走过了从"井喷"到稳中有降的道路；卖方市场资源整合的趋势日益显现，但与校车生产、销售、使用等多位一体相适应的社会制度文化体系尚未形成，预计能够让需要乘坐校车的学生如愿以偿，还要等待相当长的一段时间。

关键词： 校车安全　政府支持　需求变动　二难悖论

2012 年，中国制造标准的专用校车需求市场迎来了第一波高潮。它的

---

* 罗永昌，高级讲师，浙江省德清县教育局原纪委书记，组织、策划了"德清校车工程"，研究方向为经济理论与地方文史，著有专著《中国校车》《黄郛与莫干山》。

出现，是多起重大学生接送车事故、全媒体关注、全民呼吁、高层政府重视等多重力量作用的结果。此后，校车市场随即进入稳中有降、逐年减少的通道。至2017年4月，校车市场总体仍处在这个通道的下滑档口，预计在国家尚未出台新的鼓励政策前，这一趋势较难改变。

一 校车行业生产现状

（一）校车生产企业变化

2015年，国内共有校车生产企业33家①。经过一年的角逐，校车生产企业为适应市场变化与自身特长之考量，跨出了逐步规范、资源整合的步伐。2016年，校车生产企业减少到30家；其中，年产量在千辆以上的有宇通、桂林、东风、少林、长安等5家，宇通依然稳居榜首，占行业总生产量的37.08%；千辆以下、百辆以上的有中通、解放、安凯、苏金、上饶、同心、友谊、楚风、依维柯、福田、安源、金旅等12家；年产量在百辆以下的企业有13家。至2017年4月，校车生产企业减少到23家。不过，前四个月没有生产统计数量的企业，并非一定说明它们已经彻底放弃校车生产。在已知的7家企业中，"解放"上年生产量有782辆，但为什么它也出现在"无生产记录"的名单中？这可能与其内部产品结构调整有关；其他几家企业都在百辆以下，有的甚至是个位数，实属"激烈竞争"之后的正常现象。由此可见，市场推动资源进一步整合的步伐在2017年有了加快趋势。从销售行为来看，校车全行业内有销售记录的企业，2015年有19家，2016年有22家，2017年4月有20家。这种生产与销售大体一致的现象说明了该市场的健康能力，那些有生产而没有销售行为的企业，必将在可以预期的竞争中被淘汰，这是校车卖方市场的好现象，也证明了未来发展方向将逐步趋于集中化、专业化。

---

① 本文采用数据除部分注明的以外，其他均由宇通公司校车市场研究部友情提供。

中国校车市场发展趋势简析

（二）校车行业量变动扫描

虽然校车市场发展总体趋于平稳，但年度行业量（即全国校车行业的实际上牌数量）还是有比较明显的变化。自2012年以来，校车市场行业量走势如图1所示。

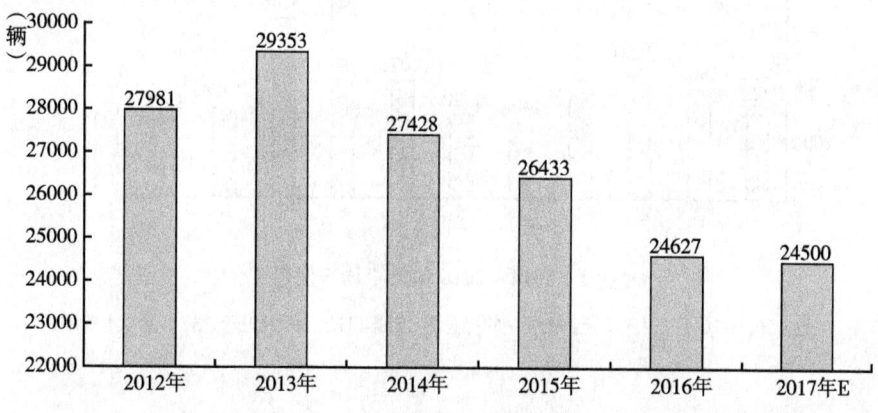

图1 校车市场行业量走势

注：2012~2016年校车行业实际上牌总量。数据口径，中通修正数据，5米以上校车。

根据中通修正数据，2012年校车市场与上年相比，增长幅度最大，达到254%，此后每年的增长率分别为4.9%、-6.6%、-3.6%、-6.8%。由此可见，2012~2016年在行业政策及市场规律的作用下，校车市场经历了由快速崛起到平稳推进的发展过程。

2017年校车总体需求能否延续前期稳中有降的趋势，目前尚未知晓。但依据过去三年（2014~2016年）每月平均行业量变化与2017年前四个月平均生产量比较分析，2017年可能会出现较上一年更大幅度的下滑。前三年行业月平均行业量显示，每年的7~9月是年度校车需求的高峰，全年月平均为2185辆。已知2017年1~4月，5米以上校车生产量为6914辆，与行业量相比同比下降15.0%；销售量为6063辆，与行业量相比同比下降18.3%。若以销售量做对照，预计2017年行业量大约在20543辆，同比增

129

幅为-16.5%。当然,这是纯逻辑推断,但依据前四个月的实际状况而言,2017年校车市场出现较大幅度的下滑不是没有可能。

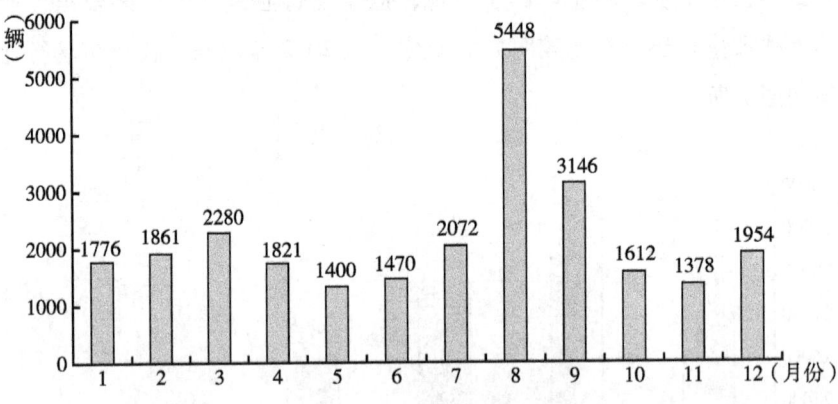

图2　2014~2016年月平均行业量

注：2014~2016年月平均上牌数据中的行业量。数据口径,中通修正数据,5米以上校车。

（三）不同校车车型盘点

客户所在地区的经济实力、道路状况、行驶区域等不同因素,决定了客户需要的校车车型不可能一致,甚至差异很大。目前,校车市场流行的校车主要有大型、中型、轻型、小轻型四大类。2016年至2017年4月,各生产企业不同车型数量分布如表1所示。

表1　2016年至2017年4月各生产企业不同车型数量分布

单位：辆

品牌	2016年					2016年1~4月					2017年1~4月				
	1大	2中	3轻	4小轻	汇总	1大	2中	3轻	4小轻	汇总	1大	2中	3轻	4小轻	汇总
宇通	353	4290	4697		9340	82	1002	1565	0	2649	23	773	835	309	1940
桂林			15	4084	4099	0	0	0	1486	1486	0	0	120	1368	1488
东风	7	982	1991	280	3260	2	206	657	112	977	0	232	483	154	869
中通	30	227	488	199	944	1	69	153	107	330	64	115	308	0	487
少林		232	1042		1274	0	102	391	0	493	0	108	343	0	451
长安		153	489	579	1221	0	59	184	232	475	0	66	188	136	390

续表

品牌	2016年					2016年1~4月					2017年1~4月				
	1大	2中	3轻	4小轻	汇总	1大	2中	3轻	4小轻	汇总	1大	2中	3轻	4小轻	汇总
安凯		144	495	6	645	0	60	67	6	133	0	52	260	0	312
华新						0	0	0	0	0	0	69	94	55	218
苏金	50	370	294	35	749	20	107	69	0	196	1	51	37	87	176
上饶		371	125	25	521	0	97	51	1	149	0	49	73	0	122
依维柯			60	230	290	0	0	2	116	118	0	0	0	81	81
福田		35	66		101	0	19	43	0	62	0	18	54	0	72
安源		34	18	183	235	0	1	12	71	84	0	4	0	52	56
金旅	51	37	23		111	20	27	10	0	57	23	21	2	0	46
友谊		62	350		412	0	16	126	0	142	0	0	44	0	44
楚风		10	266	96	372	0	2	93	27	122	0	0	32	1	33
金龙	2	12	8	5	27	2	7	4	0	13	0	0	3	27	30
大通			83	3	86	0	0	26	0	26	0	0	29	0	29
同心	1	77	223	114	415	1	36	75	40	152	0	8	5	6	19
晶马			40		40	0	0	20	0	20	0	0	18	0	18
舒驰		18	31		49	0	9	14	0	23	0	0	13	0	13
黄海	5	43	4		52	0	28	2	0	30	7	5	0	0	12
亚星	6	4			10	0	0	0	0	0	7	1	0	0	8
解放		123	536	123	782	0	67	219	62	348	0	0	0	0	0
扬子		17	60	4	81	0	9	16	3	28	0	0	0	0	0
大力			12	11	23	0	0	9	10	19	0	0	0	0	0
申龙	21	8			29	0	2	0	0	2	0	0	0	0	0
衡山			1		1	0	0	1	0	1	0	0	0	0	0
江西凯马		3	4		7										
江铃全顺			6		6										
五洲龙	1				1										
总计	527	7252	11427	5977	25183	128	1925	3809	2273	8135	118	1578	2942	2276	6914

注：生产数据区分大、中、轻、小轻类型。①大型校车：车长大于10米的校车；②中型校车：车长大于7米，小于等于10米的校车；③轻型校车：车长大于5.5米，小于7米的校车；④小轻型校车：车长小于5.5米，大于5米的校车。该数据由宇通公司校车市场研究部友情提供。

从表1可知，2016年校车全行业生产的不同车型分别为大型527辆（占比2.09%）、中型7252辆（占比28.80%）、轻型11427辆（占比45.38%）、小轻型5977辆（占比23.73%）；2017年1~4月四类车型的比重大体与2016年一致。这说明，目前校车市场需求以轻型校车为主，其次

是小轻型、中型。这一需求结构与当前校车有很大一部分销往农村地区的实际情况基本相符。

二 校车市场需求分析

校车销售以订单为主,供给主体的订单几乎直接由需求客户来决定,因此,明确客户群体及需求变化,则基本把握了市场变化的方向。

(一)客户群体及特征

当前,校车市场的主要客户(购车)群体有以私立为主的幼儿园/中小学、专业校车服务(租赁)公司、转型类汽车运输公司、政府、个人等。根据宇通销售数据估算,市场上的客户群体结构大体如图3所示。

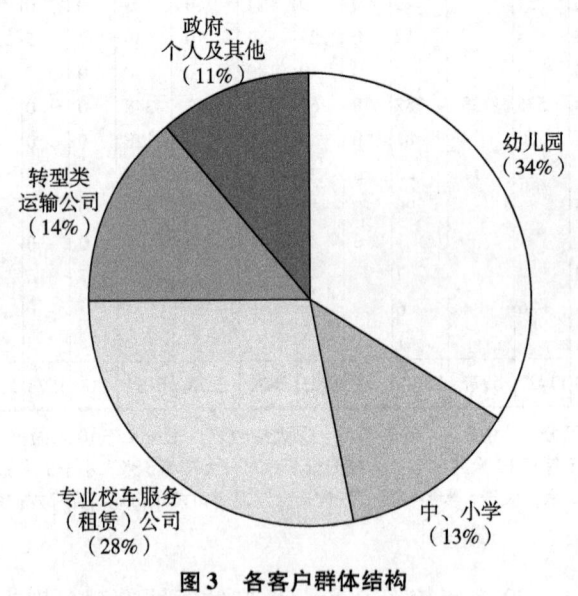

图3 各客户群体结构

1. 幼儿园/中小学

幼儿园/中小学之所以成为校车需求的主力军,主要是受到城市高档民办幼儿园/小学发展的推动,它们大多跨学区招生,为了生源,必须要有自备校车来接送；而其他县域民办性质的幼儿园/小学，也出于这个原因，配备校车已经成为民办学校办学的必要条件。因此，只要政府鼓励发展民办幼儿园/中小学的政策不变，这类客户具有较高稳定性，但分布广泛，单次购买数量较少，倾向于轻型校车，信赖口碑营销；决策者主要是幼儿园/中小学负责人以及利益相关者，采购行为较为冲动，重点关注校车的性价比，对价格较为敏感，但议价能力不强；在管理上，以学校单体内部管理为主，不注重校车运营回报率，能处于微盈利状态即可；大多没有配备专职驾驶人，缺乏专业知识，所以很看重售后服务质量。

2. 政府主导型

政府主导型是由政府出资购买，注重品牌形象；一般批量购买，倾向于大中校车；同时，也会影响当地散单校车客户的采购决策。在管理上以政府购买服务或委托管理为主，关注校车安全，注重运营效率。

3. 社会资本主导型（自营/挂靠）

它属于自负盈亏的专业校车服务（租赁）公司，能享受部分政府（购车或营运）补贴，一般批量采购，关注校车品牌和购买时的付款方式；管理上注重实际运营成本。

4. 转型类汽车运输公司

这类公司是受政府推动或者经营压力的推动而介入校车运营，采购行为独立性较强，且有完善的采购决策模式；对产品的采购较为理性，对运营价值等都有着专业的判断。

（二）产品需求现状及预估

依据本文上述分析可知，近几年来，校车市场的生产与销售基本一致，库存量很少，因此，客户对产品需求的现状也基本与市场产品销售结构相一致。以2016年为例，从图4中可以看出产品需求的基本取向。

2017年，受校车需求主体变化的影响，校车市场可能会随之发生一定程度的变化：5~6米校车（19座）持续增长，其中，5~5.5米校车持续快速增长，比重有所加大；7~8.2米（26~44座）中型车的需求比例趋于稳定。

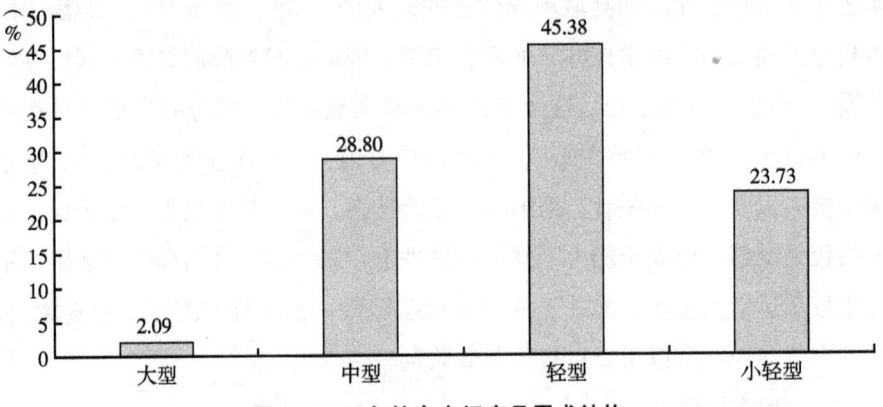

图 4　2016 年校车市场产品需求结构

2017 年 1～4 月，随着县级、乡镇民办幼儿园、小学校车需求比例增长，5～6 米轻型校车需求比例达到 75.47%，预计后八个月中型校车（7～10 米）的需求比例会有所提升；校车产品结构总体变化态势与前四个月基本一致。如果专业校车服务公司的数量有所增长，则会带动中型校车的需求比例增加。

三　影响校车市场的因素

经过五六年时间的发展，以需求为导向的校车市场初具规模，校车服务理念开始得到社会的普遍关注；部分重点地区（省份）由于政府支持力度的加强，当地校车市场开始进入稳定发展期；其他部分地区随着"校车过渡期"（即原有接送学生的非专用校车逐步被专用校车更替的时期）的临近，也会出现校车需求新的增长点，这些现象都属于校车市场发展的利好因素。

但从宏观上看，2016 年中央没有出台相关政策，校车发展仍然以各地方自主发展为主；结合前几年校车发展形势，从 2012 年《校车安全管理条例》出台，经历 2013 年销售高峰，2014～2016 年的平稳发展，校车运营模式日渐成熟，因此，预计在 2017～2018 年国家不会出台校车相关政策，出现如同 2012 年井喷式现象的可能性很小。

地方政府的态度，依然是影响校车发展的重要因素。由于各地都有相对自主权,所以,地方政策的差别也很大:湖南、吉林两省已经实现全省校车补贴全覆盖;浙江、江西、山东、甘肃、海南等省份的部分县市实行了校车补贴,有两类形式:一是直接购车补贴;另一种是每月或每学期实施一定燃油补贴;山西、陕西、安徽、北京、天津、重庆、青海、宁夏、广西等省份无政策无补贴,政府对校车管控较严,一般不允许非专用校车上牌。此外,为了更好地规范管理校车的安全运行,湖南、广东、山东、河北、沈阳、四川、甘肃、新疆等省份相继出台了有关校车安全管理条例或相关校车规范政策,其他区域则基本沿袭以前的校车管理政策。这些不同的地方政策,直接影响该地区校车的推广,间接影响校车市场的发展。

总之,中央宏观层面的鼓励性政策、强制性普及法规等制度文化体系的完善是影响校车市场的主因;地方政府积极推广、主动配合的行动是影响校车市场进一步扩大的重要因素。有人说,校车市场稳中有降的现象说明了这个市场的"萎缩",但笔者以为,这是该市场走向健康的必然环节。因为任何一个成熟市场的发展都要经历一个从无到有、从小到大的过程,上下适度波动属于正常现象。校车市场发展只有短短五年时间,能有今天的规模和稳健,实属不易。尽管目前各地区校车发展还不平衡,但随着二胎孩子的成长及第一批使用年限8年校车的更换,预计五年内新一轮高峰就会出现。另外,校车普及是趋势,谁也阻挡不了,当前部分有条件而尚处政策限制的地区,不久定会实施开放策略,从而进一步扩大校车市场。

四 二难论题猜想

目前,校车市场还没有达到需求与供给完全自由的状态,年均26700辆的订单式行业总量,说明供给方只能在既定的范围内展开竞争,其趋势必定是新的生产者难以进入,已经参与者将重新整合资源,弱者逐步被淘汰,强者更强。所以,当前对校车市场的分析重点不在于供给方,而在于需求方的变化。把握了需求的变化,就明确了市场变化规律。

据专家预测,在第一轮15年周期内,校车在我国的刚性需求大约超过

100万辆。如果从理论推算，在2012~2027年，实际需求应该在年均7万辆左右，才能满足市场首轮需求。而实际上，校车市场购买量每年不到3万辆，缺口超过了55%。为什么会出现这样的现象？

可以明确这不是供给量不到位造成的，而是由需求方诸多主客观因素所致，比如政府政策、道路状况、人为抵触等。这也是校车市场与其他商品市场的最大区别。一般来说，市场有需求、厂商有供给，只要规则健康，市场的良性循环就可以很快建立起来。校车作为一种具有公共产品性质的商品，有其自己的特殊性，它不可能如同一般商品随便购买使用，而必须要有生产、销售、使用多位一体的社会环境文化、制度文化作为支撑背景，缺了这一点，校车市场就不可能健康发展。这就好像一棵树苗的成长需要阳光和水一样，校车市场也有自己的演变规律和不可或缺的要素存在。这其中，政府是予以"阳光和水"的主角，如果没有它的重点支持和推动，校车市场怎么可能健康发展？

所以，校车市场的二难悖论，根源还是在于干扰校车需求的各种人为因素，重点在于各级政府是否有勇于担当的精神和主动作为的实际行动，是否能把对问题的思考放在更广、更远的宏观层面来把握。

要破解校车二难悖论，必须改变政府的传统观念，要从更高、更远、更宏观的层面来思考孩子出行的安全问题。安全不保，何谈教育？保障学生的安全出行是社会职责所在，是政府的应尽义务，也是国家未来的希望。因此，凡是围绕校车出现的话题，都是不用争论的命题，它需要的是行动，并以此来证明"再穷也不能穷教育，再苦也不能苦孩子"的承诺。学生上下学安全接送问题，已经成为当今广大农村学校面临的最大现实问题，然而，部分地区的政府官员还在为"该不该接？""谁来接？""谁来承担责任？"等问题而纠结，这是典型的劣根性文化，说穿了，就是怕丢"乌纱帽"，属于"为政不政"之行为。如果长期纠缠在这种没有必要的争论之中，不仅丧失了处理问题的最佳时机而变得劳民伤财，同时也增加了学童交通事故发生的概率。

尽管学生上下学的接送原本是家长的责任，现在有了校车，从表面看似乎政府有"大包大揽"之嫌，但其直接产生的"安全可靠""低碳环保""消除攀比""解放家长""提增社会效益"等社会价值不言而喻。退一步讲，当其他"黑校车"真的发生交通事故时，当地政府及相关部门谁能逃脱得了自己的责任？即使这"黑校车"是一辆马车，还不是需要政府出钱出力来解决吗？所以，与其被动地去承担事故发生以后的责任，还不如主动地先承担责任，把事情做好，使事故的发生率降到最低，最大限度地确保学生的安全，这才是服务型政府的本分。假如，地方各级政府都能以这样的理念为基础，那么，开往春天的校车还会远吗？

B.7 中国汽车客运产业现状及发展趋势

于怀勇*

摘　要： 经过68年的建设，中国汽车客运产业得到了长足发展，并成长为汽车客运量世界第一的国家。但随着近年来高铁、动车对公路客运的冲击，客车新能源化的步伐加快，"互联网+"的影响以及GDP增速的放缓，汽车客运业面临着转型难题。本文重点分析了中国汽车客运业的现状、发展趋势、面临的机遇和挑战，并以粤运交通、深圳巴士为案例，讲述这两家企业是如何完成转型升级的，从而为读者和客运行业从业者提供更多参考。

关键词： 汽车客运　运力过剩　转型升级　智能交通

一　中国汽车客运产业发展历史

研究中国汽车客运产业的现状及发展趋势，有必要研究中国汽车客运产业发展历史。本文的"汽车客运"定义：以汽车为运输工具，以合法经营性方式，从事乘客运输的汽车运输。

中国汽车客运产业从1949年至今，发展已有68年。其间经历了三个阶段。

一是1949年到改革开放前的计划经济时期。中国汽车客运行业经历了

---

* 于怀勇，深圳市西湖新能源交通发展有限公司副总经理，高级工程师，政府采购评审专家。

30年的艰苦创业（1949~1979年）。新中国成立以前，中国汽车客运产业几乎是一片空白。新中国成立后，为迅速发展汽车运输，交通部要求各地尽可能地建立运输公司。在交通部的直接领导下，交通部直属的国营汽车运输总公司迅速组建，各省也组建了不同规模的直属运输公司。然而，计划经济时期的汽车客运业一直不能满足供需之间的平衡，乘车难、"一票难求"的现象普遍存在。

二是计划经济与市场经济过渡时期。从改革开放到邓小平南方谈话（1979~1992年），我国客运市场空前活跃，各种经济成分的汽车运输企业如雨后春笋般蓬勃发展。

十一届三中全会后，国家确定以经济建设为中心，针对客运市场采取了一系列措施，但运力的增长仍不适应国民经济发展的需要，运量大、车辆少的矛盾更加突出，"出行难"成为那个时代供需不平衡、汽车客运生产力不能满足乘客出行需求的突出问题之一。

为解决汽车客运供需不平衡问题，国家提出"调整、改革、整顿、提高"的方针，深入研究汽车客运的主要矛盾，出台了一系列发展汽车客运的政策文件，开放汽车客运市场，鼓励各种经济组织参与市场竞争，把汽车客运搞好、搞活、搞上去。汽车客运的运力得到了快速发展，迅速缓解了"出行难"的问题。

三是政府指导下的市场经济时期。从邓小平南方谈话至今（1992年至今），汽车客运快速发展，市场逐渐规范。1992年邓小平南方谈话后，我国各行各业掀起了新一轮思想解放运动。为适应建立社会主义市场经济体制的需要，道路客运行业走上了市场经济的发展道路，采取了加快国有企业改革、加大对外开放力度等重大政策措施，积极培育和发展适应社会主义市场经济体制的汽车客运市场；建立健全汽车客运政策法规，鼓励自主经营、平等竞争，快速建立起全国统一、开放、竞争、有序的汽车客运市场体系。21世纪初，交通部门原有的很多运输企业经过改制、重组，实现了规模化经营和现代化管理，一大批运输个体户发展成为具有一定规模的民营运输企业。

汽车客运经济结构和体制改革，催生了一大批适应汽车客运市场竞争、生机勃勃的、各种经济结构的大型汽车客运集团，彻底结束了汽车客运运力短缺的问题，局部地区甚至出现了汽车客运运力过剩的状况。

二 中国汽车客运产业的现状

经过68年的发展和建设，我国的道路客运取得了举世瞩目的发展。1949年我国汽车保有量仅5万辆，完成客运量0.1亿人次。图1显示，到2016年末，全国拥有客运汽车84.00万辆，2140万客位；其中，大型客车30.57万辆，1332.57万客位。

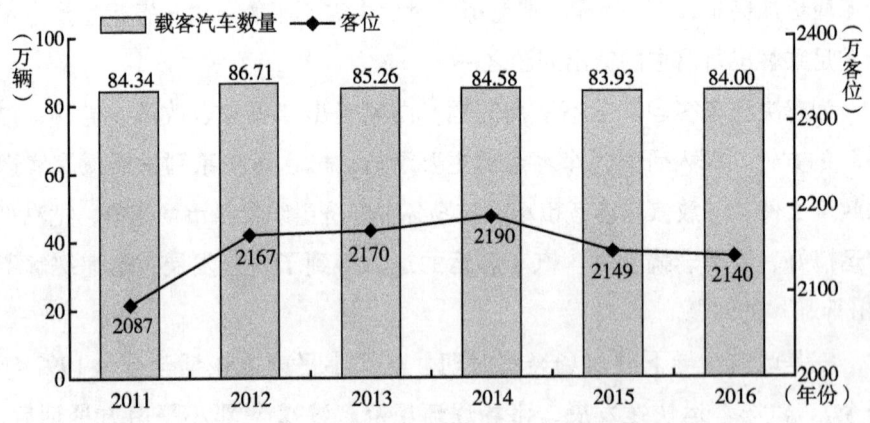

图1 2011~2016年我国载客汽车保有量

到2016年末，全国拥有公共汽电电车60.86万辆（见表1），其中BRT车辆7689辆；按车辆燃料类型划分，柴油车占37.2%，天然气车占30.5%，汽油车占1.4%，混合动力车占11.5%，纯电动车占15.6%。①

---

① 《2016年交通运输行业发展统计公报》，交通运输部官网，2017年4月17日。

表1 全国城市客运装备拥有量

年份	公共汽电车（万辆）	轨道交通运营车辆（辆）	巡游出租车（万辆）	城市客运轮渡（艘）
2011	45.33	9945	126.38	1061
2012	47.49	12611	129.97	590
2013	50.96	14366	134.00	422
2014	52.88	17300	137.01	329
2015	56.18	19941	139.25	310
2016	60.86	23791	140.40	282

中国汽车客运产业从1949年新中国成立以来，经历了长达66年的蓬勃发展，至2015年出现滑坡，连续出现负增长状况。根据《2015年交通运输行业发展统计公报》，2015年我国全国营业性客运车辆完成公路客运量161.91亿人、旅客周转量10742.66亿人公里，比上年分别减少6.7%和2.3%，平均运距66.35公里。与此同时，当年全国铁路完成旅客发送量25.35亿人，旅客周转量11960.60亿人公里，比上年分别增长10.0%和6.4%。[1]

如图2和图3所示，2016年，全社会完成营业性客运量190.02亿人，比上年下降1.8%，旅客周转量31239.87亿人公里，增长3.9%，其中，公路客运全年完成营业性客运量154.28亿人，比上年下降4.7%，旅客周转量10228.71亿人公里，下降4.8%。[2]

汽车客运依然是客运的主力，占全社会客运量的约91%。但是，客运周转量仅占全社会旅客周转量的1/3左右。交通运输部发布的汽车客运行业出现连续负增长的原因，主要是几下几点。

（1）铁路客运线路增长，"动车"与"和谐号"迅猛增加。汽车客运相对于铁路客运处于劣势状态。因此，近年来铁路客运迅速发展，汽车客运逐年下降。

---

[1] 《2015年交通运输行业发展统计公报》，交通运输部官网，2016年5月6日。
[2] 《2016年交通运输行业发展统计公报》，交通运输部官网，2017年4月17日。

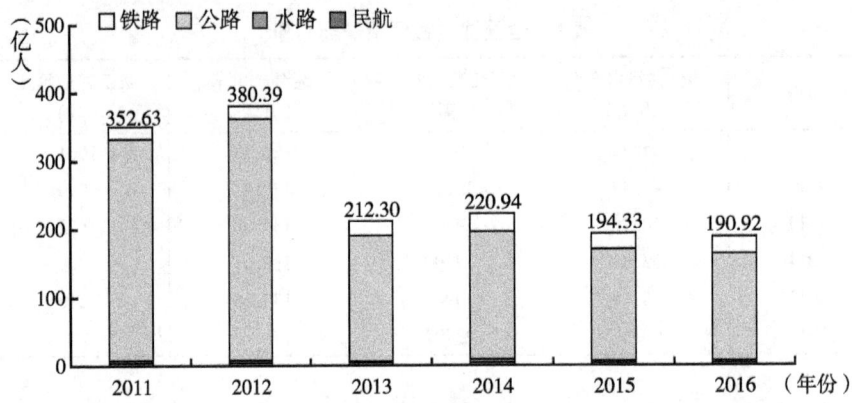

图 2　2011~2016 年全社会客运量

注：自 2013 年起，公路旅客运输量统计口径做了调整。

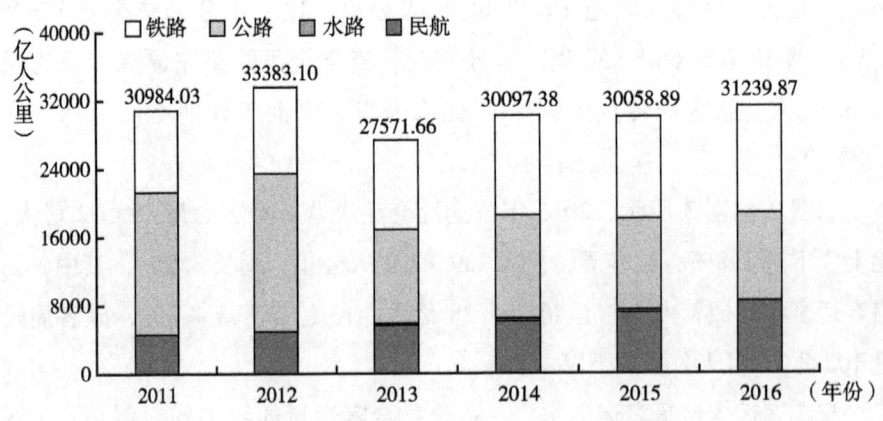

图 3　2011~2016 年全社会旅客周转量

(2) "滴滴出行" "网约车客运" "塔塔巴士" "优点巴士" "免费购物巴士" "需求响应巴士" 等蓬勃兴起。"网络约车" "顺风车" 分流了大量客源。

(3) 违法营运的 "黑巴士" "黑车" 大量存在。

(4) 凌晨 2~5 点禁止道路客运班车运行的规定，使得汽车客运的优势进一步下降，导致部分乘客改选其他运输方式出行。

（5）汽车客运卧铺汽车禁止生产的规定，导致从事汽车客运的卧铺客运汽车减少，乘客的舒适性大幅度降低，从而导致汽车客运的产量下降。

（6）大量私家车、摩托车的迅速增长，分流了汽车客运量。

（7）节假日高速公路小型乘用汽车免费通行的政策，分流了汽车客运量。

（8）人均收入的提高，导致选择航空运输客运出行的乘客逐年增长。

（9）交通运输部对汽车客运的统计范畴的局限性，导致近几年出现的互联网客运，如"滴滴出行""网约车客运""免费购物巴士""需求响应巴士"等，都没有归口统计。

（10）"人归点，车进站""禁止站外上下车"的规定，束缚了汽车客运"门对门"运输的优势发挥。

（11）外出务工人员下降，返乡就业人员增长趋势的影响。

三 中国汽车客运产业发展趋势

经过几十年的发展，中国已经成长为汽车客运量世界第一的国家。在我国幅员广阔的土地上，形成了全世界通车里程最长的汽车运输公路网，较好地满足了人民群众不断增长的汽车客运需求，适应了我国经济社会的发展。

（1）传统汽车客运企业的经济效益和产量普遍逐年下降。从计划经济时期演变到今天的全国大型汽车客运企业，由于长期处于地区级相对垄断地位、"龙头地位"和"老大地位"，再加上人员素质、思想观念等因素的影响，一时没有跟上社会发展步伐，部分企业已经处于发展困难状态。但是，与此同时，个别思想观念创新、组织方法创新的大型国有汽车客运集团，却迅速发展壮大。这充分说明创新经营跟上时代发展非常重要。

研究发达国家的客运发展道路可以清晰地看到，由于轨道客运的绿色、低碳、高效率、环保、大运量、及时、准点、舒适等优势，在发达国家，轨道交通的大发展已经大幅减少了汽车客运的需求，替代了大量的汽车客运客源。著名的"灰狗巴士"已经走向下滑，这是发达国家汽车客运行业的缩影。我国近几年迅猛发展的轨道交通，如"和谐号""动车组"，正在沿着

这条发达国家走过的道路，迫使汽车客运市场持续下降。

（2）"网约车"、"顺风车"、"滴滴出行"、"共享汽车"迅猛发展，势不可挡。全国各地每天都在发生着客运生产要素的迅速变化，客源竞争异常残酷和激烈。

（3）汽车客运加互联网是发展的必然选择。物联网、车联网、汽车客运互联网当前发展非常迅猛。传统的汽车客运企业由于应用互联网的滞后，已经被跨行进入的"入侵者"分走了自己的"蛋糕"。必须快速反应，及时补救，发展"互联网+汽车客运"业务。

（4）汽车客运集约化经营和兼并重组是大势所趋。由于汽车客运是铁路、航空、水路客运体系中比较容易发生重特大交通事故的客运方式，因此，集约化经营，兼并重组，规范化管理，是最为有效的组织方式，也是未来的发展方向。

比如，深圳市运发集团兼并重组了深圳市交通运输公司、深圳市深华汽车运输公司；深圳市西湖股份有限公司兼并重组了深圳市中南运输集团和新国线运输公司；江西长运兼并吉安汽运、景德镇汽运、抚州汽运；安徽马鞍山汽运、黄山汽运、云南昭通汽运兼并水富县汽运和县汽车站；安徽南翔集团兼并蚌埠市运输总公司等。

（5）汽车客运企业的从业人员素质不断提高。过去的汽车客运企业，大学毕业生普遍缺少，甚至是"凤毛麟角"。如今的汽车客运从业人员，文化程度普遍大幅度提高，为汽车客运的发展奠定了较好的人力资源基础。

（6）汽车客运公司的经济结构趋于多元化。计划经济时代，汽车客运公司只有国有企业和集体所有制企业两种。如今，各种经济结构的汽车客运企业蓬勃发展，国有、集体、民营、中外合资、股份制、混合所有制的汽车客运企业遍布全国各地。

（7）城市公交企业公交车辆电动化趋势不断加快，新能源汽车市场潜力巨大。自从2008年北京奥运会期间北京公交集团大面积使用电动公交汽车以来，九年间，全国的城市公交电动汽车增长了一百多倍。到2020年，公交电动汽车保有量将达到70万辆。交通部计划，2020年我国在城市物流、出租车、公交领域，新能源汽车不少于30%。

（8）汽车客运的组织方式百花齐放，将更好地服务于乘客。"滴滴网约车""顺风车""定制巴士""专线租赁客运""共速达巴士""塔塔巴士""校车巴士""定制客运""代驾客运""约车客运""房车客运""凹凸网约车""四定班车""优点巴士""首汽网约车"等新颖、独具匠心的汽车客运形式不断涌现，汽车客运的组织方式、生产方式在"大众创业、万众创新"理念的强力推动下，日新月异，推陈出新，正发生着颠覆性的深刻变化。

（9）无人驾驶客车技术将会快速推进，实现商业化、大规模使用。经考证，有记录的无人驾驶汽车问世于1921年。2015年8月，我国的宇通客车在河南郑州到开封的城际快速郑开大道上，实现全球第一辆自动驾驶客车试运行，全程无人工干扰成功运行。

无人驾驶客运汽车，因为减少了人工的误操作，安全性提高，并减少了人工成本，提高了汽车客运的竞争力。同时，无人驾驶客车将会为杜绝人为操作造成的交通事故和违章驾驶带来可能。

（10）绿色、低碳、电动化、智能化的城市公共交通系统将会快速发展。节能减排，减少城市公共交通汽车客运的污染物排放，是科学发展观的主要内容和发展方向，也是改善人们生活环境和质量的必然选择。汽车客运系统"智能化"，则可以大大减少交通事故，降低汽车客运对环境的影响，提高道路的通行能力，提高道路交通管理水平，提高客运生产效率和经济效益。

（11）汽车客运的运输能力已经在全国多数地区过剩，汽车客运的运力短缺时代已经基本结束。特别是在北、上、广、深等一线城市，汽车客运的竞争已经"白热化"。为了争夺客源，曾经屡次发生恶性事件。在此情况下，由于连续发生多起卧铺客车重特大交通事故，国家从2012年3月1日起叫停了卧铺客车注册登记和生产，使得汽车客运企业更加困难。

（12）随着经济的发展，人民生活水平的提高，竞争的加剧，汽车客运车辆的档次向高等级客车发展。自动变速箱、铝合金钢圈、防爆轮胎、液压动力转向、自动温控空调车厢、视频播放、音响设备、航空座椅、商务座椅、真皮座椅、饮水机、安全带、主动安全防止碰撞系统、新风换气系统、自动调整座椅、CAN、DMT、ADAS、TPMS、GPS等先进技术，迅速普及。

（13）运力过剩，竞争加剧，实载率、座位利用率持续下降，必然导致汽车客运车辆向小型化、高等级、舒适化、个性化和专业化方向发展。

（14）由于环保要求越来越高，绿色、低碳、$PM_{2.5}$等理念大行其道，纯电动客车、增程式客车、混合动力客车、燃料电池客车、天然气客车等新能源和清洁能源客车需求旺盛，已经成为客车的主要发展方向。

（15）"阳光采购""廉政风暴""打虎拍蝇"声势浩大，深入人心，使得客运汽车采购普遍实行第三方招投标方式，汽车客运车辆的配置选择更加注重绿色、低碳、环保、主动安全装置和网络化装置。

（16）汽车客运向满足乘客个性化、私密化、人性化需求方向发展，新形态的汽车客运服务方式不断涌现。比如，私密化的车厢、音响设备、洗涤设备、卡拉OK设备、无线通信设备、按摩座椅等，迎合乘客不断增长的个性化需求。

四 来自汽车客运一线的调查

（一）广东粤运交通快速发展典型案例

广东粤运交通股份有限公司是以长途汽车客运为主的综合汽车运输集团。2017年4月底，粤运交通推进混合所有制改革工作成效，作为省属企业国企改革典型案例，入选广东省国资委结集公开出版的《国企改革广东样本》。

1. 粤运交通总体情况

粤运交通成立于1999年12月，2000年广东省交通集团成为其控股股东，2005年在香港联交所主板H股上市。2012年9月，按照省交通集团的战略决策部署，将广东省汽车运输集团有限公司和原广东南粤物流股份有限公司进行了资产重组，2013年8月，广东南粤物流股份有限公司更名为广东粤运交通股份有限公司。公司目前主要从事道路运输及配套服务、高速公路服务区及相关服务、材料物流服务、自有土地开发、广告等业务。截至2016年底，包括受托管理企业，公司资产总额达88亿元，净资产38亿元；所辖二级及以下控股子公司101家，参股公司27家，托管单位23家，现有员工24135人。

作为竞争性国有企业，自2004年以来，得益于广东省国资委、省交通集团的大力支持，粤运交通紧紧围绕道路运输及现代物流产业的发展战略，创新进取，在参与市场竞争中积极发展混合所有制经济，成功探索出一套"并购—整合—增长—上市—并购"的发展模式，大大提升了国有企业的竞争力、控制力、影响力和发展活力，在香港资本市场赢得投资者的青睐。

2. 粤运交通发展混合所有制经济的七项做法

（1）因企制宜采取灵活多样的并购方式。20世纪90年代后期，广东道路运输行业市场比较开放，运输主体多、散、小、弱，从业人员素质良莠不齐，线路班车实载率偏低，各企业之间无序竞争激烈，道路安全事故频发，运输企业经济效益下滑。运输企业要谋生存、求发展，通过新增线路、增加运力的老方法已经难以奏效，必须创新发展模式，激发创新活力。粤运交通从国家、广东省出台的国企改革指导意见中嗅到商机，主动谋划应对，及时提出了通过并购加快企业发展、实现转型升级的思路。截至目前，公司主导完成的混合所有制改革项目有几下几种。

2004年9月，收购肇庆汽运集团51%的股权；2007年10月，以股权收购的方式入股阳江朗日公司，实现公司控股51%，管理层和骨干持股49%；2008年10月，与佛山公交公司战略重组，成立佛山粤运公交公司；2009年10月，以无偿划转方式接收梅州汽车运输总公司100%的股权；2010年1月，收购增城运输公司51%的股权；2012年6月，与佛山三水运发公司合作成立佛山三水粤运交通公司，公司持股51%，非公资本持股49%；2012年12月，与河源汽运集团等合作设立河源粤运公司，公司持股51%，河源

市国资委持股40%，管理层和骨干持股9%；2014年8月，以增资扩股方式入股清远汽运，公司持股62%，清远市国资委持股30%，管理层和骨干持股8%；2014年9月，收购韶运集团57%的股权；2015年1月，收购汕尾汽运51%的股权；2016年9月，以无偿划转形式承接潮州市粤运汽车运输有限公司100%的股权。

在推进上述项目并购合作过程中，粤运交通充分发挥省属企业、市属企业、民营企业各自的优势，实现粤运交通公司控股、地市国资参股、管理层和骨干持股、民营主体积极参与的股权多元化混合所有制经济，激发了企业活力，提高了国有资本配置和运行效率，实现了相互促进、取长补短、共同发展的目标。

(2) 完善企业法人治理结构。严格按照《公司法》的要求，建立了股东会、监事会、董事会、经营班子相互制约、相互依赖的治理结构，实现了企业的规范治理，有效解决了合作企业之前长期存在的缺少内部制衡、工作效率上不去等问题。控股公司的董事长或总经理、经营部门负责人、财务总监、财务经理等核心岗位由粤运交通委派，确保了公司发展战略和各项规章制度的贯彻执行到位，同时通过资金的统筹管理，确保了企业资金的利用效率和安全性，使并购企业的战略管控和财务管控得以顺利实现。

(3) 建立健全激励约束机制。为焕发企业生机活力，在推进混合所有制改革过程中，粤运交通全面推行管理层和骨干持股，一改以往"干好干坏一个样"的大锅饭局面，有效激发了管理层及核心骨干的工作积极性。同时，对管理层还实施了"基本薪酬+绩效薪酬+任期目标薪酬"的激励方案，完成考核任务的管理层才可拿到全部绩效工资，完不成的按规定扣除相应绩效工资；超额完成经营考核任务的，超出部分按一定比例作为奖金发放给管理层。

(4) 实施"五统一"标准化管理。公司结合"粤运"品牌影响力、遍布省的站场及网络、成熟的行业管理经验、上市公司融资等优势，在新并购企业全面实施"五统一"标准化管理：统一管理规程、统一采购、统一技术标准、统一车辆维修和统一保险，使采购成本、保险费用、油料消耗、维修成本以及线路车辆利用率等,均达到同行业较优水平。通过对新并购企业实施"五统一"标准化管理,切实降低了企业经营成本,大幅提高了市场竞争力。

(5) 狠抓流程再造,防范经营风险。在管理模式上,粤运交通实施母公司与新并购属地公司"双重控制",将综治信访维稳、党建、安全生产、工会、计划生育等工作保留在属地公司管理,而人力资源、财务管理、投资方向、业务经营等职能则由母公司主管。

(6) 加强企业品牌管理建设。从2010年开始,粤运交通在"中国道路运输百强诚信企业"排名中一直名列前四,在2016年中国道路运输协会发布的"百强诚信企业"中名列全国第三。目前,包括站场、长短途快车、公交、快件、维修、便利店、能源等业务的"粤运"品牌体系基本建立。

(7) 注重内部资源整合及协同。面对市场竞争,依托自身优势资源和信息技术的发展,粤运交通积极寻求企业的转型升级之路,不断加强内部资源协同,沿着现有运输产业链拓展"网上飞巴士速递"小件快运、"粤运乐驿"便利店、"粤运能源"、汽车后服务产业、旅运结合等新兴业务,挖掘土地商业价值,延伸产业网络价值链,培育新的发展动能。

3. 粤运交通发展混合所有制经济的成效

通过混合所有制,粤运交通将省属企业、地方国资和企业经营层的各方利益相互兼容,有效地推动了对地市运输资源的整合,目前初步构建了覆盖粤港的道路运输网络和体系,拥有分布于粤港地区的站场105个、营运车辆9336台、客运线路1850条,每年为1亿多人次提供出行服务,涉及出租车、跨境运输、城市公交、站场、长短途客货运和农村客运等多项业务,形成较为完整的产业链。

数据显示,粤运交通"十二五"累计实现营收397.91亿元,比"十一五"增长9.31%;"十二五"末总资产83.82亿元,比"十一五"末增长31.07%;净资产35.49亿元,比"十一五"末增长45.69%;归属于母公司所有者的净利润2.85亿元,比"十一五"末增长117.56%。粤运交通省内市场份额上升至15%,成为省内道路运输首屈一指的龙头企业,十年来年资产平均增长率9.7%,营业收入平均增长率约15%,净利润平均增长率约12%。

另外,粤运交通2016年道路客运班车未发生较大及以上道路交通事故,百万车公里事故率同比下降63.73%、死亡率同比下降66.75%、受伤率同比下降83%、经损率同比下降48.04%,远远低于行业指标值,保持较优水平。

(二)深圳巴士集团股份有限公司典型案例

深圳巴士集团经过多年的快速发展,成为中国乃至全世界纯电动公交推广最快、规模最大、运行最好的公交企业,是一个值得总结和分析的典型案例。

1. 深圳巴士集团的基本情况

深圳巴士集团股份有限公司是深圳市政府授权的公共汽车特许经营国有控股企业,成立于1975年,是以公共交通运输为主业,以广告、旅运、房地产开发、物业管理、新能源、智能交通等业务为支持的专业化、规模化、现代化产业集团。

目前,深圳巴士集团共有营运车辆9729辆,其中公交车5670辆,的士3765辆,旅运63辆,跨界车辆81辆,租赁车辆84辆,网约车66辆,员工23747人,自有产权场站25个,占地面积23万平方米,已建充电桩746个,一年用电量为3亿度,车身广告4860台,车亭广告324个,车载移动电视6405台,LED广告屏1517台,年均客运量7亿人次,运营里程4.5亿公里,日均客运量200万人次。

深圳巴士集团的三大战略愿景是打造成为全球最大的新能源公交运营企业,中国规模最大的公交产业集团之一,中国市场化智能化程度最高的公交企业。

2. 纯电动公交的发展情况

深圳巴士集团纯电动公交的发展经历了示范运行、适度推广、全面推进三个阶段。2009年深圳巴士集团入选中国"十城千辆"工程，开始新能源公交示范运行，值得注意的是当年的新能源车辆是混合动力车，并不是纯电动公交车。第一次使用纯电动公交车是在2011年，当年仅有101辆纯电动公交车，是在世界大学生运动会期间投放的。从2013年至2015年，深圳巴士集团经历了适度推广阶段，这一阶段投放的纯电动车辆并不多，截至2015年底，一共有纯电动车辆519辆，与2011年对比仅增加了418辆。从2016年开始，深圳纯电动汽车进入全面推进阶段，在深圳市政府的大力支持下，2016年深圳巴士集团全年投资12.6亿元用于纯电动公交购置，并在2017年6月底实现公交全面电动化，年底将拥有纯电动公交车5674辆，纯电动车占到公交总数量的100%。

纯电动公交最重要的配套设施就是充电站，深圳巴士集团在推广纯电动车辆之初就引进了专业的充电服务运营商，2010年完成行业内第一座非电网企业建设的充电站，2011年底构建了行业内第一个微型充电示范网络，涵盖充电站12座。2016年深圳巴士集团实现了一个"网式快捷充电模式"的创新技术，荣获了"全国交通企业创新成果二等奖"，实现了一桩多充、用足谷期电价、充电不移车、柔性充电等方式，降低充电成本和投资成本，并使充电桩车比提高到1:5，远高于社会平均值1:3。目前，深圳共有100多座集中式充电站，基本满足在用新能源车辆充电需求，未来总体将达到200座，满足15000辆纯电动公交充电需求。

3. 深圳纯电动公交运营管理经验

（1）政府推广扶持力度大，推广效果规模广。

中国是全球最大的纯电动公交车市场，除了纯电动车具备零排放、能源利用率高、噪声小、维修成本低等优势外，最主要的还是中国政府推广扶持力度大。以深圳为例，该市陆续出台了一系列推广纯电动汽车的政策与具体措施，主要包括：深圳市2015年11月发文要求2018年底全面实现公交电动化；公交企业在购买纯电动汽车时享受国家的优惠政策，大大降低企业的车辆购置成本；鼓励和支持社会资本参与建设运营充电设施，对集中式充电设备投资给予政策扶持；纯电动公交车在完成规定年度营运里程的6万公里/年的前提下，将享受每台车每年一定的运营补贴，有效降低企业纯电动公交运营成本。

（2）探索和优化可持续发展模式。

在纯电动车辆推广的初期阶段，电动车辆技术不成熟、运营模式不完善，存在很多问题。基于这种认识，深圳巴士集团从一开始就积极探索市场化运作模式，通过商业运作的手段，将企业需要承担的风险降至最低，并成功解决了建设充电桩与车辆购置的资金压力，以及动力电池维护保养等难题。其间主要经历了两个阶段（模式）。

一是"车电分离、融资租赁、充维结合"模式。该模式成功运用在2011年深圳巴士首批101辆纯电动大巴的投放运营中。"车电分离"是指将动力电池和裸车的价值分离，深圳巴士购置裸车，充维服务运营商购置配套电池；"融资租赁"是指深圳巴士以融资租赁形式购置新能源车（裸车），向融资机构分8年支付本息，从而解决了资金压力问题；"充维结合"是指深圳巴士采取充电和维护外包的形式，由充维服务商总体承包并负责动力电池的充电、维护及废旧回收。实现优势互补。这种模式有效解决了车厂、充维服务商、公交企业三者的风险和成本控制难题，但公交企业没有获得纯电动公交运营的油电差价利润空间（由充维服务商获得）。

二是"专业化分工合作"模式。随着纯电动公交车技术的进步，深圳巴士集团实施了"专业化分工合作"模式，由客车生产企业销售车辆并提供电池、电机、电控等"三电"核心零部件8年质保，由第三方专业运营商按一定服务费提供充电服务。这样既能保持"融资租赁、车电分离、充维结合"模式的优点，又能让公交企业获得纯电动公交运营的油电差价利润空间，一定程度上享受技术进步的利益。这种模式责任明确、产权清晰，较前期模式有较大进步。

（3）企业精细化管理，提高车辆使用效率。

新能源客车是新事物，为提高纯电动公交的运营效率，确保公共交通服务水平，深圳巴士采取了多项精细化管理措施，包括："一线一营运方案"；"夜间充满电，白天快补电"策略；智能调度系统与纯电动车辆监控系统相结合；探索各类纯电动车辆新技术，不断优化车辆技术配置；强化一线员工在全面电动化业务转型方面的岗位适应性实操培训；等等。通过精细化管理，深圳巴士集团的纯电动客车日均行驶里程达到190公里，使用效率从最初的60%提高到现在的90%以上，使用效率是常规大巴的93%，单车年运营里程超过6.5万公里。

B.8
大众旅游时代对旅游客车市场带来的新变化

陈静仪[*]

摘　要： "大众旅游""移动互联网""新的旅游方式"等关键词催生的旅游行业变化，正引导着旅游客车用户结构的改变。以往以旅游公司、旅行社为主导的旅游客车市场，正向以政府、景区、在线旅游平台和旅游地产集团为主导的旅游客车市场转变。在诸多旅游新兴业态面前，旧有的旅游客车市场变革在所难免。"过去的人随车走，如今的车随人走"，对于这一具有变革意义的挑战，谁能胜出，取决于其洞悉和把握时代脉搏的能力。

关键词： 大众旅游　游客驱动　自由行　旅游客车

一　"有钱、有闲、有交通"，中国进入大众旅游时代

2016年全国"两会"，李克强总理"要迎接正在兴起的大众旅游时代"的铿锵之声，让旅游业兴奋不已。

为什么国家要在此时高调提出"大众旅游时代"？其实与这样的事实有关：2015年中国全年国内生产总值（GDP）67.67万亿元，在世界排名第二

---

[*] 陈静仪，中国客车专家，资深媒体人。

位，人均GDP超过8000美元。从美国的经验看，工业化和生产效率的提升，人们所拥有的财富在不断增长，消费者会花费更多的钱来购买旅游度假服务。这在一个国家的人均GDP达到8000美元时，会发生明显的转变：目前美国人已有1/3的时间、2/3的收入、1/3的土地面积用于旅游休闲，并创造了全国超过一半人数的就业。

而现在，中国旅游业就走到了这一特殊的时刻。根据国家统计局对全国16万个城乡居民家庭的抽样调查，我国居民人均可支配收入已由2010年的12520元提高到2016年的23821元。目前，我国已确定法定节假日11天，居世界中等偏上水平。此外，全年还有双休日104天左右。

钱袋子鼓了，时间也有了，于是，旅游日益成为老百姓一种常态化的生活方式，这一现象无疑促进了旅游业的发展。2016年，我国国内旅游44.4亿人次，出境旅游1.22亿人次，国内旅游人次、出境旅游人次和国内旅游消费、境外旅游消费均列世界第一位。2016年，我国人年均出游率3.2次，而10年前我国的国民人均出游率还不到1次，不知不觉中，大众旅游时代已悄然而至。这只"旧时王谢堂前燕"，已经"飞入寻常百姓家"。这无疑是"大众旅游时代"的最好注解。

然而，"有钱""有闲"，并不能真正实现"说走就走"的"大众旅游"，旅游大众化的实现还要有一个关键要素，就是交通。2016年，我国高铁运营里程突破2万公里，占世界总里程的60%以上；通航城市214个，高速公路总里程13.10万公里。在中国交通立体构建的规模中，缩短的时空使"说走就走"变得现实普通。

"有钱""有闲""有交通"，激发了老百姓看世界的热情，当这种热情变成庞大的规模，旅游产业就成了拉动国家经济的引擎，也成了拉动交通运输业发展的引擎。国家旅游局发布的《中国旅游发展报告（2016）》显示，旅游对交通运输业增加值的拉动贡献超过80%，比交通运输业对旅游业增加值50%的贡献多30个百分点，其中，旅游对民航运输及辅助服务贡献超过90%，对铁路运输及辅助服务超过80%，对水上运输及辅助服务贡献超过30%，对公路运输及服务辅助贡献超过60%。换言之，过去是交通运输拉动旅游业经济增长,如今则是旅游业拉动交通运输经济增长。

旅游业与交通运输如此密切的关系,使我们不得不关注大众旅游时代所呈现的游客出行特征,因为他们的需求将决定旅游客车市场的未来。

(一)旅游进入新时代,"方便、自由"成为游客出行特征

中国进入大众旅游时代,一个最显著的变化就是游客在国内旅游时更倾向于选择自由行。2016年底蚂蜂窝旅行网联合中国旅游研究院共同发布的《全球自由行报告2016》显示,随着国内交通便利化和景点规范化的不断提升,中国游客在国内旅游时更倾向于选择自由行,2015年全国国内旅游人数超过40亿人次,其中自由行人数达38.6亿人次,占比达96.5%;出境游方面,2015年中国出境旅游人数达到1.17亿人次,其中出境自由行人数近7313万人次,占比62.5%。预计2016年中国国内自由行人数将进一步达到近40亿人次;出境游自由行人数将达到7993万人次,超过北上广深人口总和。

团队游客,通常是按照旅行社规定的路线,在导游的带领下到旅游景点旅游。相比传统的观光旅游团,自由行群体停留时间长、出游频率高、消费能力强、休闲度假特色鲜明,更愿意自由深入体验目的地风土人情。他们还更习惯于错峰出行、青睐在线旅游预订。《全球自由行报告2016》认为:中国人年均出游次数增加,自由行越发"常态化",人们也开始对自由行品质提出更高的要求。2016年中国自由行市场的增长、短途旅行的次数增加、日趋理性的旅行方式、对品质要求的提升、分享与互助的意愿增长等多方面特点,均体现出自由行"刚需化"的趋势。

随着自由行散客自主意识和自主能力的不断增强,外部约束条件的降低以及旅游供给的增加,消费主权真正从供给者向消费者转移,旅游的方式正由团队主导型向散客主导型转变。目前,游客的旅游已形成以下几种方式。

1. 散客包价旅游

这是指旅游者根据和旅行社一同制订的旅游行程计划进行的旅游,这种旅游要依托旅行社来完成,与团队旅游相同的是通常也采取一次性预付旅费的方式,其包价服务项目也基本相同。不同的是,旅游行程计划完全是由旅

游者自行来制订的，旅游者的自主性比较明显。但在旅游活动实施过程中，游客的随意性和灵活性相对较差。

2. 小包价旅游

这种旅游也称为"选择性旅游"，通常是指旅游产品中的住房及早餐、机场（车站、码头）至饭店的接送和城市间的交通由游客委托旅行社来完成，其费用由游客在旅游前预付，其他的旅游项目如导游服务、午晚餐、参观游览购物等可由游客自由选择，其费用可由游客旅游前预付，也可现付。

3. 组合旅游

旅游者自行从旅游客源地分别前往旅游目的地，在旅游目的地组成旅游团，按当地旅行社事先的安排开展旅游活动。旅游者将在旅游目的地的游览项目委托给当地旅行社，其他如住房、城市间交通等都由游客自行解决。

4. 全自助游

这种旅游方式通常不与旅行社形成委托关系，旅游者自行前往旅游目的地，根据自己的旅游行程计划安排旅游活动。其突出的特点是旅游的灵活性和自主性强，对旅游产品的购买是"随走随买"。

在这种趋势下，出现了一种值得关注的现象，《2016年交通运输行业发展统计公报》显示，铁路、民航全年完成的旅客发送量均比上年增长两位数；公路完成的营业性客运量，却比上年下降了4.7%。公路营业性客运量的下降，从另一个侧面说明，旅游大巴团队游的功能正在衰退，旅游客车价值链正向旅游景区、旅游集散中心、城市观光转移。在转移过程中，以往呈现的点状辐射、近程为主、季节反差、畸冷畸热的客源流向，随着越来越多的高铁的开行发生改变，陆续出现以高铁为主干、以停靠站点为集散地、以沿途周边为辐射的客源流向新格局。过去罕有人流的中小城镇和中西部地区，在旅游客源顺势而动下，迎来了大量的客流，并快速影响当地旅游市场开发与目的地建设。

在这种旅游客源重塑的新格局下，具有走马观花长途性质的旅游客运逐渐式微，适合小团体、方便快捷的旅游中巴开始兴起，兼备旅游功能的公交车开始在集散地出现。

（二）千禧代牵出新的旅游消费习惯，旅游交通数字化已成必然

"跟团游太糙，背包游太累，自由行刚刚好。"引领这场旅游观念变革的，是逐渐掌握话语权的"80后"和"90后"。早在2015年，去哪儿网发布的国内旅行者出行习惯行为报告就显示：在消费者年龄段中，22～30岁年龄段出行占比最高，有一定经济基础的"80后""90后"已成为旅游出行的主力。

"80后""90后"，被世人称为千禧一代。他们在一定程度上是独特的，因为在人们定义许多数字变革技术时，他们已经成年。他们伴随着各类社交网站、TripAdvisor（旅游网站）和Airbnb（民宿网站）的诞生而成长，因此他们更熟悉社交网络、同业评审和用户到用户旅游服务。千禧一代更喜欢也最擅长使用这些网络技术。

他们充分利用闲暇之时旅游，并在网上发表旅行中所见所闻及其感受和体验，供其他的网友参考。同时他们也利用网上的旅游攻略、交通和住宿信息的点评，根据时间、成本、景点制订出最佳的旅游方案，并通过移动互联网将原本复杂的旅行购买过程，用轻敲手指的方式解决。

从手机屏幕中显示的二维码登机牌，到App预定的接机专车；从利用地理定位而选定最便捷舒适的酒店；多种基于数字技术的旅行对于千禧代简直是"Easy"。中国互联网络信息中心统计数据显示，截至2016年6月，在网上预订过机票、酒店、火车票或旅行行程的网民规模达到2.99亿人。其中，手机预订机票、酒店、火车票和旅游度假产品的网民规模达到2.62亿人。这种趋势，促使传统旅游业加速线上线下的融合。在千禧一代的带动下，前几代人也在以前所未有的速度熟悉数字渠道——在线搜索、预定旅游服务，并使用App应用来管理和规划整个行程。

这一趋势的出现，使交通出行在资源端数字化进程中首当其冲，首先是航空业，紧接着是高铁，如今旅游巴士也在接受信息化的挑战。电源接口、Wi-Fi成为旅游客车的标配，旅游巴士信息查询及售票也以App形式进入个人手机……千禧一代引导的"手机依赖"，正无孔不入地向旅游客车袭来。

（三）大众旅游时代所呈现的游客出行特征

"我想去农村采摘""我想带孩子去主题公园娱乐""我想到新疆的喀什看日出"……

旅游自我意识的觉醒，使越来越多的人不再是简单地去寻找陌生旅游景区的新鲜感，而是选择一个可以放松心情，自我潇洒、其乐融融的旅行。旅游个性的多样性，使农家乐、主题公园、温泉度假等的旅游越来越多地出现在人们的视野。

越来越多样性的旅游目的地，以及公交化和网络化的交通，不仅实现了"快旅漫游"，也将"长游变为短游"。两三日的周边游、周末游成为人们生活中的一种常态。比达咨询报告显示，2016年国内在线周边游市场出游人次为18951.6万人次，市场规模达219.4亿元，同比增幅分别为45.7%和38.7%，高于在线旅游市场的整体增幅。

在周边游最旺的长三角地区，经常会出现旅游大巴不够用的现象。常州、无锡、苏州旅游汽车公司常常要从安徽等地调车过来应付大巴不够用的情况。值得注意的是，银发族也偏好周边游。"有时间、无负担"，银发族更适合说走就走的旅行，他们选择淡季错峰出游，避免与上班族们扎堆。携程《国内老年人旅行行为分析报告》显示，超过65%的老年人偏好周边游，北京、上海、杭州、大连、苏州、洛阳、桂林、无锡、深圳、南京为老年游客群体最爱去的十大热门目的地。这与上海、广州两地及周边二线城市的老年游客更爱周边游有着直接的关系。而2016年旅游客车市场的统计数据也充分显示了这一点：东南部沿海经济发达地区是旅游客车销售量最大的地区。

错峰游、周边游的日益出现，使往日令旅游客运企业最为头痛的淡旺季现象得到了缓解。旅游客车的停驶率不仅得以降低，而且更有利于旅游客车的更新换代。不仅如此，周边游在网状式交通以及公交化高铁的带动下，还在悄然改变旅游客车的运营模式。过去，乘坐旅游客车的乘客多由外地旅行团游客组成；如今，旅游客车的乘客或是外地游客在当地报名组团而成，或

是乘旅游客车专线前往目的地。这一趋势的出现,加大了市场对中型客车的需求。在提高旅游服务水平的今天,35人团是导游可控的人数,一般精品团是23~25人。在讲究方便、自由的自由行发展中,中型车灵活、易调配的特点就显露无遗。在调查中,客车生产企业都认为,未来中型车将是旅游客车市场的主要力量。

二 大众旅游时代,游客驱动的旅游客车市场采购主体的变化

大众旅游时代的到来,以及快如闪电的交通和移动互联网发展,使游客的出行特征发生了根本性转变。自主意识的觉醒,消费能力的提高,使游客从未像今天这样对旅游客车市场具有强大的话语权。"方便、自由"等出行关键词,不仅让旅游客运"车随人走",而且驱动着旅游客车运营模式和采购主体的变化。

在这种趋势面前,我们不仅要洞悉游客的出行特征变化,而且要分析游客出行特征变化后,旅游客车市场组织结构模式所发生的变化。

(一)游客"行"的体验使景区车持续增长

2016年,旅游客车在连续两年旅游客车更新潮的大幅增长中,继续以4%的态势增长。尽管这4%看上去似乎并不亮眼,但在夕阳已至的传统客车市场已实属不易。在推高的市场增量中,一个重要的细分市场起了关键的作用——景区车市场。景区车,顾名思义就是为景区客运服务的车辆。而景区车市场主要由景区内用车和景区直通车组成。

近几年,中国旅游市场蓬勃发展,据世界旅游业理事会(WTTC)最新测算,中国旅游产业对GDP综合贡献率达10.1%,超过教育、银行和汽车产业。据国家旅游数据中心测算,中国旅游就业人数占总就业人数的10.2%。旅游业对经济和就业的拉动作用,越来越受到地方政府重视,开发旅游景区,提升景区功能,让游客行好、吃好、玩好、休息好,成为地方政

府规划旅游产业的目标。在这一目标指导下，越来越多像四川九寨沟式的景区被复制出来。

到过四川九寨沟的人，一定对该景区客运封闭式管理、门票车票一票制的做法印象深刻，这种既方便游客又安全、环保的交通方式，逐渐在3A级以上景区盛行。2016年底中国旅游研究院发布的《中国旅游景区发展报告（2016）》显示，2015年底，全国A级景区超过7000家，其中5A级、4A级景区共1500多家。

旅游景区自己组建车队模式的兴起，改变了运输业经营管理旅游客车的业态，旅游景区成为客运的管理者和购买者。不仅如此，为提升服务，旅游景区还将客运的业务范围扩大至景区之外的火车站、机场和车站，以直通服务方式将游客直接接至旅游目的地。

传统景区客运服务升级，新增景区将游客"行"的体验纳入服务范畴。以景区为核心的景区车和景区直通车市场在这一背景下，如火如荼，成为拉动旅游客车市场增长的主要力量。据了解，九寨沟旅游景区的自有车辆已达3000多辆，周边地区的客车运营也有几千辆。5A级、4A级景区已构成旅游客车市场庞大的用户群体。不少客车生产企业认为，景区车和景区直通车还将在未来几年继续领涨旅游客车市场销量。

（二）因散客而起的旅游集散地，让旅游客车市场感觉不同

大众旅游时代，快如闪电的公交化高铁，日新月异的移动互联网技术，使游客越来越偏好说走就走的无拘无束的自由旅行。2017年8月，国家旅游局发布的《2017年全域旅游发展报告》就给出了这样的数字：在出游方式上，散客化趋势显著，游客自助游超过85%。根据《2017年全域旅游发展报告》给出的权威数字来计算，2016年我国国内游达44.4亿人次，散客就达37.74亿人次。巨量的散客出游与团队出游最大的不同，在于他们不像旅游团那样有周到的事先安排和导游员的全程引领，以及专门的旅行车接送往返旅游目的地；他们需要自行安排并主要依赖城市旅游综合服务体系完成自己的旅游活动。

于是，旅游集散中心作为一项城市的旅游基础设施和新兴的旅游运作方式，应运而生。旅游集散中心的功能是在整合各旅游要素的基础上，搭建旅游销售平台，每天定点发送旅游班车，方便游客出行。游客可以在集散中心任意选择、组合旅游线路，自主安排旅游行程，使游客真正享受到自助旅游的乐趣。

基于此，旅游集散中心开始在中心城市、旅游城市涌现，截至2016年底，全国旅游集散中心达2500个。围绕着这2500个集散中心，旅游客运的方式也是百花齐放，各不相同。最早出现的上海旅游集散中心是由政府直接主导的旅游工程，其开通160条旅游线路，可到达周边地区250个旅游景点。游客"无须预约，随到随走"，并可在市内联网机构或通过相关网站购买门票。客运车队通过合约招标组成。竞标企业一般由市内的旅游客运和公路客运企业组成。在全国向上海学习中，许多城市也采取了政府直接主导的方式。

旅游客运企业、公路客运企业，再加上公交公司，是大城市和老牌旅游城市集散中心运送游客的运营主体。这几年公路客运在高铁的冲击下转型，许多大型的公路客运企业利用自有车站资源的优势，将站点作为集散中心的一部分开始向旅游客运转型。由政府直接主导的集散中心对客车市场最大的好处是，改变了以往旅游客运挂靠式、分散化经营的模式，向集约化、集团化模式转变。

不过，这部分城市的集散中心大多利用原有的客车资源，对旅游客车市场的贡献率不如近几年因高铁而崛起的旅游城市贡献大。以福建南平为例，为了让高铁旅客快速、便捷、舒适地换乘到武夷山各景区，南平市出台了《南平市迎高铁道路旅客运输组织工作方案》，根据此方案，南平武夷交通发展有限公司分别开通了高铁武夷山东站至武夷山景区（或三姑度假区自游小镇）和建阳城区汽车站2条公交专用线，并分别各投放了40辆公交车。接驳公交车发车间隔时间约为15分钟，实现高铁与游客旅游目的地的无缝对接。为了方便游客，这40辆公交车配有专门的行李舱。在安徽黄山，为了构建旅游集散地，实现景点与高铁间的无缝对接，当地政府在黄山北站开通 11 条旅游客运专线，并新投放公交车 20 辆，让游客乘高铁来黄山旅游进得来、出得畅，以实现道路运输与高铁、航空、市内主要景区景点等综合交通的有效衔接。

（三）投资热席卷旅游业，带来了资本，也带来了决策者

中国正成为旅游消费大国，消费的热情在大众化、常态化的浪潮中继续增长。基于这种态势，旅游业站在了投资风口。2017 年 5 月，国家旅游局发布了《2016 中国旅游投资报告》，报告显示，在我国经济下行压力加大的情况下，全国旅游投资继续保持逆势上扬的态势，成为社会投资热点和最具潜力的投资领域。2016 年全国旅游业实际完成投资 12997 亿元，同比增长 29%。其中，旅游景区项目投资继续增加，实际完成投资 7371 亿元，占全部旅游投资的 56.7%，比重最大。旅游基础设施类投资 1122 亿元，占全部旅游投资的 8.6%，同比增长 19.8%。

值得注意的是，不仅是旅游业的大佬，其他领域大佬的资本也纷纷流向旅游业。互联网企业前 10 位中有 9 家投资旅游业，5 年累计投资达 350 亿元。房地产企业前 5 位全部投资旅游业，投资额达 1.7 万亿元。国美、苏宁、中粮等传统企业也纷纷试水旅游业。

在资本热潮中，旅游小镇、旅游度假区、主题公园、全域旅游景区等不断涌现。在浙江省政府首批公布的 60 个特色产业小镇中，有 15 个旅游小镇全部按照 5A 级旅游景区标准创建。而主题公园更是在 2020 年人次总量保持每年 11.72% 的复合增长率、达到 2.21 亿人次的预测展望中高速增长。仅 2015 年，国内就有 21 个主题公园开张，另有 20 个在建。新的主题公园和旅游小镇的出现，带旺了直通车和旅游公交专线的需求。像上海迪斯尼乐园这样的大型主题公园，也拥有自营的车队。

在旅游投资中，最引起社会关注的是政府和社会资本合作，共同建设城市基础设施项目或提供某种公共物品和服务。通过特许经营、购买服务、股权合作等方式，与社会资本建立利益共享、风险分担及长期合作关系的 PPP 模式。不久前，华侨城集团就与云南省政府建立了这种关系。云

南拥有神奇壮观的景色，比如，阿者科、哈单普等原生态哈尼村寨、被列入世界文化遗产的哈尼梯田虽闻名遐迩，却因交通不便、基础设施建设缓慢而少有游客，每年的游客接待量不过十几万人次。云南有很多这样的旅游资源，但"巧妇难为无米之炊"，资金的匮乏使这个边塞省份只能守着大好的资源兴叹。旅游地产大鳄华侨城以 PPP 模式介入云南的旅游开发，不仅解决了哈尼梯田交通和基础设施落后的问题，还以当地的人文风情，打造让游客吃好、玩好、休息好、游得好的旅游胜地。这种介入建设和管理的方式，使华侨城当仁不让地成为运营车辆的管理者和决策者。类似的景区开发还有很多，比如四川的海螺沟景区和龙门山景区等。PPP 模式在旅游业的盛行，带来的不仅是全域化的旅游景区，也带来了旅游客车市场新的决策者。

（四）"手指"旅游加速在线平台进军客运业

在自由行越来越盛行的时代，旅游业的业态面临挑战。2017 年元旦刚过，英国金融时报就发表了《下一批面临科技威胁的行业》的预测，排在首位的是旅行社。文章阐述，未来 5 年到 10 年，实体旅行社将在科技挑战下缩水甚至彻底消失。原因就是更多旅行者选择网络预订。

在这种趋势下，世界著名的咨询公司纷纷著文发表观点。罗兰贝格咨询公司在《旅游 3.0：数字化旅行变革时代中的应对之道》中述说这样的观点：旅行从端到端的全环节数字化变革正在快速发生，交通出行与酒店住宿作为旅行中两大最基本环节，在资源端数字化进程中首当其冲。

实际上，冲击已经来临。2016 年中国在线旅游市场持续扩大，艾瑞统计数据显示，2016 年中国在线旅游市场交易规模达 6026 亿元，同比增长 34%，预计 2019 年中国在线旅游市场交易规模将超万亿元。据来自中国携程的消息，携程景区直通车上线，迄今已运行一年。景区直通车已经覆盖全国 1.6 万条线路，预计到年底，服务人次将突破 100 万人次，交易额也将达到 1 个亿。此说法也许有夸大的成分，但线上旅游平台纷纷布局旅游客运却是一个不争的事实。同程、途牛、驴妈妈等都先后涉足旅游客运领域。

中国是移动互联网大国，也是国内游人数最多的国家。在国内使用智能手机的人数已达八亿人至九亿人；2017年上半年，国内旅游人数25.37亿人次，比上年同期增长13.5%。而在这庞大的人群中，自由行的游客占其中的85%。可以说，"自由行"和"移动互联网"撬动了在线旅游交通市场。机票、火车票、汽车票都是十分标准化的产品，在互联网渗透率提升中扮演了极为重要的角色。随着中国网民移动支付习惯的逐渐形成，其标准性及相对不高的单价，方便在移动端购买。

为此，许多线上旅游平台开始将目光定格在旅游客运上。驴妈妈旅游网就认为，巴士与旅游融合的市场空间非常大，这主要源于高铁和飞机的限制。目前，国内80%的景点周边是没有高铁和机场的。比如，前往千岛湖景区的游客以上海居多，以往坐高铁到杭州，再转汽车两个小时才能到千岛湖景区；如果从上海自驾到千岛湖，也需要4个小时左右，身体非常疲惫，出游体验不佳。因此，驴妈妈旅游网在景区和酒店的套餐产品上搭配大巴的资源，并在上海市区布局多个出发点，解决了游客前往千岛湖景区旅游出行的痛点。

于是，在线旅游平台纷纷以App开设景区直通车版块。通过搜索景点找到所在城市到达该景点的直达车，并通过手机下单、支付，非常方便快捷。不少平台还开辟了酒店+门票+车票产品，或门票+车票产品。在途牛景区直通车平台，用户可提前购买两个月内的车票，个别景区支持购买两个月以上车票。不仅如此，直通车上还配有专业导游，随行讲解，价格相较于自驾游低很多。正因在线旅游平台对游客出行的影响越来越深，不少旅游集团也开始加速线上线下的融合。

尽管目前线上旅游平台才刚刚涉足旅游客运，但它们的力量不可小觑。这一新兴力量在旅游客车市场的渗透，将至深地影响着市场。在线旅游平台经过多年的盘整，已掌握了丰富的旅游产业资源，游客的体量大，影响力大，游客海量的数据已使它们可以盘活旅游巴士资源，同时这些数据也可以分析旅游客车市场的趋势。

客车蓝皮书

三 制胜未来，客车企业需洞悉旅游客车市场新变化

对于大众旅游时代所呈现的旅游客车市场端的变化，不少客车企业已有洞悉。2013年，宇通根据市场的变化成立了景区车市场部，研究、分析交通生态发生变化后，如何让旅游客车在游客方便快捷的出行中，作为游客交通价值链节点融入大的交通系统中。宇通从两方面着手，一方面，根据景区多在山林，景区路况复杂、盘山的特点，推出了山岳版旅游客车的解决方案。该产品目前占到了宇通景区车销量的80%；另一方面，利用宇通在旅游方面的资源和经验，为景区客户分享其他景区的成果和教训。宇通对旅游业发展态势的判断，使其景区车每年以20%的速度增长。2015年，宇通景区车销售800辆，2016年销售1200辆，2017年预计销售1300辆。

2016年，投资55亿美元的上海迪斯尼乐园开门迎客。迪斯尼进驻上海，激发了社会和旅游业对主题公园的热情，在这股浪潮中，客车业成为了受益者。苏州金龙就是其中的一个。在迪斯尼乐园景区，有40辆车头印有迪斯尼特色形象的Micky Mouse客车，行驶在迪斯尼景区。这是迪斯尼主权方与苏州金龙共同设计的景区接驳车，供景区内游客周转各个景点。该车除了以梦幻、卡通烘托迪斯尼快乐氛围外，另一个特点就是环保，采用插电式混合动力新能源客车。

上海迪斯尼开张，除了景区内部的客车需求外，外部也形成了另一种客车需求——机场至迪斯尼的直通车以豪华的阵容开场，16辆斯堪尼亚·海格"统领"高档客车服务于两者之间的游客。

偏安一角、旅游资源丰富的福建，在高铁的带动下也迎来了旅游发展的高潮。地属福建的厦门金旅，亲眼目睹了以高铁站为核心的集散中心给旅游客车市场带来的变化。武夷山是国家5A级景区，高铁开通，大量的散客涌了进来。为了让游客自由方便，南平市政府建起了旅游集散中心，让游客乘兴而来，乘兴而归。为了方便游客，快速组织游客到达目的地，南平市特地采用了配有专门行李舱的40辆金旅大型高一级旅游版公交车。对于旅游客车市场的未来，金旅的观点是，农家乐将带火周边游和周末游市场；农村旅游的火爆，不仅将使中短途客运下沉，新的接驳车也将出现。

　　大众旅游时代，也是个性化时代。市场需求所使，冰雪游、沙漠游等个性化旅游相继出现，如何应对这些细分市场的需求，福田欧辉客车在洞悉中寻找自己的答案。在沙漠中如何让仪表、反光镜可视，如何让行李防尘；在冰天雪地中如何让车内温暖如春，如何让玻璃窗不结冰……如此种种"车随人走"的个性化考虑，才会有旅游客车市场未来的机会。福田欧辉不仅看到了这些细分市场的机会，还看到了另外的机会：新能源客车在大面积替代传统公交车后，开始向旅游领域渗透。一些旅游城市为了留住游客，启动"景区+演艺"的项目，河北承德市就采用纯电动客车搭载游客去看演出。福田欧辉认为，很多旅游城市都有类似的演出，出于环保和短距离行驶的需求，纯电动客车会成为这类市场的交通服务产品。

B.9
2016年城市交通智能化发展报告

张 凡[*]

摘 要： 本报告反映了2016年度城市交通智能化发展状况，分为概述、智能交通发展与基础设施建设和智慧公交三部分，内容涵盖城市交通智能化的发展环境、政策，以及智能交通行业在2016年度重点关注的领域，例如一卡通互联互通、智慧停车、网约车服务等。此外，报告专题介绍了智慧公交与大数据应用在服务创新等方面的情况，可为从业者和社会公众提供了解城市智能交通行业发展状况的基础资料，为行业管理、企业经营管理和相关科研工作提供参考。

关键词： 智慧公交 智能交通 互联网 城市交通

一 概述

2016年，我国城市交通行业认真贯彻落实党中央、国务院决策部署和交通运输部党组的总体安排，积极适应新常态、把握新常态、引领新常态，使创新成为加快发展的重要途径；充分认识并领会供给侧结构性改革的要求，促进公交优先发展战略的全面落实，努力完善城市公共交通基础设施，

---

[*] 张凡，研究生毕业于北京交通大学交通运输工程专业，目前担任中国交通报社运输中心主任助理、《城市交通》版主编，并牵头组织出版了《2015中心城市交通发展报告》《2016中心城市交通发展报告》等行业报告。

探索创新服务模式，不断提升运输服务保障能力和水平，城市客运发展水平得到进一步提高。

2016年，城市客运系统完成客运量1285.15亿人次，满足城乡居民多样化出行需求、服务城市经济社会发展和新型城镇化战略的支撑引领作用显著增强。

（一）公交智能化水平显著提高

公共交通行业信息化水平显著提高，是整个城市交通行业在2016年发展的重要特征之一。各地顺应"互联网+"发展新形势，探索云计算、大数据、移动互联网技术在公交信息服务领域的广泛应用，推动智慧型综合出行信息服务系统建设，引导城市公交走向便捷出行，向公众提供全方式、全链条、跨区域的"一站式"综合交通信息服务。

一是城市公共交通智能化应用示范工程等工作稳步推进，城市客运行业运营、管理和服务的效率与水平得到明显提升。

二是公共交通一卡通互联互通成效显著。按照交通运输部的统一要求，加快推进公共交通一卡通互联互通工作，更好地实现便捷支付，截至2016年年底，我国已有100多个城市接入全国公共交通"一卡通"互联互通大平台。

三是规范移动支付在交通运输支付领域的应用。2016年4月，交通运输部组织编制并发布了《交通一卡通移动支付技术规范》（JT/T 1059－2016）系列标准。

（二）"互联网+出行"融合发展

社会公众的消费内容、消费理念和消费层次不断升级，大众百姓的出行需求、出行方式和出行结构也在发生深刻变化。在交通运输领域广泛应用互联网技术，既顺应消费升级的趋势，满足了消费者的需求，也为改善出行体验、优化出行服务注入了新活力。公众出行服务与互联网正在深度融合，协同发展。

当前，"互联网+出行"呈现出以下四个特点：一是迅猛的发展势头。

以共享单车、网约车等为代表的具有新业态出行服务模式特征的企业迅速发展壮大，经营规模急速增长，服务链条快速延伸，业务网络加速拓展。

二是多样的服务模式。能够适应和满足社会大众高品质、个性化出行需求的服务模式蓬勃发展，网络预约出租车、分时租赁汽车、公交定制等众多类型的新的出行服务模式不断涌现，呈现出百家争鸣的发展态势。

三是新旧业态融合。以互联网、大数据、云计算等现代化信息技术为依托，新兴企业突破传统业务壁垒，向传统客运服务领域快速渗透，迫使传统企业创新管理模式，加快转型升级。而关联企业之间在竞争中逐渐走向合作与联盟，传统业态与新业态呈现交互渗透、竞争融合的发展局面。

四是社会普遍认同。运输服务与移动互联网技术融合发展的创新模式，使社会大众切身体验到方便快捷的出行和准时高效的服务，因而受到民众的广泛认同。

二 智能交通发展与基础设施建设

随着我国城市化进程进一步加快，汽车保有量稳步增加，城市交通拥堵、道路事故、环境污染等问题严重制约城市的发展，智能交通成为各城市治理交通问题的主要抓手。以"互联网+便捷交通"、推进智能交通基础设施建设为代表，交通运输部和各级交通管理部门开展了一系列重要举措，推进智能交通发展与基础设施建设，综合治理城市交通"顽疾"。

（一）"互联网+便捷交通"发展情况

近年来，交通运输部相继出台了推进实施"互联网+便捷交通"的政策措施，不断深入贯彻落实国务院关于"互联网+"行动的战略部署。各级交通管理部门、各城市人民政府积极响应，统筹谋划"互联网+便捷交通"发展，取得了显著成效。

1. 城市公交与移动互联网深度融合

结合公交都市建设，37个城市在交通运输部的指导下实施了公共交通智能化应用示范工程，推动移动互联网与城市公交深度融合，将城市公交、停车、道路规划、建设、秩序管理集为一体，实现了动、静态信息自动采集、车辆到站信息预报、线路智能调度和监管等功能，并将交通出行信息通过手机客户端提供给广大乘客。

2. 一卡通互联互通

作为"2016年交通运输更贴近民生实事"的重要内容，交通运输部努力推进交通一卡通和道路客运联网售票互联互通。再经过1~2年的努力，道路长途客运也将与高铁、民航一样，实现手机与互联网购票。截至2016年年底，全国实现交通一卡通互联互通的城市已经超过100个。

3. 多样化出行服务

交通运输部发布实施了《城市公共交通"十三五"发展纲要》，鼓励发展定制公交、社区公交、分时租赁、汽车共享。目前已有多个城市相继开通了"一人一座，一站直达、同乘共享"的定制公交服务。

4. 拓展"互联网+"运输服务新模式

传统企业对"互联网+客运服务"模式展开积极探索，开发交通出行预约信息线上平台，推行定制快车、定制巴士、机场接送、校园专线、公务出行等定制客运业务，使旅客多样化、个性化的出行需求得到了更好的满足。

5. 构建出租汽车出行服务新体系

作为率先发力"互联网+客运服务"的领域，出租汽车备受关注。各级交通运输管理部门贯彻落实《国务院办公厅关于深化出租汽车行业改革的指导意见》，正努力构建包括网络预约出租汽车、巡游出租汽车在内的多样化服务体系，按照七部委共同制定的《网络预约出租汽车经营服务管理暂行办法》，推动网络预约出租汽车健康有序发展。

（二）智能交通基础设施建设情况

2016年，我国城市智能交通市场规模达414.4亿元，增长率达到33.5%，增长率再创历史新高，智能交通发展已从探索阶段进入到实际开发和应用阶段。在智能交通基础设施建设方面，2016年，37个公交都市建设示范工程创建城市在交通大数据平台、智能公交、交通信息化等方面进行了积极的探索，并取得了一定的成效。此外，绿波带、智慧停车等智能交通设施成为2016年各城市推进智慧城市建设的重要抓手。

1. 绿波带

2016年，广西南宁市依托智能交通，建立了涵盖交通流量检测、交通信号控制、交通指挥调度一体化的系统，有效缓解了城市的交通拥堵。南宁市对凤岭南路、滨湖路、双拥路等6条道路实施绿波带改造，通过车速预测、交通信号灯优化、配时控制等措施，实现了车辆通行一路绿灯。根据相关数据显示，实施绿波带改造后，市民驾车通过这些道路可以节省15%～20%的时间。

据统计，2016年，我国已经有超过20个城市开展了绿波带建设，更多的城市计划建设绿波带。绿波带正确地实施能在一定程度上缓解主干道的拥堵，但绿波带有赖于交通流量信息和精准调整。

2. 智慧停车

加大停车设施的建设是治理交通拥堵的一个重要方面。2016年，我国智能停车场发展呈现快速增长的状态，市场规模达到了13.7亿元，项目分布在75座城市。在城市停车诱导、停车管理系统、城市路内停车管理系统方面，城市级智能停车管理平台项目共有101项，其中智慧城市下的智能停车项目占到全年总规模的20%，智能停车日益成为智慧城市建设中的重要内容之一。

作为城市公交发展中一个重要的内容，停保场肩负着公交车的安全检测、维修、保养等任务，是公交正常运行的重要保障。安徽合肥通过打造示范工程，将现有的6个停保场改造为智能停保场，对智能设施的建设加大投入，增加了周界防范、智能化集成、信息发布等子系统。项目完成后，停保场出入口实行人车分流的管理模式，系统可以自动识别车辆并拍照，其中包括车牌颜色、车牌号码的识别。系统在识别出不符合条件的车辆车牌时，会自动报警，提示工作人员进行检查。

3. 交通诱导

交通诱导是传统智能交通发展的重要特征。2016年9月起，北京市周边道路路况在重要道路节点的交通诱导屏上实时发布，为公众驾车出行提供实时路况。节点主要分布在京沈线、京塘线、京昆线、京拉线、顺密路、南中轴路、黄马路、京开辅路、G6辅路等重点路段。

公众驾车出行途经以上各路段时，除了借助交通广播、手机导航软件获知前方实时路况，还可以通过沿公路线设置的交通诱导屏，第一时间了解到前方及周边道路的运行状况，从而有效规避交通拥堵。

该实时路况由高德地图提供，通过交通诱导屏发布，实时播放道路施工、阻断等信息，实现了普通公路实时路况信息服务零的突破。诱导屏通过文字配图，对文字预案进行图形化说明，并基于实时路况，对到达目的地的时间进行计算。实时数据更新频率可以达到2分钟/批次，并且全自动生成发布。

4. "互联网+城市客运"

2016年，广州市积极试点"互联网+定制客运"模式，进一步改革客运市场。广东省汽车站、天河客运站等11个客运站场在广州交通集团的领导下，开辟了旅游集散中心，为旅客提供"点对点"服务。在设置配客点时，广州交通集团根据乘客需求，优先选择居民社区、酒店、大型公交停靠站以及地铁站等区域，形成以客运站"旅游集散中心"为核心，辐射多个配客点的"站点集群"式的乘车网络。旅客可就近选择乘车网络中的配客点候乘，平台会合理规划车辆，实现最优顺道行驶。

2016年，约300辆豪华大巴、中巴、高端商务车在广州各大客运站投入使用，开展试点定制服务。定制客运车辆在旅游集散中心统一安检始发，乘客在配客点就近乘车，一车直达旅游景点，途经站和终点站设置灵活，为旅客出行提供"点到点""门到门"的服务。每个配客点都配备安检人员和手持式安检设备，旅客及其随身行李需严格安检，同时旅客需进行实名制认证后方可乘车。广州市这11家客运站还努力将业务延伸出去，逐步覆盖广东省各地区的客运站点和旅游景点，打通景点门票、酒店预订、特产购买等环节，为旅客提供"点到点"服务。

在广东省、广州市交通主管部门的支持下，广州交通集团牵头打造了公众出行"一站式"综合解决方案平台——"如约平台"（目前为"如约城际"和"如约的士"），形成面向广大市民、旅客、站场、运输企业和政府的服务体系。"如约平台"可根据旅客需求，提供无缝接驳的定制旅游线路；打造更符合乘客需求的线路供给，建立规范统一的服务，设立平台客户关系管理模块；通过收集乘客反馈的乘车体验、建议等，持续改善服务质量。

三 智慧公交与大数据

2016年，以智慧公交为代表的"互联网+交通"得到了进一步的发展，形成了"政企优势互补、资源共享共建"的合作模式，助力城市交通转型升级，提高交通运行能力和服务质量。以往城市智能交通的建设，往往集中在公交站点、信号标识、监控平台等方面；2016年，智慧公交与大数据的应用得到了长足发展，服务于线路规划、调度管理和重大决策等。

（一）一卡通互联互通

截至2016年年底，我国拥有城市公共汽电车运营车辆60.86万辆（折合68.73万标台），其中新能源车辆（包括纯电动客车、混合动力客车）16.46万辆；运营线路52789条，运营线路长度98.12万公里；经营业户数3887户，其中个体经营业户数263户；从业人员135.26万人；运营里程358.32亿公里；全年完成城市客运量745.35亿人次。

2016年，我国使用公共交通一卡通的公共汽电车客运量占公共汽电车客运总量的比例为47.1%。31个省（区、市）中高于我国平均水平的有10个，低于我国平均水平的有21个。排名前5的省份是上海、北京、重庆、广东和青海，其中上海最高，为78.6%，北京、重庆分别为67.4%和66.3%，广东、青海分别为62.1%和58.3%。

表1 2016年我国城市公共汽电车发展情况

数据类型	单位	2016年	比2015年新增	同比增长率(%)
运营车辆	辆	608636	46880	8.3
	标台	687256	54347	8.6
新能源公交车辆	辆	164629	77970	90.0
BRT运营车辆	辆	7689	1526	24.8
运营线路	条	52789	3884	7.9
运营线路长度	公里	981192	86860	9.7
BRT运营线路长度	公里	3433.5	353.0	11.5
场站面积	万平方米	7715.1	722.4	10.3
经营企业	户	3887	43	1.1
从业人员	万人	135.26	2.03	1.5
驾驶员	万人	83.93	—	—
运营里程	亿公里	358.32	5.99	1.7
客运量	亿人次	745.35	-20.05	-2.6
BRT客运量	亿人次	17.65	3.33	23.2

资料来源：2016年《交通运输行业发展统计公报》《城市（县城）客运统计》。

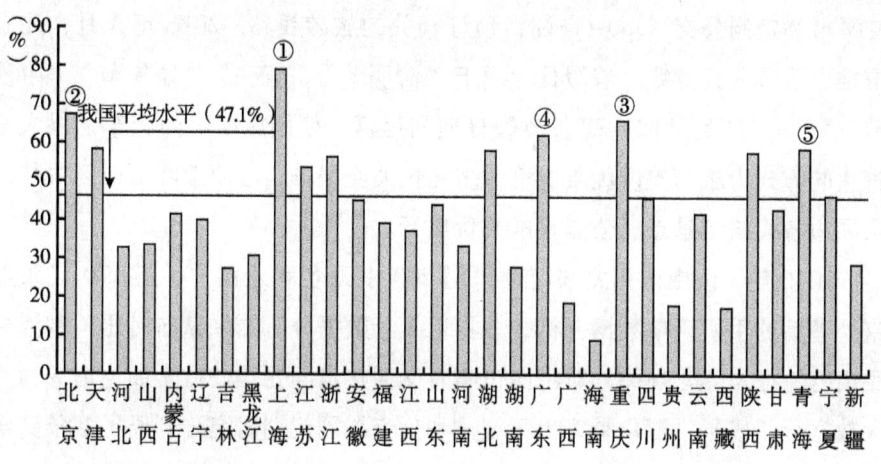

图1 2016年我国31个省（区、市）使用公共交通一卡通情况

2016年7月5日，交通运输部正式印发《综合运输服务"十三五"发展规划》（交运发〔2016〕116号），明确到"十三五"末，重点区域内城市间交通一卡通互联互通率达到100%，城区常住人口300万人以上城市建

成区公共交通机动化出行分担率达到60%。截至2016年年底，我国已有100多个城市接入全国交通"一卡通"互联互通大平台。

（二）智慧公交与大数据应用

2016年，各地积极应用大数据、云服务、"互联网+"等现代信息技术，大力发展智慧公交建设，加强公共交通运营状态监测，实施智能调度管理，不断提升服务的准确性和精细化。"畅行江苏""369出行"等公交出行App，以及高德地图、百度地图等地图软件实现了与城市公共交通实时信息的连接与应用，基于手机定位的服务应用逐渐普及，更加方便了公众出行。同时，各地积极探索商务巴士、定制公交等特色公交服务，逐步形成了多层次、差异化的服务体系，较好地满足了不同层次的出行需求。

1. 服务公交线网规划

2015年9月，北京市通过定制公交平台和定制公交App推出休闲旅游专线版块，进一步丰富了定制公交平台服务品种，市民和游客可以在定制公交平台和定制公交App中查询、预订相关的旅游线路。2016年3月，北京市推出了节假日专线。节假日专线于"清明节""五一""端午节""中秋节""十一""红叶节"等各节假日期间运营，使用旅游版公交车，以大站直达的方式为旅客提供优质优价的多样化公交服务，方便乘客由市区去往北京周边各大旅游景点、公园等地游玩出行。

2016年，济南市相关部门通过对200多万名联通用户、近170亿条加密处理后的手机话单数据分析，并将近3年数据分析结果纵向对比，掌握居民出行特征与变化规律，对济南市实时交通热点问题等进行全面论证。运用大数据分析成果，深化乘客出行规律和公交线网规划研究，开通了多条高峰通勤线路，逐步构建高峰通勤网；开通了T3路高峰通勤快速巴士线路，满足市民高峰期出行需求。

2. 推进"互联网+公交"服务

2016年，各地积极发展"互联网+公交"服务，通过整合车、路、人各种信息与服务，不断探索创新"互联网+"服务产品，极大地丰富了公共交通服务模式，使城市客运服务变得更加智能、精细和人性，在满足多样化出行的基础上，进一步提升了城市公共交通的便捷程度和吸引力。

在上海，4635个公交站点设置了二维码标志，实现手机扫描即可知晓该站经停公交车的到站信息，覆盖中心城区和宝山区。

在济南，相关部门通过整合多款来车预报手机软件，推出"369出行"手机App客户端，为乘客提供来车预报、定制公交、公交线路规划、IC卡充值等功能。

3. 推广应用智能收费

杭州公交立足乘客需求，大力推进移动支付、大数据、云平台等先进互联网技术在公交领域的应用。2016年，为方便公众乘坐公交车辆、减少现金投币准备零钱等环节，杭州市市委、市政府实施"一号工程"建设，为公众提供更多的支付方式和支付渠道，杭州市公共交通集团有限公司与支付宝（中国）网络技术有限公司合作，完成了用支付宝乘坐公交车的设备研制和系统开发工作，并于2016年8月在506路公交车上试点应用。

4. 发挥智能调度系统功能

上海市自创建国家公交都市以来，在提升公交服务质量方面，持续推进上海公交统一的集群调度软件的试点运用；实现了对公交实时客流信息、油耗信息、车辆安全状态等关键动态信息的实时采集，满足公交行业监管的需求，并在此基础上进行客流特征分析、成本规制、线网优化、节能减排等深度分析，为公交线网整体优化、公交运能运力合理调配提供技术支撑。

（三）畅行京津冀的"一卡通"之道

2016年8月，国家发展改革委和交通运输部联合印发《推进"互联网+"便捷交通促进智能交通发展的实施方案》，把2018年基本实现重点城市群内"交通一卡通"互联互通作为实施目标之一，并把"交通一卡通"互联互通工程列入"互联网+"便捷交通重点示范项目。

作为我国重点建设的五大国家级城市群之一，京津冀城市群"交通一卡通"互联互通正加速推进。

1. 京津冀协同发展呼唤"一卡通"

"终于等到了一卡通发售,以后去北京乘车,一张卡就能解决,真方便!"2016年8月11日,"河北交通一卡通"正式面向廊坊市民发售,当天共发行办理718张,市民张华幸运地成为该市首张京津冀互通卡办理者。

据了解,"交通一卡通"互联互通的出发点是便利在不同城市间出行的乘客,以提高公共交通的吸引力。"交通一体化的内涵绝不仅仅是铁路、公路对接畅通,更重要的是运输服务的一体衔接。购票支付是公众出行中重要的一环,很大程度上影响着通勤、商务和休闲旅游等出行的便利性,因此,'交通一卡通'的推进非常必要。"国家发展改革委综合运输研究所城市交通室主任程世东说。在京津冀协同发展背景下,区域内经济联系密切,交通出行不断增加,京津冀"交通一卡通"的推进就显得日益重要和迫切。

数据显示,仅在河北燕郊,早高峰到北京跨省上班的人数高达30万人。2010年第六次人口普查数据显示,河北省在京人口为155.9万人,占北京市常住外来人口的22.1%;天津市常住外来人口中,来自河北省的人数为75.45万人,占天津市常住外来人口的25.2%。以北京为核心的"双城"通勤规模已经形成,京津冀"交通一卡通"将直接服务于这部分人群。

2. 三地联席对接实现互联互通

截至2016年8月,京津冀三地已开通互联互通公交线路686条,京津冀"交通一卡通"互联互通工作正稳步推进。

"北京2015年12月底开通139条互联互通线路,其中包括北京公交集团运营的110条线路和祥龙公交运营的29条线路。"北京公交集团负责人介绍,110条互联互通线路中包括69条火车站始发线路、39条跨省线路和2条观光线,涉及运营车辆3000余辆。2016年下半年,北京公交集团将在剩余全部700余条公交线路上开通京津冀"交通一卡通"互联互通功能。

目前,河北省已完成7个城市428条市区公交线路,以及秦皇岛、邢台、衡水3个城市部分公交线路的互联互通升级改造,并将于2016年10月底前实现全省所有设区市的互联互通,11月底前实现全省设区市与北京、天津两地的互联互通。河北省"交通一卡通"发卡总量达4.6万余张,交易金额75万元，其中跨区域交易量近万笔。

天津市在推进"交通一卡通"互联互通方面，主要是在滨海新区和武清区选择了119条公交线路开展试点，主城区公交线路尚未开展互联互通改造。据了解，天津城市一卡通公司在3个客服中心可办理互通卡售卡业务，全部12个客服中心都可以受理互通卡充值业务。预计2017年底前将完成市区全部公交线路和地铁6号线的互联互通改造。

为了更好地处理"交通一卡通"建设中三地间沟通协调的问题，京津冀依托协同发展统筹协调小组和联席会议机制，定期举行会商，形成了有力的对接协调机制，有效突破了行政区域分割的制约。针对系统运行中的沟通协调问题，每周京津冀三地都会进行运营情况的周总结并开展沟通，对阶段性进展按照要求实行不定期的沟通协调。

企业发展报告

Enterprise Development Report

B.10 创新——宇通发展的引擎

唐 华*

摘　要： 连续14年成为全国客车市场的销售冠军，2016年销售大中型客车、工程机械合计73703台，较2015年增长3087台，增幅4.4%；实现营业额452.06亿元，较2015年增长33.94亿元，增幅8.1%。2016年，宇通集团交出了这样一份答卷。作为中国客车行业中的龙头企业，宇通客车的占有率最高、产品线最全、国内同行业品牌价值最高。

从一家濒临破产的小企业，成长为全球生产、销售规模最大的客车企业。面对大量外界资本和企业涌进客车行业以及客车的电动化革命，宇通始终勇立潮头。在这条崛起之路上，是什么助推宇通客车一路走来？又是什么让宇通客车在

---

* 唐华，文学学士，方得网编辑。

如今很高的起点上仍然保持高速发展，取得新突破？

如果说，价值观是保证宇通能够沿着正确的方向前行，那么，创新就是保证宇通不断前进的"发动机"。本文旨在从管理创新、产品创新和工艺创新三个方面入手，来剖析宇通客车如何依靠创新驱动企业快速前进。

关键词：　宇通客车　理念创新　管理创新　智能制造　工艺创新

一　管理创新，激发宇通发展活力

"在宇通看来，管理是企业最基本和核心的竞争力。"

这句话看起来很普通，但也许正是宇通和很多中国企业的明显差别。对于很多中国企业，技术和产品才是关注重点，企业管理并不受重视，而宇通恰恰是把管理放到了企业竞争力的核心位置。

从1993年开始，宇通通过一系列的管理创新，不但让一个濒临倒闭的地方小厂生存下来，而且还通过引入国际先进管理经验，逐渐成长为客车领域的领军企业。

从2003年开始，宇通始终都能保持行业龙头地位，这也与其管理水平的持续提升有直接关系。

可以说，宇通在管理上的持续创新，也是宇通始终保持增长和领先的最核心原因。

下面，本文就分析一下从1993年开始，宇通如何通过管理创新，摆脱了倒闭的阴影，从众多的地方小厂中脱颖而出，并且登上客车行业龙头的位置。

（一）体制改革解除发展桎梏

1993年前的宇通客车，每年只有几百台销量，徘徊在"生与死"的边缘，

而让宇通能够"起死回生"的,正是一个最重要的管理创新——体制改革。

彼时的宇通客车,作为由1963年成立的"河南省交通厅郑州客车修配厂"发展而来的老国企,同计划经济时代的大多数国营中小企业一样,缺乏活力,规模小、技术能力薄弱,销售基本靠"摊派"。

20世纪90年代,随着经济体制向市场化转变,宇通客车(当时叫"郑州客车厂")迎来艰巨考验:计划经济时代的指令性采购和国家支持政策逐渐退坡直至取消,郑州客车厂一下子产品失去销路,陷入了困境。

危机之中也蕴藏着生机。1993年成为宇通命运的转折点。这一年,郑州客车厂以国家进行股份制改制试点为契机,在客车行业内,率先完成了国有企业的股份制改造。

股份制改造,让宇通改头换面能够自由发展,生产经营环境变得宽松灵活。1994年开始,宇通客车年销量快速持续攀升,不但摆脱了濒临倒闭的困境,而且,还从众多地方小厂中脱颖而出,逐步做大做强。

股份制改造后,宇通很快又谋求上市融资。1997年5月8日,宇通客车在上海证券交易所上市,公司的总股本为7300万股。1998年初,有了资本支持的宇通建成了亚洲规模第一、生产条件最先进的客车生产基地。这一方面解决了宇通当时所面临的产能不足问题;另一方面也改变了客车企业因资金投入过低导致生产工艺落后的状况。

随后,1999年开始的民营化改造,推动公司机制和体制创新,奠定了企业快速发展的基础,并再次让宇通迈上了发展新台阶。改制之后,宇通经营的好坏都与企业管理者和股东的利益息息相关,极大地调动起人才干事创业的积极性。

如果说股份制改造是让宇通开动了引擎,那么民营化改造就是让宇通插上了翅膀。从2003年开始,宇通就长期占据行业第一的位置,市场占有率也节节攀升。

(二)引入国际先进经验,打造体系化管理能力

宇通始终能够保持行业领先的最关键因素是什么?也许在于宇通的不自

满,永远都在寻找差距,永远都在寻找改进的空间。

在宇通总裁汤玉祥眼里,中国客车企业,与跨国公司的最大差距就在管理上。

如何缩小管理上的差距?宇通认为,仅仅靠自身资源无法完成这一重任,必须要借助"外脑",通过强化与国外先进企业的合作来实现自身科学管理,通过引入国际先进管理体系和先进的管理工具和经验,提升管理能力,才能缩小和领先者的差距。

在向科学管理迈进的道路上,宇通有几件里程碑式的事件。

1. 通过ISO9001和ISO/TS16949

宇通管理创新的首件大事,就是通过ISO9001体系认证。1998年,宇通开始进行ISO9001的贯标,1999年,宇通通过ISO9001国际质量体系认证。在建立起ISO9001的质量管理体系后,宇通也就完成了从"经验管理"转变到"科学管理"的第一步。

如果说,ISO9001让宇通的管理开始走上科学管理之路,那么,ISO/TS16949则让宇通的管理上了一个新台阶。获得ISO9001认证后,宇通客车用两年时间大力改造设计生产流程,于2004年通过了由德国管理体系认证有限公司(DQS)颁发的ISO/TS16949质量管理体系认证,从而成为客车行业首家实现ISO/S16949全程管理的厂商。

相较而言,ISO/TS16949更着重于缺陷防范,降低在汽车零部件供应链中易发生的质量波动与浪费。从某种意义上说,对于汽车企业,ISO/TS16949的规定比ISO9001更有指导意义。

当时,中国的大多数制造企业以及很多客车企业并不具备系统的质量管理能力,这让宇通生产出来的产品与同类产品相比,更加精细,在行业内领先。通过ISO/TS16949认证,意味着宇通的产品有了进军海外的底气。

2. 与罗兰·贝格和IBM合作

宇通的管理创新,通过借用"外脑",让中国客车企业的管理水平与跨国公司快速缩短。

宇通的流程再造,在客车行业可谓是鼎鼎有名,正是这个"再造",让

宇通的生产时间大大缩短，这也是宇通能够日产数百台客车的重要保证。

2003年，宇通与国际知名咨询公司罗兰·贝格合作，实施全面的业务流程重组（BPR），开始管理转型的系统工程。双方先后共签订了不少于五个模块的咨询项目合同，在这次合作中，宇通实现了全面从"人治"转向"法治"，发布了《宇通手册》等员工行为规范。同时，罗兰·贝格还为宇通概述了未来8年的发展战略：2008年成为国内盈利能力最强的领先的客车生产企业并且进入全球十强；2012年成为国际化知名客车企业，并进入全球五强。

由于管理创新效果显著，宇通一直都是罗兰·贝格的经典案例。

与罗兰·贝格愉快地合作后，宇通又与IBM开展合作，要将企业管理和国际接轨。通过不断的管理提升和流程再造，宇通在持续降低采购、营销、人力等成本以及优化库存等方面，有了显著改善。

3. 上线SAP系统

现在都说智慧制造，对智慧制造来说，企业的信息化是基础。宇通能够实现智慧生产，其信息化程度高是主要原因。

对于不断追求自我完善的宇通来说，企业信息化建设是关键一环。"通过信息化建设拉动管理水平的提升，进一步提高企业竞争力"，是宇通实施信息化的基本准则。

宇通客车的信息管理系统建设始于1994年。不过，当时还比较零散。2002年，宇通开始了整个企业的信息化建设。那一年，汤玉祥在听取了信息化部门的报告后，很快确定上马ERP项目。在信息化工程中，宇通选定了经验丰富的SAP公司和普华永道作为合作伙伴。

2003年初，宇通投资2000万元的SAP系统，一次性实施了10个模块，业务范围涉及销售系统、技术系统、生产系统、财务系统，而原有的独立系统如财务系统、MRPII系统都被替换掉，宇通的关键业务流程从此全部运行在一个统一的工作平台中。这是一个巨大的挑战，相当于把整个企业所有的关系结构全部打散重组，这也是为什么很多企业都只选择部分模块的原因。

10个模块上线后，成果显著，宇通大幅度提升了企业信息化的管理水平，公司整体运转效率大大提升。比如，宇通的财务报表速度显著加快，以前十几个人加班加点还不能准时完成的工作，采用 ERP 之后只需要一个人。宇通客车 ERP 项目实施时间短、实施内容多等方面，在制造业都十分罕见。正因为如此，宇通案例也成为 SAP 公司和普华永道的样板客户。

正是借助于国际上先进的管理体系，通过跨国咨询机构的帮助，宇通在管理上，不断创新，远超国内同行，和跨国公司的差距越来越小。

二 产品创新，驱动宇通前行

宇通在由弱变强、由领跑国内市场到成为世界第一的过程中，依靠产品创新，在市场上取得一个又一个的胜利。如果说，管理创新是宇通领先的保证，那么，产品创新就是宇通前进的"排头兵"。

（一）靠产品创新打翻身仗

20 世纪 90 年代初，被完全推向市场、需要自谋出路的宇通曾出现短暂的"危机"，产品滞销，资金紧张，员工思想混乱。

改变宇通生存困境的，也许要归功于产品创新——一款卧铺客车的开发。

有一次，时任宇通试制车间主任的汤玉祥坐火车时突发奇想，既然火车可以有卧铺，客车为什么不能有？1992 年，宇通成功研制出国内第一辆真正意义上的卧铺客车。一经面世，宇通卧铺车便大受欢迎。这款创新产品，不但拯救了整个客车厂，使宇通纾困，也奠定了其日后高速发展的基础。

1993 年，在汤玉祥的带领下，宇通对之前的卧铺客车又进行了改良，推出了当时行业内最具影响力的一个产品系列——"宇通红"，这也被视为宇通第一代产品，以 ZK6980WD－1 为代表。1994 年，当全国客车行业迎来了"寒冬"时，宇通客车的"宇通红"系列产品却火爆异常，销量几乎翻番。

产品创新，让宇通脱困，让宇通从激烈的市场搏杀中胜出，也让宇通深知，围绕用户需求不断开发新产品，才能维持企业旺盛的生命力。

（二）开发新能源产品，提早下手＋坚持不懈

经营企业如逆水行舟，不进则退。任何行业都始终面临行业内企业的竞争，以及行业外企业不断进入形成的新的竞争。

客车的电动化，在带来新机会的同时，也更带来了大量的新的竞争者。我国从2009年开始正式启动新能源汽车"十城千辆"的推广示范工作，让众多曾经的"门外汉"也进入客车行业。此后，客车行业的竞争再度升级。

宇通作为老牌客车企业，自然也受到了大量"新进入者"的挑战。客车电动化走过了8年的历程，无数的传统客车企业都被新进入者抢占市场，生存空间不断变小。而宇通，不但能够继续保持传统客车的优势，在新能源客车上，更是销量领先。

面对大量的外来强手，宇通为何还能够始终保持领先呢？这也许要归功于宇通对新能源产品的持续创新。

早在1999年，宇通开发出第一款纯电动客车，2005年研制完成首款混合动力客车；2007年底，成立了混合动力产品专项团队，2008年完成低地板混合动力客车开发，并示范运行服务于北京奥运会。

宇通能早于新能源汽车产业化推广政策10年，开始着手储备技术，源于其一贯的发展策略：开发技术要提早下手，要有产品储备。对于新能源客车，宇通始终坚持混合动力→插电式混合动力→纯电动→燃料电池的技术路线。

"十城千辆"政策颁布之后，宇通仍然没有急于将产品推向市场，而是在持续对新能源客车的软硬件进行大力度投入的同时，开始为新能源客车的规模化做准备。

2009年，宇通开始筹建新的先进生产线；2011年7月，宇通节能与新能源客车产业化新基地奠基，该基地最初投资成本24.35亿元，后来追加投资至38.6亿元，其规划产能也相应地从1万辆增加到3万辆；2012年11月27日，宇通节能与新能源客车基地的第一辆新能源客车正式下线。

前期的持续投入最终为宇通带来了可观的回报。2012年，宇通混合动力客车因出众的节油性受到全国各地客户的追捧，订单纷至沓来。当年，宇通新能源客车销量达到了1840辆，销售额突破20亿元，位居行业第一，市场份额达到了27.8%。

到了2013年，当政策转向扶持插电式混合动力客车与纯电动客车时，宇通凭借前期充分的技术储备，获得了更大的成功。当年，宇通在新能源客车的市场份额达到了30%。

宇通对新能源客车的研发和探索仍在继续。2013年，宇通推出"睿控"技术平台，混合动力、插电式、纯电动共平台开发，批量应用于6~18米新能源客车；2014年，国家电动客车电控与安全工程技术研究中心落户宇通，总投资3.3亿元，重点研究电动客车的电控与安全技术，用于提高电动客车经济性、可靠性和安全性，从技术层面解决新能源客车推而不广的难题；2014年，宇通提出"E产品、易配套、逸服务、亿金融"的宇通纯电动客车整体解决方案，积极推动新能源客车的市场化进程；宇通主持完成的"节能与新能源客车关键技术研发及产业化"项目获得2015年度国家科学技术进步奖二等奖，这标志着我国汽车企业在新能源关键技术研发领域获得重大突破。宇通也由此成为我国新能源汽车领域唯一获奖的汽车整车企业。

2016年，宇通新能源客车总销量超过2.6万辆，创下了国内客车企业新能源客车年销量的纪录，保持了全球第一。

正是不断创新，永不满足，宇通才能始终跟上，甚至前瞻性地预测到最有前景的市场。

（三）研发专用校车，运送温暖和责任

在中国的很多城市，宇通成了校车的代名词。在中国运行的校车中，每两辆就有一辆是宇通校车。

宇通能够几乎成为中国校车的代言人，这不仅因为宇通在产品创新方面的执着追求，也在于宇通高度的社会责任感。

十几年前的中国，"校车"对中国老百姓来说，还是一个陌生的概念。

但彼时的宇通已经预判到了这种产品在中国拥有广阔的发展前景。

2005年,宇通成立了业内第一个专门的校车研发团队,致力于为中国的学童提供专业安全的交通解决方案;2007年的上海客车展上,宇通在业内率先推出"阳光巴士"学童校车;2008年,当国内校车标准仍处于准备阶段,宇通再度推出了国内首款"长鼻子"专用校车产品ZK6100DA。

作为接送孩子上下学的交通工具,校车的安全问题一直备受瞩目,与之相关的每一个消息都会牵动家长和媒体的心弦。校车生产企业能否确保车辆的安全性,是衡量其践行社会责任的一把标尺。宇通通过长期市场实测,深入研究与理解学生从"候车—上车—乘车—下车"全过程中的各种风险场景,归纳总结出一系列标准校车安全因素,并针对性地制定了各种预防措施与方案。

"在运送每一个孩子的同时,也在运送温暖和责任",这不仅是宇通校车的设计原则,也是宇通人坚守的理想。

目前,宇通已形成5米到11米、19座到56座的全系列产品,可满足从幼儿到中小学生各年级段的乘车需求。2016年,宇通校车销量占到校车市场总销量的36%,稳居行业首位;2017年上半年,宇通客车共计销售校车产品3323辆,在同比下滑14.35%的校车领域,宇通以高达37.7%的占有率依然排名榜首。

(四)宇通T7,填补自主品牌高端公商务车市场空白

虽然,中国客车市场自主品牌长期占据绝对主导地位,但国内高端公商务车领域却一直被合资、外资品牌垄断。作为国内客车行业领军企业,宇通有义务也有责任研发一款真正意义上的自主品牌高端公商务车。

自2005年起,宇通开始规划生产高端公商务车,并设计出一款符合中国人审美特点的商务车型。该车型外观稳重、大方,目前的T7也沿用了其设计理念。同时,宇通深入开展市场调研和用户需求调研,并组织技术专家进行研发储备。2008年,以高端公商务车为产品定位的ZK6708车型面世,并很快获得了用户的认可,但由于发动机等核心技术等原因,该车在NVH

等方面的性能仍不能满足宇通对于高端公商务车的品质要求和市场投放标准。但这些研发经验，为后期开发T7奠定了基础。

2013年，宇通成立高端车项目组，针对高端公商务车市场持续加大研发投入。两年间，宇通组建了100多人的专家研发团队，投资将近4亿元，建立了专门的T7生产线，全冲压车身配置高端汽油机，并采用整体成型内饰；在NVH、底盘等方面进行精细化调校；高强度6万公里综合路况测试保证车辆的可靠性；连续做了两轮"三高"试验；在7米商务车领域首次达到半载侧翻要求。2015年5月11日，宇通高端公商务车T7一经亮相，就以其优秀的品质赢得市场口碑，成为一款真正意义上的自主品牌高端公商务车，宇通将这款车取名为"T7"，也是取其谐音"提气"之意。

T7的诞生完全是客车行业创新性的成果：它是国内客车行业第一款真正按照正向流程开发的车型。开发前期，研发团队做了大量的调研工作，详细、准确地了解到潜在客户的实际需求，产品的设计、零部件采购、质量控制、生产、试验、交付等流程严格按照程序进行，全部过程超过了18个月。

另外，T7的创新也同样体现在车身精度上。在T7之前，国内之所以没有一款能媲美合资品牌的高端车型，原因之一就是：一些厂商对产品的品质要求不高，仅追求形似，没有对产品的设计、工艺、试验等进行深入的研究和精准实施。以工艺装备为例，T7专用生产线采用200套夹具来确保产品参数准确无误。宇通要求夹具定位销精度为0.1毫米，定位块0.2毫米；整车精度正负不超过1.5毫米，而行业一般水平是3毫米以上；在车身内饰设计上采用注塑成型技术，保证精度的同时提高了美观性。T7生产线通过严格的精度控制，所有的内饰件都能够一次精准装配到位。

事实证明，宇通在开发T7过程中近乎苛责的要求，使得T7真正得到了市场的认可。自2015年正式上市以来，T7先后成功服务于"抗战胜利70周年"阅兵、"上合总理会"、"全国两会"、"博鳌亚洲论坛"、"G20峰会"以及"一带一路"国际合作高端论坛等大型国事活动。同时，T7凭借卓越的品质，受到了国家用车层面的关注，成为国家领导出行调研专用车辆。2017年6月，习近平总书记在山西调研期间，全程由T7提供出行服务。此

后，各省市政府在更新调研车辆时，首选产品便是T7。

在2016年中国汽车报社主办的"商用车年度车型评选"中，T7在实际车辆测试中，以优良的性能、卓越的创新力，获得评委的一致好评，被授予"年度创新车型奖"。同年，在全国政府采购集采年会上，宇通T7荣获"2016年度全国政府采购值得期待高端公商务接待用车奖"。目前，T7已形成搭载汽油机、柴油机等多种配置的产品系列，为不同需求的用户提供更多高端出行的选择。

三 工艺创新，向"智能制造"转型

宇通的工艺创新，很多都是来自出口产品的拉动。比如，宇通全部车型的阴极电泳，就是因为2004年宇通出口古巴的车辆，在高温、高湿、高盐的海洋性气候下，容易受到腐蚀。此后宇通借鉴了世界先进的汽车防腐技术：阴极电泳。宇通不惜重金进行车辆设计改造，采用先进的车架和车身整体电泳涂装技术。随后，宇通全部的客车都使用阴极电泳技术。

此后，宇通以古巴为支点，已经先后在拉丁美洲二十多个国家和地区建立销售服务网络，拓展区域市场，成为中国制造"走出去"的典型案例。伴随着宇通进入世界各地，包括一些发达国家，宇通的工艺也在不断与世界接轨。

伴随着新能源客车产量的不断提升，宇通的生产工艺更是不断提升。2015年，《宇通客车节能与新能源客车模块化、柔性化智能制造新模式》项目通过工信部专家组审核批准。项目以节能与新能源客车的自动化、智能制造为主线，通过节能与新能源客车的模块化设计、模块化销售和柔性生产结合，建设出自动化并具有一定智能化的节能与新能源客车现代制造企业。项目包括节能与新能源客车产品模块化设计体系建设、新能源客车远程智能升级体系建设等7个方面。

2016年7月，在工信部正式公布的"2016年智能制造试点示范项目名单"中，宇通申报的"客车智能制造试点示范"项目位列其中，宇通也成为入选该项目名单的唯一一家汽车整车制造企业。

四　为何宇通的创新总能踩对步点

谈起创新，很多汽车企业都能头头是道地说上半天。但像宇通这样几乎每次创新都能使到"节骨眼"上、踩对步点，将创新推动发展的效能发挥到最大化的企业却不是很多。在宇通的创新发展历程中，有两方面因素发挥了关键作用：一是方向对头；二是肯下本。

（一）以市场需求为导向

新的产品能否成为畅销品，新的技术能否被广泛应用，关键在于是否迎合了市场需求。与需求相悖的创新犹如无源之水，是承担不了升级换代任务的。

但我国的很多汽车企业，创新仍然以技术为导向。一种企业总是追求新技术和高技术，以应用技术为导向，而不是以客户需求为导向；另一种企业以产品为导向，也就是以生产出高技术的产品为导向，也不太关注客户的需求。

而宇通则是以市场为导向，充分研究了客户的当前需求、潜在需求和未来需求后，再决定研发创新的方向。在宇通看来，客车行业的技术创新，一要把握住行业的最新技术；二要把握用户需求，这样创新才有价值，才能创造效益。有价值的创新才能让产品有竞争力，才能满足市场和客户的需求，才能在市场上站稳脚跟。企业也才能保持生命力，有持续发展的动力。宇通多年以来坚持的研发原则就是始终"以客户为中心"，为客户创造更大价值。

也许正像宇通理念中的"以客户为中心"一样，正是"一直以客户的需求为导向"的宇通创新理念，才保证了科技转化为高效生产力和畅销产品。

（二）始终保持高投入

在过去很长一段时间里，中国企业给人的印象是创新乏力，不肯下大力

气、花本钱去投入新技术和新产品的研发。宇通从1993年开始，在其发展的道路上一直保持着对研发创新的高投入。

1. 高额资金投入

俗话说：钱不是万能的，但没钱是万万不能的。汽车企业搞研发创新，势必要投入大量的资金。

宇通在研发上舍得花钱在业内一直有口皆碑，每年都会将不低于3%的销售收入用于研发。数据显示，在1993年刚刚完成改制后，宇通即以占销售收入4%的科研投入带来了50%的年增长率，其中，2003年投入的研发和设计经费更是高达1.5亿元。2005年宇通的研发投入为1.71亿元；2008年为3.14亿元；2012年达到8.69亿元。2016年，宇通客车营收达到358.5亿元，技术研发费用超过12.57亿元，占到营收总额的3.5%，主要投向了一些前沿技术的研究，包括新能源、智能化、轻量化等八大领域。宇通在研发上的高投入使得公司在新技术的研究和应用方面长期保持业内领先地位。

目前，宇通拥有中国客车行业内技术和工艺最先进，全球规模最大的客车研发与生产基地，拥有大功率激光柔性切割、总成柔性焊接、大型客车整车阴极电泳和客车多车型混线自动喷涂生产系统等先进工艺装备。比如在节能方面，宇通通过发动机热管理系统、安节通智能运营系统等技术，将12米大客车的百公里油耗降到20升以下，优于国内同类产品。电泳技术是宇通的另一大绝活。一般的喷涂工艺，耐盐雾时间仅为240个小时，而宇通可将这一时间延长至1000个小时，将车辆的防腐防锈性显著提升。

在新能源领域，宇通已完成投资近3亿元，购置先进试验设备200余台套，形成了针对新能源技术的零部件、动力系统、整车三位一体的测试评价体系，具备对新能源产品的整车和零部件安全、节能、可靠性等测试和评价的能力。

宇通在研发上的舍得投入，离不开汤玉祥的坚持："在自主研发上，我不怕投入，要做中国客车第一，你得有真功夫。"

正是不计成本的高投入，让科技创新成就不断涌现，让宇通总能有明星产品问世。而创新产品每年又为宇通带来了60%的利润，利润又再次拿出来投入新一轮的技术和产品研发。这就形成了宇通研发的良性循环：高投入研发带来了高额利润，高额利润又会反哺研发工作。

2. 重视人才投入

打仗离不开人，致力于创新，人的投入也很重要。

宇通在1993年做研发的时候，用"七八个人，两三条枪"来形容都不为过。当时，宇通负责研发的部门叫技术科，人员一共才18人。汤玉祥本人，也属研发人员。在当时，基本所有的车型，汤玉祥都会参与设计。1997年公司上市后，汤玉祥虽然不一定亲自设计，但也会提出设计思路，最终定型。

汤玉祥深谙，"科技的发展离不开高素质人才"，因而一直努力为优秀人才提供良好的工作生活环境。为此，宇通构建了吸引人才、培育人才、善用人才的管理机制，锻造有国际水准的人才队伍。

根据宇通发布的报告，截至2016年底公司拥有研发人员3013人，占公司总人数的16.92%，其中博士28人，硕士328人；具有优秀的项目管理和评估团队，可有效完成客车创新研究、技术集成、项目管理和运行。

宇通公司目前拥有客车行业内首家"博士后科研工作站"、首家"国家认定企业技术中心"，组建了"客车安全控制技术国家地方联合工程实验室""国家电动客车电控与安全工程技术研究中心"等科研创新平台；公司试验中心获批成为"国家认可实验室（CNAS）"。公司是科技部等四部委认定的"国家首批创新型企业"、行业内首家"国家火炬计划重点高新技术企业"和"国家技术创新示范企业"、"国家级信息化和工业化深度融合示范企业"。

宇通的研发团队不仅队伍庞大，而且战斗力强，这得益于宇通对人才的培养。宇通不仅重视对研发人员的物质奖励，也不忽视其职业规划和个人价值实现等精神层面的追求。为此，宇通每年都会斥重金让员工参加各种培训，为科技人员提供学习"充电"的机会；还组织参观国际车展，了解国外汽车技术的最新发展趋势；并与高校联合举办在职培训，合作开展研究项目等。通过上述各种方式，不断开阔技术人员的眼界，激发创新灵感。

3. 设计奖项，重奖创新

有句俗话说得好，"好孩子都是夸出来的"。同样，"奖励"对于激发人才的创造力同样功不可没。

在我国，国家科学技术进步奖堪称技术创新界的"奥斯卡"，备受关注，这一奖项既是对技术创新者的奖励，更能激发全社会对创新的热情。而今，宇通客车将这一奖项引入宇通内部，对全员创新取得了很好的激励效果。

2017年6月20日，宇通客车2016年度科学技术进步奖及产品线奖励表彰大会在宇通工业园召开。本次创新大会奖金总额高达951万元，其中，科技进步奖497万元，产品线奖454万元。本次表彰大会中的科技进步奖获奖项目共计32项，涉及产品、技术、工艺制造等多个领域。其中，T7系列产品和高节能睿控3.0行星耦合动力系统两大开发项目，作为宇通客车在产品和新能源技术领域的重要创新研发成果，分别荣获产品类和技术类科技进步奖特等奖和一等奖。同时，宇通E10纯电动公交客车、H8插电式混合动力客车等新能源产品开发项目获得了产品类科技进步奖二等奖。此外，工艺制造作为产品质量和细节以及高效交付的重要保障，也是宇通客车重点奖励的对象，此次表彰大会中，工艺制造方面也有诸多项目获奖。

宇通深知技术创新是企业发展壮大的根本保证，正是凭借着不断地创新，宇通才实现了由小变大、由大变强的持续发展，才能在激烈的市场竞争中脱颖而出，才能始终保持行业领先地位。未来，循着创新的步伐，宇通将会奉献更多的科技成果，为社会和客户创造更大的价值。

B.11
比亚迪客车："罗马"建成非一日之功

王 旭*

摘 要： 比亚迪从2009年迈入客车行业伊始，就凭借着"三电"的核心技术优势以及出色的产品品质，在新能源客车领域迅速崛起，并很快将纯电动客车产品推向国际市场。2016年，比亚迪作为新能源大型客车市场销量冠军，其新能源汽车产品足迹已遍布全球50个国家和地区。罗马不是一天就建成的，比亚迪的成功也并非一蹴而就。以电池起家的比亚迪，始终坚持以"build your dreams"为目标，迅速扩大自己在新能源客车领域的版图。它的历史值得探究，现在值得借鉴，未来值得期待。

关键词： 比亚迪 纯电动客车 动力电池 出口海外

在娱乐圈，娱乐公司或者经纪人经常被称为"梦工场"和"造梦人"。在汽车圈，这样的称呼，属于比亚迪。"build your dreams"，因梦想而生的比亚迪，一直走在为梦想而努力的道路上。

因为梦想，比亚迪开始跨界造车。

因为梦想，比亚迪征战纯电动大巴市场。

近年来，随着全球对节能减排的日益重视，包括中国在内的许多国家都迈上了大力发展新能源汽车的道路。目前，我国的新能源汽车保有量超过

---

* 王旭，文学学士，方得网编辑。

100万辆，占到全球的50%以上，客车在这场新能源变革中更是充当了"急先锋"。2016年，我国的新能源客车销量为12.9万辆，占到客车市场的23.8%、新能源汽车市场的25.3%。不过，新能源客车这片"蓝海"并不是那么好跳的——"眼见他起高楼，眼见他宴宾客，眼见他楼塌了"，能够取得好成绩的传统客车企业不算多，跨界而来并取得阶段性成功的更是寥寥无几，比亚迪算是其中一员。

2003年，已经在电池领域闯出一番天地的比亚迪，开始进军整车制造领域，耗资2.7亿元收购西安秦川汽车有限责任公司77%的股权。2009年，带着满满的自信，"门外汉"比亚迪再次布局，开始制造纯电动客车。

即使很多人认为比亚迪并不是一家真正的汽车企业，不具备客车制造的专业素质，但它仍然成功叩开了"大门"——用了不到10年，为自己绘就了一个纯电动大巴"帝国"的版图。2016年，比亚迪全年销售新能源客车13278辆，其中，超过1万辆的大型客车销售业绩，使其登上了当年10米以上新能源大型客车销量冠军宝座。

比亚迪的发展速度为什么如此之快？本文将进行重点探讨。

一　推开跨界造梦之门

在比亚迪深圳坪山总部六角大楼里，一层的博物馆"写满"辉煌，全面展示了比亚迪制造的电池、手机、电脑、发动机、燃油汽车以及新能源汽车。但是，这里只是"冰山一角"，并不能完全展示出比亚迪真正的核心竞争力。

俗话说："是骡子是马，还得拉出来遛遛。"很多时候，衡量一个人的能力，要听其言、观其行；衡量一个新能源客车制造企业，亦是如此。拥有超前的核心技术储备、足够的产能，只能算是有了"看家的工具"；实行创新性的管理模式、差异化的战略布局，才能算是有了"看家的本领"。

涉足新能源客车，并不是"PPT上的造车运动"，如果只会"纸上谈兵"，一定造不好车。"先赌技术，再谋战略"，比亚迪进军客车制造，还得从技术说起。

（一）"江山在手，天下我有"

新能源汽车与传统汽车最大的差别，就是动力系统。通过发展新能源汽车，很多自主品牌能够绕过传统发动机和变速箱技术的限制，实现"弯道超车"。不过，从另一方面讲，新能源车企要想发展，离不开对电池、电机、电控这"三电"技术的掌控。以品质、安全性为目标的客车制造，更须加倍重视"三电"技术。

比亚迪以电池起家，涉足纯电动客车制造，对核心"三电"的研发自然是不在话下。目前，比亚迪凭借IT和轿车领域的研发基础，拥有新能源汽车整车、电池、电机、电控及充电配套等核心技术，并且是全球唯一一家同时掌握这些技术的客车企业。这些成绩的取得，除了源于比亚迪本来就拥有电池研发的基础，更源于"技术为王，创新为本"的理念。目前，比亚迪光研发人员就有2万多名，其技术专利更是数不胜数，达到1.8万件，稳居汽车行业第一，全产业前十。

头顶"电池大王"的光环，最值得比亚迪骄傲的，无疑是自主研发的磷酸铁锂电池、双向逆变技术、大功率充电等技术。动力电池作为纯电动客车的核心零部件，既是车辆使用性能的关键，又直接关系到车辆安全。为了能保持动力电池的安全性和一致性，比亚迪已经累计投入100多亿元建立全自动生产线——新建的深圳坑梓电池基地产能为8GWh（千兆瓦时），是原有惠州基地产能的5倍。

成立于2008年底的电池技术研究院，更是为比亚迪的动力电池研发做出了巨大贡献。研究院不仅从事新技术的研发工作，还会对不同车型以及什么样的领域适合推广哪种电池进行深入研究。研究院开发出来的新技术和产品，必须先经过全面的分析与严格的技术指标考核，才会向市场推广。例如，针对纯电动大巴不适宜用三元锂电池这个问题，比亚迪不但研发了安全性较高的磷酸铁锂电池，还在积极研究与攻克三元锂电池的安全问题。

目前，比亚迪是国内第一家获得动力电池TS-16949认证的企业，也是全球第1家通过美国UL 1973认证的企业。比亚迪的纯电动城市公交产品覆盖6~18米车型，采用比亚迪自主研发的轮边驱动系统和电池、电机、电控三大核心技术。值得一提的是，在2017年5月举行的北京国际道路运输车辆展上，比亚迪还发布了行业首创的动力电池热管理系统。在该系统的作用下，车辆电池电芯的温度会自动稳定在一个已设定好的范围内，从而使得电池性能在不同温度环境下都能发挥到最优，更好地适应不同地区和环境的要求。诚然，在核心技术的帮助下，比亚迪在客车制造的道路上无往不破。但是，作为极具"原生性"的新能源汽车企业，要想在厮杀激烈的新能源市场上立足，还得走出不同于传统的差异化道路。

（二）化零为整还是化整为零？

很多传统车企，都有自己的外部供应链。它们认为，盯紧外部供应链的每个环节，既可以强化生产效率，又能够化解投资风险。但是，比亚迪在涉足新能源汽车时，却走了一体化的道路。比亚迪董事局主席王传福曾表示，在技术创新层面，汽车各个部件都是相互作用的，如果由各个不同的零部件企业分别研发创新，很难达到协同效果；供应商做创新，永远不会告诉整车厂商真实的部件成本。[①]

自进入汽车行业以来，比亚迪一直秉承"自己动手丰衣足食"，进行全产业链的布局——从上游的原材料采购到零部件的加工生产，比亚迪一手包办。由于有"三电"技术的支撑，在这种全产业链模式下，比亚迪走得顺风顺水。目前，除了轮胎和玻璃外，一辆比亚迪汽车上的所有部件，差不多有70%都是出自比亚迪的自有工厂。比亚迪的"反其道而行"，不仅让乘用车版块赚得盆满钵满，也为纯电动客车的发展创造了竞争优势。在技术、原材料、零部件等方面，比亚迪纯电动客车可以和日趋成熟的比亚迪乘用车进行资源共享。比亚迪不用担心生产供应链会出现中断，也不需要承担客车生产的巨额外部采购成本。

---

① 周开平：《王传福玩闭环：新能源车是车企成"帝国"的机会》，21世纪经济报道，2015年1月27日。

如果说，全产业链运作是比亚迪化零为整，通过整合资源，摊薄生产成本的创新做法，那么，将一个订单拆分给周边区域的几个工厂，则是比亚迪化整为零，通过扩大生产规模，提质增效的奇路子。

客车生产由于其个性化订单的特征，生产的自动化程度低，交货周期普遍较长。特别是数额较大的订单，往往交货周期会更长，有的可能需要几个月。如果在不同区域都有工厂的话，一个大的订单往往可以分开在几个工厂同时生产。这样就能在最短时间里，快速完成订单。初出茅庐，比亚迪没有经验和市场，想要打开各自割据的新能源客车市场，正需要通过这样的方法和途径来消化订单，才有可能和传统客车企业竞争，抢到订单并快速交货。而且，如果是小批量的订单，由于在多地都建有工厂，比亚迪可以选择距离订单城市最近的工厂生产。这样一来，即便生产时间相同，在物流时间的缩短和物流成本的降低上，比亚迪仍然能够占据较大优势。

现在的比亚迪，通过全产业链的运作，已经完成了向"新能源整体解决方案开创者"的蜕变。除了在深圳、南京、大连、杭州、长沙、武汉等国内城市建立生产基地，配套生产新能源客车外，比亚迪也已在北美、南美、欧洲等地建立了生产和研发基地。对于海外市场而言，"化整为零"的战略仍然是最佳方式，不仅可以降低成本，还可规避整车出口的高税率，同时提供更加方便的海外售后服务。在经济全球化和市场一体化的今天，客车企业之间的竞争不再是传统的规模和价格层面的产品竞争，而是转向了以核心技术和资源整合为依托的品牌价值竞争。比亚迪的全产业链生产模式，不但成为其抢占市场的"利器"，也为其新能源发展战略的推进实施提供了动力。

（三）做心里有数的"搅局者"

"新能源"是中国汽车产业的一场革命，是革命就会有新的事物诞生，就会有新的巨头成为这场变革的受益者。在这场变革中，比亚迪可以说是最大的受益者之——在推出众多优质的客车产品的同时，其"城市公交电动化"战略也成为了引人瞩目的新事物。

中国的车市尤其是新能源市场,实际上是"政策市"。部分车企的战略跟随国家政策的变化而变化,战略方向摇摆不定。唯独比亚迪,始终坚持电动化。2009年,比亚迪斥资6000万元收购美的三湘客车集团,由此获得客车生产资格。2010年,在巴菲特、芒格、比尔·盖茨的见证下,首台比亚迪K9纯电动客车在湖南长沙基地下线。此时,比亚迪发展纯电动大巴的思路已经非常明确,而且越来越清晰,那就是实行公交优先策略,聚焦公共交通电动化。

2010年,比亚迪将"城市公交电动化"列为重要发展战略,提出低碳环保的电动车应在城市公共交通领域优先采用,减少城市的尾气排放。2011年,借助深圳大运会契机,200辆K9纯电动公交车投入运营,成为全球首批大规模商业化运营的纯电动客车。现在,这项战略已经上升为中国的国家战略,比亚迪更是将这一战略成功推向全球,并得到了海外诸多国家和地区的响应。2015年3月13日,交通运输部网站刊发《关于加快推进新能源汽车在交通运输行业推广应用的实施意见》,明确提出加快推进新能源汽车在交通运输行业的推广应用,提出了到2020年新能源汽车在城市公交、出租汽车和城市物流配送等领域的总量达到30万辆的目标。① 显然,公共交通领域成为当前纯电动汽车最好的出路与市场。

在这股东风下,比亚迪由于布局较早,提前享受到政策红利,进入了快速发展期。据统计,长沙、武汉、大连、西安、包头、杭州、宁波、南京、深圳、广州、承德、海东、汕尾、汕头、礼泉等城市都已经有大批量的比亚迪纯电动客车投入运营。与此同时,比亚迪的产品系列也不断得到完善。2016年5月至12月,比亚迪先后发布C8、K6、K8S等三款纯电动客车,K6的发布,在巩固比亚迪纯电动客车引领者地位的同时,标志着比亚迪首次进入6~8米纯电动客车细分市场。

以公共交通为突破口,比亚迪不仅在国内迅速扩张客车市场版图,还大

---

① 《关于加快推进新能源汽车在交通运输行业推广应用的实施意见》,交通运输部网站,2015年3月13日。

举突破海外市场。比亚迪纯电动大巴的国际化步伐,与其在中国本土的起步时间差不多。2011年,比亚迪K9开始进入美洲,2013年进入英国;2015年,比亚迪成功闯入日本,并成为首个登陆日本的中国汽车品牌。同年,在马来西亚吉隆坡,比亚迪打造出全球最大的电动BRT公交系统。2016年,美国加州羚羊谷交通运输局的纯电动大巴订单由比亚迪斩获,数量为85辆;在英国伦敦,比亚迪的51辆全新12米单层纯电动大巴投入使用。2017年,比亚迪又先后斩获来自伦敦的10.8米纯电动大巴订单、荷兰的8辆纯电动大巴采购订单,并获得澳大利亚40辆的12米纯电动巴士订单。

"城市公交电动化"就像一股春风,轻轻吹开了比亚迪的新能源客车之花。截至目前,当前全球纯电动公交车最长行驶里程纪录一直由比亚迪客车保持。比亚迪客车的总运营里程已经达到10亿公里,单车最高行驶里程超过40万公里,在白热化的市场竞争中,比亚迪具有前瞻性的市场布局,显然让自己收获了政策和市场的红利。

二 梦想还需埋进现实

电动车是比亚迪的三大梦想之一,纯电动客车是比亚迪追梦的开始。不过,梦想与现实还是有距离的。在追逐梦想时,你永远不会知道下一步将要发生什么,只有坚持不懈。现实会不停地为耕耘者提供历史的见证,梦想则会支撑我们继续毅然前行。

(一)逐梦的路上怎能不经历风雨

目前,比亚迪已经成长为国内新能源客车行业的翘楚,在国外也是不容忽视的存在。这源于在"走出去"的战略上,比亚迪走出了一条异于他人的道路。当其他车企面对欧美电动大巴市场望洋兴叹时,比亚迪早已在国外站稳了脚跟。

"走出去"也要"走下去"。以往,中国车企都是紧盯海外订单,哪里有需求,就把脚步迈向哪里,而不太注重市场的主动开拓。这样的后果就是

发展中国家和地区成为中国车企"抢食"的主战场,并已被瓜分殆尽。比亚迪"初出茅庐",虽然没有市场根基,但是却对自己的技术及产品有着充分的自信,敢想敢干。"擒贼先擒王",发达国家的市场成为比亚迪瞄准的第一对象。比亚迪认为,如果能把高端市场拿下,就等于获得了强大且有价值的市场口碑,发展中国家的市场自然不在话下。国外的汽车巨头虽然实力很强,但主要强在传统燃油汽车领域;它们在造新能源大巴的时候,走的通常是混合动力路线,很少有纯电动大巴技术和产品。因此,中国的纯电动大巴可以填补发达国家的市场空白,非常适合做"敲门砖"。

2010年,面对市场培育、经营压力,以及国外长期以来对"中国制造"的偏见,比亚迪开始"闯"美国。在美国这个生活在车轮上的国家里,美国本地品牌以及欧、日、韩系车早已瓜分了纯电动汽车市场。如果要踏入这个市场,可以说是"四面受敌";要是在市场上再想"抢口肉吃",难度更是可想而知。作为当时的新进入者,中国的纯电动车要想被市场认可,除了需要忍受漫长的等待,还要承受巨大的经营压力。

为此,比亚迪选择了差异化竞争,将公交公司、学校、企业机构等集团客户视为第一目标。2013年3月,比亚迪迎来了让人振奋的消息——中标美国长滩运输署10辆电动巴士订单。不过,这笔让公司上下感到振奋的大单,却让比亚迪面临了重重危机。同年10月,美国劳工局对比亚迪工厂和办公大楼进行了查处,原因是比亚迪被美国企业恶意投诉其违反该国劳动法。一时间,铺天盖地的大篇幅媒体报道向比亚迪涌来,舆论旋涡似乎要将其吞噬。

2014年3月,在外界的重重压力下,美国长滩运输署不得不宣布取消比亚迪的这笔订单。在来到美国的第四年,比亚迪经历了失去订单、民众反对、舆论质疑,遭遇了五年来在海外市场最大的一次危机。挫折面前,比亚迪的应对措施是"用实力说话"。

为了确立技术品质优势,比亚迪开始挑战被FTA称为"魔鬼测试"的Altoona测试。2014年6月,在持续行驶2.4万公里、经历了116天的"锤炼"后,比亚迪K9成为史上第一台完成该测试的12米纯电动大巴,为比亚迪获取美国订单扫除了法律障碍。2014年9月，长滩运输署重启电动巴士招标，比亚迪在竞标环节中以压倒性优势胜出，获得60辆纯电动大巴订单，创下美国最大纯电动大巴订单纪录。①

长滩运输署这笔订单的经历虽然跌宕起伏，但最终的胜利还是让比亚迪在美国站稳了脚跟，并进入快速发展期。一辆单车售价就高达80万美元的比亚迪大巴，并没有吓跑美国的客户们，而是出现了"疯抢"的情况。科罗拉多州、华盛顿州、加州羚羊谷，甚至斯坦福大学，都有比亚迪电动大巴的身影出现。

强势占领美国市场，让比亚迪打响了海外市场的第一炮。依靠技术品质和工匠精神，比亚迪纯电动大巴的足迹遍布全球逾50个国家和地区、200多个城市。

（二）理想很丰满，现实很骨感

与比亚迪风风火火地扩张版图的气势相比，2017年以来的客车市场显得有些冷清。2017年1~6月，中国客车市场销量同比下降28%，后市发展堪忧。新能源方面，相较过去两年的快速发展，2017年上半年的"期中考"也不尽如人意：我国新能源客车总销量为1.8万辆，比上年同期下降了47%，各大客车企业的销量均出现大幅下滑。

虽然，受国家新能源汽车补贴政策调整和退坡的影响，新能源客车市场以及客车整体市场惨淡；然而，比亚迪的表现仍然抢眼——先是在安徽蚌埠市斩获7.3亿元订单，包括300辆K8纯电动公交车和200辆K9纯电动公交车；紧接着，首批60辆K8纯电动公交车在宁夏银川投入运营，并达成2017年在银川累计投放600辆比亚迪纯电动公交车的战略合作规划。随着新能源客车市场从6月份以来的全面复苏，比亚迪陆续斩获了桂林、武汉、长沙、青岛等多个城市的大批量订单，稳居10米以上纯电动大型客车销售冠军。

2017年上半年，比亚迪始终坚守梦想，推出了"电动未来"的战略，

---

① 吕绍刚：《跨越万里的"比亚迪路"》，《人民日报》2017年6月2日。

希望将"7+4"的全市场战略("7"代表七大常规领域,即私家车、城市公交、出租车、道路客运、城市商品物流、城市建筑物流、环卫车;"4"代表四大特殊领域,即在仓储、矿山、机场、港口领域推出一批专用车产品)延伸至全领域。理想还是那个理想,新能源客车市场并不会因为补贴退坡而完全冷却下来,比亚迪在梦想之路上将继续前行。

三 静待花开终有时日

中国的新能源汽车走到了十字路口,一些车企的生存状态已经变成了"发展依赖补贴,补贴取消就会死掉"。比亚迪会不会也因此"江郎才尽"?

答案是否定的。

新能源客车仍然是我国汽车行业在国际市场"弯道超车"的"利器"。作为"中国制造"的代表和新能源客车的代表,比亚迪纯电动客车不仅在国内已经跑遍大部分城市,并且早已走出国门。已经习惯使用中国制造的手机和家用电器的国外民众,也正在选择中国制造的大客车作为城市交通工具。比亚迪在实现产品、技术、标准和服务协同走出国门的同时,正赢得越来越多全球顾客的信任。可见,有"政策激励"和"创新驱动"做后盾,通过提升质量和打造品牌,比亚迪纯电动客车"吸粉"的功力越来越强。

(一)抓住机遇就抓住了未来

2009年,比亚迪客车"生"得很是时候。

这是因为,2009年年初,"十城千辆节能与新能源汽车示范推广应用工程"正式启动,其主要内容是,"通过提供财政补贴,用3年左右的时间,每年发展10个城市,每个城市推出1000辆新能源汽车开展示范运行;涉及这些大中城市的公交、出租、公务、市政、邮政等领域,力争使全国新能源汽车的运营规模到2012年占到汽车市场份额的10%"。也正是这个"十城千辆"工程,拉开了我国新能源汽车大批量推广的序幕。

作为行业新人,比亚迪借"十城千辆"的春风,开始快速推进自己的产品。在2010年举办的世界电动车大会上，比亚迪不仅带来了旗下纯电动轿车e6，还推出了最新产品纯电动大巴K9。尽管在"十城千辆"计划的刺激下，众多客车制造企业都已开始研发新能源车型，但K9在当时仍成为当之无愧的明星。这款大巴开创了三个第一——全球第一款搭载铁电池的纯电动大巴、全球第一款全通道低地板大巴以及国内第一款无钥匙启动大巴。

"命好"的比亚迪就这样开始在市场上声名鹊起。不过，机遇和挑战总是共生并存，有准备的人才能抓住机遇。2016年，《巴黎协定》签署并正式生效，对新能源汽车的发展产生了发酵性的作用。这份协定认为，传统车企将在2050年彻底消亡，而新能源车将作为人们日常生活中主要的交通工具；德国、荷兰、挪威、英国等成员国甚至计划到2050年全面禁止汽油和柴油车的生产与销售。

中国虽没有正面提出禁售燃油车的方案，但李克强总理也提出了"鼓励发展清洁能源"。"忽如一夜春风来，千树万树梨花开"，有《巴黎协定》的发酵作用，有补贴政策退坡的倒逼效应，新能源客车市场2017年开始由"政策市"逐步向"自然市"转变，热度未退。车企在这样的大环境下，迎来的既是挑战，也是机遇。2009年，比亚迪抓住了机遇，战胜了从未造过客车的挑战，赢得了市场；2017年，比亚迪仍旧还是那个比亚迪，仍旧有再创辉煌的机会。

（二）"士别三日当刮目相待"

古语有云，"士别三日当刮目相待"。以前，中国的产品经常被定义为"平价、低质"，现在，中国早就不是以前的中国，国产货也早不是原来的国产货。在很多制造领域，中国都已经走在了世界的前列，"MADE IN CHINA"已经成为高品质的代名词。在海外，从服装、工具到汽车、电子等大型制造业，"中国制造"的产品形态已经由低附加值向高附加值转变。汽车产业最能反映一个国家制造业的综合实力，它与所在国家深厚的工业发展积淀、强大的工业制造能力密不可分。在使"中国制造"享誉海外这件事上，汽车产业的强势出击功不可没。这其中，不乏客车行业的先行者，有成功的企业，也有在海外市场折戟沉沙的企业。

实际上，在《巴黎协定》出台后，国内部分车企对新能源丧失了信心。它们认为，本来政策补贴就大幅减少，加上海外市场未来将会禁售燃油车，留给它们转型新能源的时间少了很多，也为进军海外市场增加了难度。而一心只爱"纯电动"的比亚迪，恰恰因此迎来二次发展的机会。在国内，比亚迪是在电池领域中最会造车，在汽车领域中最会制造电池的企业，技术不但过关，而且已经领先行业。与此同时，在国内外市场的多年深耕，又让比亚迪有了拿得出手的运营经验。不只是在深圳、杭州等一线城市，在许多二、三线城市，都有比亚迪纯电动大巴的身影。以2011年比亚迪为深圳大运会提供的服务用车为例，作为比亚迪批量运行的第一批纯电动客车，这批车现在已经运行百万公里，品质经受住了市场的检验。积土成山，非斯须之作。比亚迪的产品不仅拥有实验室数据，更具备在中国和其他国家的实际运行数据。当国际车企面对新能源各怀心事的时候，比亚迪的技术资源及其在国内外的生产资源，为比亚迪的海外市场加了不少分。到目前为止，比亚迪的电动车足迹遍布全球50个国家和地区的200多个城市。2017年，比亚迪再度刷新了大家对"中国制造"的认知，其海外成绩更是斐然。

2017年1月11日，比亚迪斩获荷兰公交公司8辆纯电动大巴采购合同。2017年4月，比亚迪乘胜追击，又一举拿下荷兰两城阿默斯福特和阿尔梅勒共9辆纯电动大巴订单；

2017年春节期间，澳大利亚40辆12米纯电动巴士的大额订单花落比亚迪，这也是澳洲有史以来最大一笔电动巴士销售纪录；

5月24日，比亚迪向加拿大亚伯达省交付首批3辆纯电动大巴，该订单共包括7辆10.6米纯电动大巴，后期将陆续交付。亚伯达省的先试先行，吸引了4家加拿大本土公交公司的注意力，目前它们正与比亚迪洽谈大巴采购订单；

6月，澳大利亚布里斯班国际机场正式宣布，将引进首批11辆12米比亚迪纯电动巴士，用于候机楼之间的通勤服务。这是进驻继悉尼机场后，比亚迪电动巴士进驻第二座澳洲国际空港；

7月20日，据英国汽车媒体 Automotive World 网站报道，比亚迪继上月赢得伦敦交通局旗下另一个运营商伦敦联合公司36辆电动大巴订单后不久，与英国合作伙伴客车 ADL（亚历山大丹尼斯有限公司）斩获伦敦运营商 Go-Ahead 公司10.8米纯电动大巴订单，数量为30辆；

7月27日，据《洛杉矶时报》报道，美国洛杉矶大都会交通管理局与比亚迪签订60辆纯电动公交购置协议，该合同价值约在4800万美元。

时势造英雄，英雄也在造就时势。比亚迪的道路远不只纯电动大巴那么简单。7年前，比亚迪推出了"城市公交电动化"战略，希望用纯电动公交车、出租车产品帮助城市治理环境污染；7年后，比亚迪将"公共交通电动化"解决方案升级为"公共交通立体化"解决方案，不但升级、丰富了公交车、出租车等公共交通电动化产品，还在轨道交通领域做起"文章"，推出了跨座式单轨"云轨"。无论是帮助城市治理空气污染问题，还是解决城市交通拥堵，比亚迪都做出了自己应有的贡献。

近十年的时间，从"城市公交电动化"到"公共交通立体化"，从国内市场到国际市场，比亚迪的成长是自由的，也是自律的。在新能源客车市场发展的这场大戏里，关于比亚迪的故事还在延续，其传奇历程仍然为人所津津乐道。

B.12
福田欧辉：最清晰的脚印，往往印在最泥泞的路上

王　旭*

摘　要： 成立于2003年的福田欧辉客车，算得上客车行业的"后来居上者"，近年来不但出入于全国"两会"、2008年北京奥运、2014年APEC会议、2016年杭州G20峰会、2017年国际清洁能源会议等众多国际场合，还斩获了不少国内外的大单。尤其是2017年5月14日，在"一带一路"国际合作高峰论坛召开之际，福田欧辉获得缅甸仰光公交公司1000辆清洁能源公交车大单，引来业界一片惊叹。

一分耕耘，一分收获。福田欧辉的成功不仅来源于对品质的不懈追求，也来源于对市场的精准把握。作为一家成立14年，并且成立之初就以新能源为主营业务的企业，福田欧辉从不随波逐流，也从不任性妄为，一直坚守"客户需求导向"的生存发展法则。

关键词： 福田欧辉　新能源客车　燃料电池客车　品质客车

哲学家康德说过：所谓自由，不是随心所欲，而是自我主宰。在目前的"客车江湖"，福田欧辉就像是一位能自我主宰的"侠客"。这是因

---

* 王旭，文学学士，方得网编辑。

为，在别人都在忙着扩充新能源市场的时候，它大力推广氢燃料电池客车，并成功进行了商业化运行；在别人忙着思考如何应对补贴退坡的时候，它却在忙着做客车安全须知片、品质发现之旅，希望把"品质革命"上升到全行业。

这样做，并不能说明福田欧辉没能力跻身主流，相反，福田欧辉的成绩其实一直很好。受到客车市场提前透支以及新能源补贴政策退坡等不利因素的影响，2017年上半年，客车市场的总体销量并不乐观，直到6月份才有所好转。在市场比较清冷的环境下，福田欧辉上半年仍以2918辆的市场销量，继续保持行业主流地位。

福田欧辉在"血雨腥风"的新能源客车市场这么做，只不过是很早就为自己定下了未来的发展道路，带着自信与镇定，干自己想干的事，从容应对市场风雨。

一　两手抓，两手都要硬

客车市场近年来竞争激烈，上位与洗牌的残酷大戏一直都在上演。走过2015~2016年的发展期，客车市场更是进入白热化阶段，新能源成为众多车企角逐的主阵地。传统企业试图分一杯羹，而刚刚进入市场没多久的"新兵"们也不甘示弱，试图抢食更多的市场份额。

成立十四年，福田欧辉算不上是客车行业的老兵，但却能快速崛起，并在新能源与传统客车之间打得一手好牌。这得益于福田欧辉在坚守品质目标的基础上，一直在用心、细心、耐心洞察市场需求的毫厘之变。

2017年，福田欧辉在节能与新能源领域交出了一张优秀的成绩单：不但市场销量排名保持行业主流地位，还于6月份向缅甸仰光公交公司交付1000辆清洁能源公交车，堪称当年中国客车出口海外第一大单。一千辆大单的背后，既是欧辉对品质孜孜不倦的追求，又是欧辉多年来深耕市场的必然结果。离开品质，市场无从谈起；离开市场，产品何谈品质。

(一)论剑市场需要"技术+谋略"

新能源客车的出现,不但为全球环境的可持续发展贡献了力量,也促进了客车行业转型发展。在我国,很多客车企业发力新能源都要从2009年的"十城千辆"说起。

不过,福田欧辉却是个特例。在2003年成立之初,福田欧辉就将新能源定为主要发展方向,并在2008年率先实现了新能源客车的商业化运营。这既不同于传统车企,在"十城千辆"之后才重视本身已有的新能源业务;也不同于跨界"新兵",在"十城千辆"之后才开始步入新能源领域。

在接下来的十余年里,福田欧辉不断发展壮大,销量呈翻倍式增长。2014年,欧辉的新能源客车销量只有1000多辆,2015年就突破了3000多辆;到2016年,欧辉新能源客车再次翻番,创造了6000多辆的销量成绩。漂亮成绩单的背后,离不开福田欧辉多年的技术积累、丰富的产品线,更离不开精准、及时的市场战略。随着传统客车市场逐渐被新能源车型占领,越来越多的车企跳进了这片"蓝海",但转型成功的却屈指可数。福田欧辉用事实证明,要想在业内占有一席之地,不仅要紧贴政策,还要跟着市场走。

2008年,凭借并联式混合动力先进技术,福田欧辉在业内率先实现了新能源客车的商业化运营,为客车行业树立了标杆和信心。2014年,福田欧辉推出"智蓝"新能源一体化解决方案;2016年,福田欧辉首创"全天候e智蓝"理念,并首创"品质发现之旅"活动;2017年,福田欧辉倡导的"全天候 可信赖"品质客车标准发布问世⋯⋯

福田欧辉在纯电动发展道路上,始终致力于研究公交运营及各类客运市场的特点,探索不同的运营方式。公交快充模式、团体班车"慢充+补电"运营,以及部分有条件城市的双源无轨电车运营等多种模式的建立及应用,为福田欧辉打造高效安全可靠的品质客车形象提供了动力。无论是"品质发现之旅"的落地,还是"绿色客车"的推出,福田欧辉在新能源市场上谋篇布局的战略思路一直很清晰;从"全天候e智蓝",发展到升级版的"全天候 可信赖",福田欧辉的产品系列已经覆盖5.9~18米,覆盖纯电动、双源无轨、插电式混合动力以及氢燃料电池等所有新能源细分领域，并可在不同区域根据不同运营特点，随时提供快充和慢充技术。

在探索"全天候 可信赖"的新能源客运道路上，福田欧辉获得了众多用户的肯定与信赖。2017年4月，在安徽六安市区部分公交线路上，126辆福田欧辉混合动力新能源公交车相继投入使用。2017年6月，116辆福田欧辉新能源公交车交付武威公交公司。在一些极致地区，福田欧辉的车辆照样畅行无阻。例如，新疆地区是一个很典型的"新能源试车场"，温带大陆性气候导致当地日照强度、昼夜温差大，不同海拔地区气候差异显著；最热的季节在7、8月份，最高温度可达40℃以上；最冷的季节是1月份，最低温度在零下30℃以下，且冬季长达180多天。这个极致的天气环境，要求新能源车辆运营的稳定性和可靠性必须要比一般地区更高。面对这样的恶劣工况，福田欧辉同样斩获了不小的市场战绩：2016年上半年，为了服务高端旅游客户，新疆新月国际旅客运输公司批量采购了福田欧辉BJ6127系列插电式混合动力客车；2017年，福田欧辉纯电动客车又尽揽新疆赛里木湖景区首次批量采购的新能源客车全部订单。

借着"全天候 可信赖"理念的普及，福田欧辉新能源客车已经在广东、新疆、西藏、内蒙古、黑龙江、吉林、辽宁、北京、上海、天津、台湾等全国多个地区"落地开花"，广泛应用于高温、高寒、高原、高湿等各种气候和路况。不仅如此，高品质的欧辉新能源客车还成为众多国内外重大会议的常驻"代表"。从每年全国"两会"，到APEC会议、杭州G20峰会和2017年国际清洁能源大会，在许多国内与国际重要场合，福田欧辉客车都以高品质的交通保障服务赢得了客户的高度认可，更赢得了高含金量的口碑。

（二）没有金刚钻，不揽瓷器活儿

没有金刚钻，不揽瓷器活儿，福田欧辉屡屡在国际大场面上露脸，成为会议服务的主力，过硬的技术实力和卓越的安全性能是其"撒手锏"所在。

安全，是客车行业永恒不变的话题，也是客车行业的"痛点"。这方面，福田欧辉始终走在行业前列，将安全可靠作为产品研发的首要关注点，

瞄准欧洲顶级水平。背靠福田汽车集团雄厚的技术优势和资源，福田欧辉不断创新整车控制集成技术、智能安全技术、节能技术和试制试验技术，为塑造"欧辉客车"安全可靠的品牌形象增添了实力，也强化了其跻身客车市场主流、与老牌劲旅比拼的核心竞争力。福田欧辉不但融合美国康明斯领先的动力技术，还引入了戴姆勒的工艺装备和精益制造标准，实现了全面的品质提升，增强了产品的高安全、高舒适、高动力、稳操控等性能。这其中一个经典的案例便是，2017年4月福田欧辉BJ6122绿色客车新产品的上市。BJ6122系列是欧辉新一代客车安全升级的最新成果，它配装福田欧辉特有的"超级安全"组合，除了丰富的安全技术和配置，还包括ACC（自适应巡航控制系统）、EBS（汽车电控制动系统）以及ESC（电子稳定控制系统）等先进安全系统。尤其是ESC电子稳定控制系统，该系统是汽车主动安全技术发展的一个重大突破，可帮助减少因客车翻车或失控造成的事故。根据欧盟委员会最新发表的报告，车辆应用具有较高技术含量的ESC，可以降低50%的交通事故死亡率。

作为福田欧辉"品质客车"家族成员之一，BJ6122高端城间客车在上市之前，就已经率先公开挑战著名的"鱼钩测试"。该测试最早由丰田公司设计，后来由本田和日产建议修改，因测试中车辆行驶路线的形状和鱼钩相似而得名。从1997年开始，在评价车辆抗侧倾稳定性能（ESC）时，美国国家公路交通安全管理局（NHTSA）开始广泛采用该测试。最终，BJ6122凭借ESC系统带来的出色操控性及稳定性，顺利通过了测试。福田欧辉代表中国客车首次公开演示ESC车身稳定性能测试，不但率先揭开了中国客车安全技术升级的大幕，也用实力展示了中国客车制造业的品质水平。

"授人以鱼不如授人以渔"，除了不断强化自身产品的安全性之外，福田欧辉也在不断努力，将安全知识的理念传递给公众。2017年5月，中国客车行业首支"航空级"标准安全须知片——《安全的名义》在北京发布。该安全片由福田欧辉和海航联手打造，从拍摄角度到拍摄手法再到拍摄技巧，从最基础的安全带使用，到安全门、逃生门、破窗器等逃生通道的开启方法，均借鉴了航空安全须知片的拍摄标准；所有安全演示都以乘客的视角出发，并采用真人实际操作，为客车运营者和驾乘人员演绎最贴心的客车安全须知。比如，乘客门内外都有逃生开关，乘客可以通过打开玻璃保护罩，顺时针转动红色的开关，然后将大门拉向开的方向；天窗也可逃生，同样是打开玻璃护罩，顺时针旋转红色开关，然后用力将天窗朝外朝上顶出；能滑动的玻璃窗是更多的逃生渠道，打开保护按扣，即可推开玻璃窗。可以说，哪怕客车司乘人员从视频中学到一个逃生知识，在关键时刻也是受益终身的。

同时，这部片子首创了四个第一：第一支以乘客视角拍摄的客车行业安全片；第一支符合安全法规的客车行业安全片；第一支由航空与公路交通跨界打造的客车行业安全片；第一支航空级安全标准的客车行业安全片。

二 最清晰的脚印，往往印在最泥泞的路上

客车行业推行"品质革命"，需要有企业勇于担当"前锋"的角色。在白热化的市场竞争中，福田欧辉首先吹响了"冲锋号"。福田欧辉希望将品质理念推广到全国，不论是"全天候 可信赖"品质客车标准，还是"品质发现之旅"，都是其推动全行业"品质革命"的实际行动。2017年，福田欧辉的"品质发现之旅"进一步上升到一个新台阶，成为交通运输部的重大主题活动；在海外市场推进方面，欧辉也做出了很大的努力和改变。

当前，"中国制造"、"一带一路"的春风已经吹开汽车行业的满园花朵，福田欧辉如何打好这场"品质战"呢？

（一）"工匠精神"的力量是无穷的

质量之魂，存于匠心。过去，有部分新能源车企过分依赖补贴，对核心技术缺乏必要的重视，产出产品的品质并不高，阻碍了整个市场的发展。2017年补贴政策的大幅退坡，倒逼车企提高技术门槛，调整发展战略；进而推动行业进步，让有能力的企业脱颖而出。同时，随着李克强总理提出传统产业要向"中国制造"转型，有远见的车企已经开始向增品种、提品质、

创品牌的方向发展。作为标杆企业，福田欧辉在这场改革中充当了"排头兵"，希望以工匠精神，将产品品质再次提上一个新台阶。

依托北京、广东佛山两大生产基地，背靠福田汽车集团，福田欧辉客车将全部的力量专注于造车运动，2017年更是将"品质客车"的理念上升到一个新的层面。在2017年3月底举行的天津客车展上，福田欧辉提出了"全天候 可信赖"品质客车标准，成为行业首家提出品质客车评价体系的企业。该评价体系囊括对行业协会、学术研究、零部件、整车厂、客运公司等上下游产业链的相关评价标准，包括1个定位、2大目标、3D制造、4A品质、5S服务、6V价值。其中，1个定位即定位于中国客运行业品质质量；2大目标是致力于推动中国客运行业的品质升级，引领中国运输业以更高效、更安全、更绿色的方向发展为目标；3D制造为从制造、产品、服务等3个方面全面发力，践行数字化制造管理、数字化制造设备、数字化制造工艺的制造模式；4A品质就是打造出在任何需求、任何环境、任何路况、任何气候都能实现高效运营的品质客车；5S服务是指一站式嵌入服务、全生命周期共享服务、保姆式专业服务、四化服务体系、三全服务；6V价值就是要为用户带来包含全勤运营价值、金融购车支持方案、二手车残值、智能化远程运营价值、独家商务增值价值、配件保障方案六大体系。①

实际上，福田欧辉从2016年开启的"品质发现之旅"系列活动，就已经为其转型升级提供了新的思路。2016年，福田欧辉携手中国交通报社举办"2016品质发现之旅"系列活动，提出了56条关于提升交通运输装备品质的政策建议，并优化了88条国内客运、旅游、公交线路。借助2016年的"东风"，2017年，福田欧辉再次启动"品质发现之旅"的活动：2月20日，交通运输部在《关于印发2017交通运输重大主题宣传工作方案等的通知》文件中，将2017"品质发现之旅"升级为部级项目。此次活动延续了"走出去和请进来"两大阶段，"走出去"阶段，就是从5月起陆续在北京、西南、东北、华北、华中等地区开展活动，持续至12月底。"中国客车绿

---

① 《倚天既出谁与争锋——欧辉客车树立行业品质标准》，方得网，2017年4月5日。

色发展联盟"成员单位将全程参与,同时展开《中国客车品质大调查》,以"品质发现之旅"落地城市为点,挖掘品质大调查所需数据。"请进来"阶段,则是通过对福田欧辉等客车智能制造示范基地的参观体验,展现中国客车品质发展阶段性成果;并通过参观德国戴姆勒工业4.0工厂、奔驰博物馆、美国康明斯工厂、康明斯动力实验室、美国先进公交企业等国际先进品质典范企业,学习借鉴美德技术和运营的先进经验。[①]

当前,在中国经济转型升级的浪潮中,"中国制造"的代表正在各个行业衍生、崛起。在汽车行业,以福田欧辉为代表的客车企业充分发挥品质与技术优势,以创新精神,奏出"中国制造"最强音。福田欧辉的新能源客车和传统动力客车凭借优异的品质,已广泛推广至北京、天津、河北、山东、广东、东北、新疆、西藏等地,这既是福田欧辉交出的一张优异成绩单,也是其新征程的开始。

(二)品质"背书",海外道路越走越宽

福田欧辉的品质升级之路,不仅帮助其在国内市场迅速打开局面,也为欧辉在海外市场开拓新版图贡献了力量。当前,"一带一路"的春风已经吹遍各行业,背靠中国最大的商用车集团,福田欧辉在海外的道路正越走越宽。

福田汽车集团一直把海外市场放在重要位置,全球化是其发展三大主题之一。截至目前,福田汽车集团的海外渠道分布已经十分广泛,员工人数达到1300余人,基础比较扎实。遗憾的是,前些年,福田欧辉采取独立运作的方式,未能搭上集团海外业务的"便车",无法借力集团在海外的渠道网络。近年来,这一问题随着集团内部资源的有效整合而得到解决,如今,福田欧辉和福田汽车集团的联动性与协同性正在逐渐增强。加之福田卡车业务在海外市场的开拓上成果斐然,这不仅为福田欧辉后续进入当地市场提供了

---

① 赵伟:《塑造中国客车新品格——北京国际道路运输展"2017品质发现之旅"侧记》,《中国质量报》2017年5月31日。

渠道资源，也让福田汽车品牌深入人心，使得海外客户更容易接受欧辉客车。

近年来，在东南亚的印度尼西亚、非洲的肯尼亚等新兴发展中国家，福田欧辉已由过去单纯地出口产品，转型为提供包括绿色公交一体化、城市治堵、环境治理等在内的全方位的绿色交通解决方案；在沙特阿拉伯、格鲁吉亚、缅甸、乌干达等竞争激烈的海外市场，福田欧辉采取"渠道为王"战略，精耕细作，抓住机遇，克服了跨国市场开发中"水土不服"等诸多难题，以点带面，在海外市场取得重大突破。①

紧随"一带一路"的政策风向，福田欧辉凭借绿色、智能、舒适、高效、可靠等方面的品质背书，迅速在海外圈粉。进入2017年，福田欧辉千辆清洁能源公交车交付缅甸仰光公交公司，成就了中国客车出口海外第一大单。这意味着，无论是巷陌寻常百姓，还是海外客户，福田欧辉都已经将"品质客车"这个代名词刻在他们心里。

做市场销售，了解终端客户的需求是起点。这个道理大家都懂，但做起来并不容易。过去，福田欧辉在开拓海外市场的时候，对于终端客户的真实需求调查不够透彻，只是简单地将国内生产的客车直接交给国外的代理商去销售，自己当"甩手掌柜"。最近几年，欧辉逐渐认识到研究客户需求的重要性，开始放下身段，真正用心去聆听用户的心声。通过调查，福田欧辉很快发现，海外的很多市场与国内情况差别很大，因而在产品需求上也大相径庭，不能将国内的产品直接推向国外市场。比如，在泰国，客车司机习惯于在车上睡觉休息，车上的行李舱经常被拿来当床用。因此，在泰国市场，客车企业在设计行李舱的时候不仅要考虑方便行李取放，还要考虑方便司机休息。为了贴合不同市场的差异化需求，福田欧辉开始围绕客户来制定有针对性的市场策略，同时在获取终端客户的需求上做了大量研究工作，派人深入调查走访，跟客户面对面交流。

最重要的是，以前，福田欧辉做出口业务，是"猎人心态"，有什么机

---

① 《福田欧辉献礼"一带一路"峰会 千台大单交付缅甸》，方得网，2017年5月26日。

会就做什么单子，几乎是"靠天吃饭"；近年来，欧辉变成了"农夫心态"，主动寻找肥沃的土地去耕种。相对于国内市场而言，海外市场本身体量就不大，还要面临本地企业、欧美企业的竞争，复杂程度却要比国内市场大得多，需要企业沉下心来慢慢培育。近两年来，欧辉耕耘海外市场时强调追求客户满意度，讲求稳扎稳打、做精做细，不贪多。在拿下缅甸市场这个大单之前，福田欧辉就已经从相对较容易操作的城间客车入手，跟当地客户进行合作，希望通过客户的满意度来扩大和提升知名度。通过这样的运作模式，福田欧辉在当地建立起自己的销售渠道，培养提升自身的体系能力，在了解客户需求方面更加深入和精准。正是有了这样的前期市场耕耘，当几年难得一遇、体量大、交货期短的公交车订单出现时，欧辉才能一击而中。

天上不会掉馅饼。多个海外大单的斩获，是福田欧辉用心塑造品质、真诚服务用户的结果。据统计，2017年，福田欧辉的海外出口销量已占到其总销量的10%；未来，福田欧辉的海外出口占比要达到30%。在"一带一路"沿线市场，以福田欧辉为代表的中国客车品牌正加快走出国门，批量进驻各国。通过在海外市场实地运行的实践检阅，中国客车的科技创新、产品品质和高性价比已经得到认可，中国汽车品牌在国际市场的整体形象以及中国汽车制造业的竞争力正在持续提升。

三 踏潮而来的氢梦想离现实越来越近

在告别"得客运者得天下"的阶段后，中国客车产业在新能源转型升级的道路上，依旧在不断努力。然而，新能源的未来，究竟是纯电动还是氢燃料电池呢？

面对风云变幻的客车市场，坚持品质向上、持续创新已经成为福田欧辉保持行业优势地位的不竭动力，与此同时，领先的绿色发展战略和布局更为福田欧辉插上了腾飞的翅膀。自成立以来，福田欧辉就立足新能源车型的发展，不光在纯电动和混动车型上下足了功夫，还时刻不忘开拓氢燃料——这个被业界视为最环保、节能的新能源技术。十多年来，福田欧辉一直致力于氢燃料电池客车的研发与产业化，希望能够彻底改变人们"谈氢色变"的恐惧。尤其是，在氢燃料电池客车设计和制造的各个环节，福田欧辉都将其安全理念融入其中。

事实上，氢燃料电池客车已经不再离我们那么遥远。在氢能开发利用方面，我国的布局并不晚，早在2008年奥运会期间，就有3辆国产燃料电池客车成功进行了示范运行。"十二五"期间，氢燃料电池汽车开始重点推进"产学研"开发和示范应用；到了"十三五"，实现"燃料电池汽车要产业化，到2020年要实现燃料电池车批量生产和规模化示范应用"的目标更是被明确提上规划日程，这成为氢燃料电池汽车从"研究"到"产业化"的重要转折点。

相比十年前，燃料电池的成本在近两年内已下降约50%。在迈向商业化的过程中，氢燃料电池客车制造、加氢站建设的技术已经十分成熟，但还存在运营服务能力、成本控制等方面的问题有待解决。难能可贵的是，福田汽车积极响应供给侧结构性改革要求，在中国客车行业和交通运输提档升级的大背景下，以"纯电动+氢燃料"的创新理念和集成方案，不断探索氢燃料客车产业的市场化之路。通过成立欧辉氢燃料电池汽车生产基地，以及投入数十亿元打造新能源汽车工程研究中心，福田欧辉已经形成涵盖氢燃料电池客车研发、制造、燃料供给等各环节的完整产业链。从2008年北京奥运会期间福田欧辉打造的国内首辆登上新车公告的氢燃料电池大巴示范运营开始，福田欧辉在多年来不断的探索发展中，在氢燃料电池客车的开发上实现了四个首创：第一个实现"863计划"重点工程项目闭环，完成氢燃料电池客车研发；第一个全球范围内真正实现氢燃料电池客车产业化、商业化开发运营；第一个实现全球最大批量交付氢燃料电池客车；第一个开设氢能源品质课堂。①

截至目前，福田欧辉氢燃料电池客车已率先在行业内实现了批量生产和产业化运作；产品覆盖8.5米、10.5米、12米不同车型，涉及城市客车、

---

① 《"氢"动全球 福田欧辉氢燃料电池客车全球首发》，方得网，2017年4月20日。

城间客车、旅游团体、定制班车等多种类型用途。其中，8.5 米和 12 米的氢燃料电池客车已经完成了量产前的全部整车性能、燃料加注以及主被动安全测试。其新亮相的氢燃料电池客车也已经跟当年大不相同，一辆车的成本售价从几百万元下降到一百多万元；加氢时间只需要几分钟，续航里程和传统燃油车非常接近，已具备商业化规模推广的条件。

2017 年，随着"氢"风吹来，欧辉更是快马加鞭。2017 年 4 月，福田欧辉在全球首发 8.5 米氢燃料电池客车。作为行业首款最大批量订单的量产化氢燃料客车，该车采用全球领先的干膜技术，可实现零下 20℃ 低温启动、零下 46℃ 低温存放和停机自动保护，加氢不超过 10 分钟即可实现高达 500 公里的续航里程。除了应用众多吸引人眼球的燃料电池技术外，欧辉在车辆的轻量化技术、智能化等引领行业发展的尖端科技应用上，也大大满足了用户的期待。"操纵至简、驾乘舒适、智能监测、多重安全、环保高效"是福田欧辉赋予这款新品的科技标签，从车辆设计看，整车采用豪华时尚内饰设计元素、定制化环保内饰材料，以及人机工程学乘客座椅；氢气转化为电能的过程不涉及燃烧，无机械损耗，车辆运行平稳，静享舒适出行；安装远程监控系统，实时监控动力电池系统电压温度以及异常、整车的运行轨迹数据、驱动系统的数据等。[①]

可以说，这款氢燃料电池中型客车的首发，让很多人更加笃定，氢燃料市场将是新能源市场的一片新"蓝海"。在我国氢燃料电池客车产业化的发展道路上，福田欧辉作为"品质客车"的首倡企业，始终展现出"领跑者"的姿态。2017 年，由福田欧辉主导的氢产业联盟已具雏形，将从制氢、加氢、储存氢、运氢、经营氢全产业链角度入手，为客户提供一系列的解决方案。此外，福田欧辉还在北京、张家口建立了安全且可靠的储氢站和加氢站。

如果说，2017 年是中国氢燃料电池客车发展元年，也是近十年探索市场的好机会；那么，2018 年则是氢燃料电池客车的发力年。基于这个判断，

---

① 《"氢"动全球 福田欧辉氢燃料电池客车全球首发》，方得网，2017 年 4 月 20 日。

福田欧辉将2017年氢燃料电池客车的计划销量定为300~500辆，2018年争取超过1000辆。未来，福田欧辉计划以京津冀为中心，向周边城市和地区"辐射"并推广氢燃料电池客车。在北方，欧辉以张家口为主要发力点；在南方，以宜昌、重庆为主要发力点。

事实胜于雄辩，欧辉的战略规划并非"空中楼阁"，而是很快就结出了硕果。2017年8月25日，在张家口，福田欧辉与亿华通动力科技有限公司合作的氢燃料电池发动机生产基地内，首台氢燃料电池发动机下线。未来，张家口将启动百辆级氢燃料电池客车的示范运营，为2022年冬奥会氢燃料电池汽车运营做好准备。

十多年来，在追求氢燃料客车普及化的道路上，福田欧辉一直用心专注于自己和行业的每一步发展。也正是因为福田欧辉的坚持向上与专注创新，中国的"氢梦想"离现实才越来越近。

结　语

当前，中国已经成为全球最重要的新能源汽车市场。无论是纯电动、混合动力还是氢燃料电池客车，都在从产业发展的导入期走向成长期。

过度呵护下的孩子永远长不大，新能源客车的成长也不能单纯依靠政策的驱动和扶持。随着新能源客车市场的竞争进入白热化阶段，政府的引导方向也开始转变，倒逼新能源车企把更多的注意力放在技术研发和品质塑造上。若想在新能源这场战役中活得精彩并不断壮大，科技研发、品质提升无疑是企业的必经之路。

福田欧辉的阶段性成功，为汽车业树立了一个经典的范例。作为新能源的"老兵"、客车业的"新兵"，福田欧辉对行业发展的前瞻性，对技术研发的专注力，对产品矩阵的全面布局，助其在新能源客车领域闯出了一番天地。福田欧辉的成功案例再次证明，在"中国制造"深入人心的今天，只有坚守品质升级，方得发展长青之道。

B.13
银隆新能源：你若精彩，蝴蝶自来

舒慕虞*

摘　要： "你若精彩，蝴蝶自来。"银隆新能源作为客车行业的后来者，在不到十年的时间里异军突起，且相比老牌客车企业受到更多资本的追逐。特别是，电器大佬董明珠将其视为"金子"，对其始终不肯放弃，甚至将全部家当押上。本文将着重分析银隆新能源的成长魅力及核心价值，从中窥视众多资本追逐其的主要原因所在。

关键词： 银隆　格力　钛酸锂　快充　纯电动客车

银隆新能源股份有限公司（以下简称"银隆新能源"或"银隆"），这家在 2016 年以前还让人陌生的企业，从被人知晓后，有关它的新闻便不绝于耳，尤其在格力收购案后被世人所熟知，且频频登上各大媒体头条。

从格力电器发布收购意向，再到董明珠个人投资，董明珠始终不肯放弃在她眼中如同"金子"般的银隆新能源。2016 年 12 月，在新一轮增资中，董明珠以个人身份联手万达集团、京东集团以及中集集团等企业，联合为银隆新能源增资 30 亿元。

作为一家客车行业的"外来者"，银隆新能源成立于 2009 年，最初注册资金不到 1 亿元，却在 8 年间身价暴涨。它究竟是一家什么样的公司？为什么会受到资本的疯狂追逐？

---

* 舒慕虞，法学学士，方得网编辑。

客车蓝皮书

一 各大资本追逐的对象

(一)董明珠押上家当

银隆新能源的声名鹊起,多半与董明珠有关。2016年2月,格力电器停牌并发布公告称,近期正筹划发行股票用于资产购买,其交易标的为一家新能源汽车公司——银隆新能源。

格力之所以有这样的收购意向,离不开格力电器董事长董明珠对银隆新能源的看好。董明珠将银隆新能源视为"长期埋没在沙漠里的金子",她要做把金子从沙子里刨出来的人。令人遗憾的是,这桩酝酿了大半年的收购没有进行到底,遭到了股东大会的否决。在格力电器收购银隆方案未果之后,董明珠对银隆新能源的"信心"却没有削弱。董明珠仍对外表示,尽管格力没有收购成功,但银隆的钛酸锂电池技术无论在国内还是全球都是最先进的。

董明珠看好银隆新能源的前景,可不光停留在口头上。2016年12月,董明珠个人和其余投资者与银隆新能源签署增资协议,共同增资30亿元。其中,董明珠个人投资金额达到10亿元。

"我愿意拿我所有的资产投入到银隆,是因为我看到它是未来中国实现制造强国之梦的一条必经之路。"在自掏腰包之前,董明珠就曾对外表示,她会始终力挺银隆新能源。

事实也确实如此。如今,董明珠对银隆新能源完成了新一轮增持。截至2017年4月,董明珠在银隆新能源的个人持股比例进一步增加,其持股比例达到17.46%,成为银隆新能源的第二大股东,持股比例仅次于珠海市银隆投资控股集团有限责任公司。

(二)投资客接踵而至

看好银隆新能源的,不止董明珠一个人。很多投资机构及投资人也纷纷向银隆伸出橄榄枝,且对于投资银隆新能源都有各自的理由。此前30亿元的增资协议中还包括四家投资方：北京燕赵汇金国际投资公司、万达集团、中集集团下属企业——宁波梅山保税港区创智联诚投资管理合伙企业（有限合伙）、刘强东麾下的宿迁涵邦投资管理有限公司。按照各自的持股比例，万达集团出资5亿元，京东集团出资3亿元，中集集团出资2亿元。

诸多商业大佬做出投资银隆新能源的决定，除了信任董明珠以外，还有更深层次的意义。在制造领域，一个不容忽视的新趋势是，随着世界能源结构加快向低碳化、无碳化模式演变，新能源将成为全球制造业崛起、创新经济增长点以及抢夺未来制高点的关键手段，新能源替代传统能源已是大势所趋。

对于万达而言，投资银隆新能源是其近30年来第一次投资制造业。"银隆有两个核心价值，一是新能源汽车技术；二是储能技术。"在万达集团董事长王健林看来，比起新能源汽车的制造，他更看好银隆在储能产业领域的优势。这一项目的投资前途更多是在储能上，只要把储能技术真正地做到商业化，其前景无限。

同时，国内电商也在向新能源靠拢。电商的优势在于运输车辆具有路径较固定、运营时间较规律的特征，其更适合使用新能源汽车。作为电商大佬之一，京东集团将与银隆的合作视为向新能源领域迈出的第一步。京东集团副总裁熊青云表示，"京东正不断探索向物流体系中引入新能源车辆，减少能耗，降低污染排放，提高能源的利用率。我们将与银隆在新能源领域进行更深一步的探索，尝试多维度的合作，利用银隆领先的钛酸锂技术，协同研发更为安全、稳定、耐用的物流专用车辆"。

作为全球优秀物流装备与能源装备供应商，中集集团在机场码头车、摆渡车市场的份额占到40%。近年来，为了顺应全球经济的转型升级，中集集团同样对新能源产业有着强烈的发展诉求。中集集团副总裁李胤辉表示，以往机场摆渡车以燃油车为主，但中集与银隆合作后，中集可借助银隆的新能源技术优势，向客户提供新动能，为生态环境做出贡献。

"企业家的作用在于有前瞻性，能看到别人看不到的趋势。"在王健林看来，之所以投资银隆新能源，对各家企业来说，是"各取所需"。

二 解读银隆新能源

各大商业大佬疯狂追逐的银隆新能源,到底是一家什么样的企业?为什么在董明珠、王健林等大佬眼中这么值钱?从技术路线而言,银隆新能源力推的钛酸锂电池技术,其研发现状和经济效益究竟如何?

(一)这家公司在做什么?

银隆之所以"跨界"进入新能源汽车领域,毫无疑问是瞄准了新能源汽车的巨大发展潜力。2009年,银隆新能源产业园正式动工,银隆进军新能源汽车产业;2012~2013年,银隆新能源收购了珠海广通汽车、石家庄中博汽车等车企,借助国家新能源汽车示范推广优惠政策和国家汽车产业振兴规划,加快储能锂电池及纯电动客车的生产和研发。

进入新能源领域后,银隆新能源犹如一匹"黑马",发展迅猛。2014年9月,银隆纯电动客车小批量进入北京公交市场,引起客车行业内不小的震动;2015年,银隆在纯电动客车市场的年销量跻身行业前十;2016年,银隆纯电动客车销售订单超6200辆,比上年增长110%,在纯电动客车行业的排名跃升至第五。

目前,银隆新能源核心业务以锂电池研发制造为重点,再延伸到电池管理系统、电驱动系统、电控系统、车用空调等领域,形成一条完整的电动汽车产业链,在新能源市场具备较强竞争力。截至目前,采用钛酸锂快充电池的银隆新能源纯电动客车已陆续销往全国多个省份,覆盖40多个城市。在河北石家庄、邯郸等城市,投入运营的银隆新能源纯电动公交车数量更是高达千辆。同时,银隆还成功进入美国、荷兰、挪威、德国等海外发达市场,钛酸锂电池的优异性能为全球各大城市提供真正绿色环保的公共交通动力,对电动汽车市场带来了变革与突破。

(二)核心竞争力是什么?

银隆新能源之所以一路行驶在快车道上并不断超车,关键就在于其手上握有多项新能源汽车相关的核心技术与专利。一直以来，银隆新能源专注于新能源汽车自主研发，除了独立掌握"电池、电机、电控"三大核心技术外，还同时掌握着储能系统的先进技术。

通过自主研发及兼并整合，银隆新能源现拥有钛酸锂材料、电池制备、储能系统、新能源汽车等近200多项核心专利，并攻克了锂离子电池安全、快速充放、一致性、寿命、产业化等五大难题。同时，银隆新能源的储能电池生产线，既能生产钛酸锂电池也能生产磷酸铁锂电池，并且在产能、自动化程度等方面优于多数同行企业。

1. 独掌"三大电"核心技术

电池是电动车的动力源和心脏，靠着钛酸锂电池技术实现"弯道超车"的银隆新能源，在动力电池方面的优势不言而喻。银隆新能源董事长魏银仓表示，在钛酸锂电池负极材料上，银隆掌握了世界最先进的新型高比表面积纳米级钛酸锂负极材料的制备技术。银隆还掌握了纳米材料生产线，这是一条具有世界先进水平的规模化自动生产线。

据了解，银隆新能源掌握的钛酸锂技术依托奥钛专利生产工艺，将石墨更换为新型高比表面积的纳米级钛酸锂负极材料，并经过自主创新，实现了十分钟内快速充电、耐宽温（-50℃～+60℃）、长循环使用寿命、不起火不爆炸高安全等优点，在当今锂电池领域独具优势。

银隆新能源的钛酸锂电池，具有高安全、长寿命、耐宽温、快充放等四大优势。其一是高安全性。银隆钛酸锂动力电池克服了充电环境下的安全问题，具有不起火、不爆炸等高安全性；其二是长寿命。钛酸锂电池可快速完全充放电循环3万次以上，是其他电池的10倍，使用寿命长达30年；其三是耐宽温，环境适应性强。在低温下，钛酸锂电池各项动力学性能仍能保持常温时的状态，具备-50℃～60℃的充放电能力；其四是快充放。在满功率情况下，美国由于不限制充电电压，钛酸锂新能源汽车3分钟可完成充电；在中国，钛酸锂新能源汽车6分钟可充电96%以上，而传统电动汽车每次充满电需要四个至十个小时。

多年来，银隆新能源一直致力于钛酸锂电池能量密度的提升。目前，银

隆新能源研发的第四代高能量密度钛酸锂电池,比上一代产品优势更明显:一是成本降低40%;二是能量密度提升60%。此外,2016年,银隆研发出氢钛动力总成,通过将钛酸锂电池功率密度高与燃料电池能量密度高的双重优势有效结合,实现互补效应,大幅提升电动汽车的续航里程。

除了电池核心技术外,银隆新能源还掌握了电机、电控等核心技术,打造从材料到三大电(电池、电机、电控)、充电设备、储能、整车等在内的新能源闭合式循环产业链,形成不受材料制约、不受外国制约、拥有完全自主知识产权的新能源汽车制造格局,在一定程度上拥有行业话语权和议价权。

2. 储能技术前景广阔

银隆新能源掌握的钛酸锂电池技术的价值不仅表现在新能源汽车上,还延伸到储能系统的技术应用上。

事实上,储能是未来能源革命、产业革命中一个十分重要的环节,同时也被认为是新能源产业的最后一块"蛋糕"。据《储能产业研究白皮书2017》披露的数据显示,2016年底,全球投运储能项目装机规模总计168.7GW,同比增长2.4%。其中,电化学储能的装机规模为1769.9MW,同比增长56%,且以锂离子电池为主(占比65%)。

银隆新能源自诞生之日起,除了致力于打造新能源汽车核心竞争力以外,一直在做的另一件大事,就是发展储能产业。魏银仓曾表示,钛酸锂的优点是寿命长(可达30年)、安全、适用高低温范围宽以及兼顾功率密度和能量密度,其在(工业)储能领域的优势甚至大于汽车动力电池。

尽管在储能市场存在"唯能量密度论",但魏银仓并不认可,"盲目追求能量密度是一个伪命题"。他认为,储能技术的真正性价比基础是电池寿命。"如果储能产品的使用寿命达不到三十年的要求,这可能只是投机行为。按照电力市场规律,无论是发变配输,投资回报率没有高过10%的,这样一来,不算建设期,起码10年才能回本。而且,发变配输电设备寿命都是大于30年的,寿命少于30年的电池有人敢投吗?"

魏银仓看好自家企业的储能技术,向银隆新能源砸下数亿元投资的两位投资者——董明珠、王健林，同样看好银隆的储能前景。董明珠认为，银隆的家庭智能储能系统将会成为格力智能家居战略的重要一环："智能储能系统为家庭节省用电费，如果与光伏结合，电费能够节省过半，也对社会节能环保有重大意义。如果全国每一栋大楼都用上新型的储能装备，市场需求将达到上万亿元"；同时，王健林也十分看好银隆新能源的储能前景，并认为，如果储能市场进入爆发阶段，银隆估值将会翻倍。

目前，银隆钛酸锂储能系统已在电网调峰、新能源并网、军事以及移动UPS等多个储能领域得到广泛应用，并以卓越的技术和良好的验证效果，赢得全球许多优秀合作伙伴的青睐。其主要应用于大型储能电站、家庭储能、工业储能、备用电源四大版块：一是参与大型储能项目，包括国家电网张北风光储、南方电网863调频调峰等；二是应用于家庭储能。以家庭为单位，利用储能系统打造智能家居系统平台，发挥出电网调频调峰等作用；三是应用于工业储能，比如生物发电厂电池系统；四是作为备用电源，成为风机发电、光伏发电等新能源利用的重要一环，直接替代柴油备用发电机。

正是由于银隆新能源储能系统具有先进性、高稳定性、高一致性、高放电倍率等性能，银隆也得到了政府方面的高度认可。资料显示，银隆新能源曾参与国家电网公司科技项目"储能用钛酸锂电池及储能系统研制"，并顺利通过国家验收；与中国南方电网合作的南方电网兆瓦级电池储能站863项目课题示范工程蓄电池系统，已通过国家验收；20千瓦家庭用储能项目落户石家庄；成功进入珠海金湾航空规划馆，开启了国内智能储能民用领域商业化运行典范。

此外，凭借大容量电池储能系统关键技术研发与应用，银隆新能源还获评中国南方电网公司科技进步奖、"2016年度光储充行业十大储能电池供应商"等荣誉，其产品品质备受客户和市场的赞誉，在储能行业地位卓越。

（三）技术之外需要企业灵魂

人无灵魂乃行尸走肉，企业亦然，一个没有灵魂的企业注定走不远。成功的企业都有一个共同点，就是它们拥有自己的灵魂，自己的追求。银隆新

能源也如此，它自成立起就有着不一样的情怀——立志推进节能减排，保护生态环境。

随着全球能源日趋紧张，生态环境日益恶化，大力发展新能源汽车已成为中国汽车产业的共识。一是从能源战略角度考虑，如果国内汽车保有量保持目前增速的话，到2020年中国石油进口依存度就可能达到70%，到2030年可能达到80%，这是中国能源安全战略不能允许的，而发展新能源汽车可以把石油对外依存度控制在一定范围内；二是受环保"倒逼"，大力发展电动汽车，有利于降低碳排放和导致雾霾的污染物，发挥减排、改善环境质量的作用。

在银隆新能源看来，从经济效益角度分析，新能源汽车产业化发展是摆脱经济低谷的转折点，也是各国在面临传统汽车实体经济低迷的情况下，不约而同选择的经济振兴战略。新能源汽车能得到全世界的广泛认同，不仅在于它所具备的节能减排、环保特性，更在于其在汽车工业新增长点方面所表现出来的潜力。从社会效益角度分析，发展新能源汽车替代传统汽油、柴油车，对于减少尾气排放、降低能源消耗、保护区域环境、加强生态建设等具有重要现实意义。据科学测算，1000辆传统燃油公交一年的废气排放量有13.8万吨，与378万棵树的排氧量相当；如果一个城市投放1000辆零排放纯电动公交，就等于在城市中心建造了一个万亩森林公园。

为此，银隆新能源在打造产业链时，尤其注重以"兼并、收购、重组"方式进行，最大限度减少重复建设，减少占用不可再生的土地资源，减少破坏自然环境；在进入市场初期也先集中力量促进新能源公交车替代传统燃料车型，从而实现推进节能减排、保护生态环境的企业目标。

三　亮眼的市场业绩

（一）跻身行业前五阵营

做企业不能光靠情怀，还要参与到市场竞争，并在市场竞争中靠业绩来证明自己的实力。依靠不一样的技术路线与情怀，银隆新能源近三年的发展速度非常迅猛，有着漂亮的成绩单。

2015年，银隆新能源实现纯电动客车销售订单近3000辆，销售金额接近40亿元；当年生产纯电动客车3189辆，累计增长2228%，市场份额为3.6%，在国内纯电动客车行业排名第七。2016年，银隆新能源的增长进一步加速，全年接到纯电动客车销售订单6200辆，较2015年增长110%；继2015年以黑马姿态首次进入行业前七后，2016年银隆排名上升两位，跃升至纯电动客车行业第五。

进入2017年以后，受财政补贴大幅退坡的影响，纯电动客车市场陷入低迷。1~7月，我国纯电动客车累计产量只有1.37万辆，比上年同期的3.57万辆下降62%。不过，即使行情下滑，银隆新能源仍逆势增长，成为行业亮点，其前7个月累计生产纯电动客车1487辆，同比逆势增长35%，市场份额达到10.8%，进入行业前三甲。

此外，银隆新能源还通过"零元购车、十年租赁、十年质保、整车替换、四方共赢"的独特商业模式，先后进入北京、哈尔滨、珠海、汕头、石家庄、包头等国内40多个城市批量运营。特别是，在石家庄运营的2000辆纯电动公交车全部为银隆新能源品牌，银隆还成为国内首条纯电动双层观光线路——北京观光3线的首选用车。

从一家默默无闻的新秀企业，到步入行业前十强梯队，再到行业前三强阵营，不得不说，银隆新能源的业绩表现，让多数人都为之侧目。

（二）品牌影响力扩大

除了近三年来取得的不错业绩外，银隆新能源在国内外的品牌影响力也在不断提升。

2014年，银隆纯电动观光铛铛车入选成为2014年北京雁栖湖APEC峰会官方指定用车，同年，其观光铛铛车还被投放到北京天安门旅游观光线路上，形成一定行业影响力。2016年举行的第二届中美低碳峰会上，银隆"中国红"——纯电动双层客车作为指定用车现身会场；同年，银隆"中国红"又被投放到北京旅游观光3线。

2016年10月，第八届中国国际航空航天高峰论坛在京召开。作为中外航空航天界交流和合作的重要平台，该论坛被誉为"中国航空航天领域最具影响力和规模最大的盛会"。而本次论坛的接待用车，选用的是由银隆新能源赞助的10辆纯电动大巴与10辆6米纯电动商务车。

2017年8月，青岛啤酒节期间，4辆仿古的银隆新能源纯电动铛铛车格外引人注目，墨绿色的车身，整车仿古的设计，为节日再增一道亮丽的风景。

2017年9月2日，河北省石家庄市首届旅游产业发展大会在古城正定拉开序幕，银隆新能源纯电动客车荣膺此次大会指定用车，负责南关民族文化村、云居庄园，以及老干部局等地点嘉宾的接送任务。除了深受广大群众喜爱的铛铛车之外，还有同样零排低碳、安全舒适的纯电动旅游车。银隆纯电动客车在接送任务中展示出来的高运营效率、快充放等特点，受到嘉宾们的一致好评。

近年来，通过服务APEC会议、中美气候峰会、中国国际航空航天博览会等国际国内重大会议与活动，银隆新能源不但展现出中国自主企业在新能源汽车研发领域的强大实力，也增强了外界对于银隆新能源品牌的认可与信赖。

（三）持续强化创新力

银隆新能源在快速崛起，成为纯电动客车业的"黑马"的同时，也在不断强化其体系的创新力。这不仅体现在技术上，也体现在商业模式上。

1. 技术创新

银隆新能源注重自主科技创新，为保持全球领先技术，在全球建立了"五大研究院"：美国奥钛材料研究院、银隆新能源电池研究院、银隆新能源储能研究院、银隆新能源乘用车研究院和银隆新能源商用车研究院。多年来，银隆始终坚持整体发展思路，打造"两大产业链"——储能与新能源汽车；"四大平台"——技术、产业、市场、资本；"五大核心"——材料、技术、专利、结构、工艺。

在核心技术的研发中，银隆新能源除了以钛酸锂电池研发为核心外，还于2016年将钛酸锂电池与氢燃料电池的优势相融合，研发出氢钛动力总成，实现了能源的最大化利用。众所周知，燃料电池的耐低温性能是其缺点之一，2016年冬，银隆新能源在黑龙江漠河极寒地带进行试验时，应用氢钛动力技术，克服了氢燃料动力电池耐低温性能较差的缺点。以12米大巴为例，采用银隆氢钛动力总成的新能源客车只需配装同类车所需的1/4的氢燃料动力电池，便可满足运营需求。

在银隆新能源看来，随着国内多个基地在2017年底前投产，以及氢钛动力总成批量化生产并投入到大中型商用车、乘用车领域进行实践应用，银隆将对新能源汽车产业格局带来巨大变革。

2. 商业模式持续创新

掌握核心技术之后，银隆新能源还打造出创新的商业模式，将其引入公共交通领域，使电动汽车的采购不再成为政府财政的负担。银隆相关负责人表示，"我们深知电动汽车的一次性采购成本高于传统汽车，因此，我们将利用创新商业模式，来支撑并推动整个市场的良性发展"。

为此，银隆新能源提出了"零元购车、十年租赁、十年质保、整车替换"的独特商业模式。该模式不需要政府投入过多资金，就可达到政府、公交、车企、金融四方共赢的目的。此外，为保障车辆更好地运营，银隆新能源还将车辆与"互联网+""大数据"等时代元素相结合，大幅提升车辆的安全运营水平。通过银隆开发的"互联网+智能监控平台"，运营者通过手机App便可掌握车辆的全部运行数据，包括整车内部的能耗、三电系统运营情况、驾驶员操作习惯等数据，便于实时了解整车的运营状况。该智能监控平台的应用，也大大提升了银隆的后勤保障服务能力，通过此系统，银隆实现了点对点的实时监测，如遇突发情况即可第一时间通知后勤团队赶赴现场，开展维修处理工作，这也在很大程度上协助银隆做到了24小时全天候保姆式服务。

3. 继续追求产品创新

为进入以北京为代表的公交市场，银隆新能源创新打造出来的复古

"铛铛车",别具一格。2014年9月28日,北京首条采用复古"铛铛车"造型的旅游观光线开通运营,采用的就是银隆新能源钛酸锂纯电动客车,外型仿造的是1924年北京第一条有轨电车的模样,但内部采用了最先进的纯电动客车技术,既延续传统又突破常规,一经上市便受到乘客的交口称赞。

此后,北京故宫、前门、北海等名胜古迹周围都投放了银隆牌新能源复古铛铛车,银隆复古铛铛车俨然成为北京城内一道独特的城市风景。同时,银隆新能源打造的仿古"铛铛车"还先后批量进入珠海、石家庄。

进入2017年,银隆新能源又尝试着在业内率先推出纯电动广告车。该车型运用了当前前卫、时尚的数字化广告传播模式,使广告传播内容更为丰富、动感,同时展示方式更为规范、新颖。该创新性车型的推出,对于公交客车车身广告的传播方式来说是一次震撼人心的变革,它将客车的运营价值与广告价值相结合,是银隆将产品价值更大化的又一次创新。

四 又到关键一搏——为冲刺 IPO 做准备

站上新台阶的银隆新能源,如今又到了关键一搏——为冲刺 IPO 做准备。

银隆新能源于2017年5月17日在广东证监局办理了辅导备案登记,意味着受多方资本追逐的银隆新能源正式开始了 A 股 IPO 冲刺。

(一)再拓版图,加大产业基地投资

进入2017年,银隆新能源在短短8个月内形成了以百亿元为基础量级的高强度投资节奏,完成8个产业园基地的布局。

2017年1月21日,兰州银隆新能源产业园项目签约,前两期共计划投资25亿元建设新能源客车生产基地,于5月开工。

2017年4月,银隆新能源南京制造基地正式签约落户溧水,总投资金额为100亿元,一期项目将建成纯电动商用车、动力电池以及汽车启停电源的生产基地。

2017年8月8日，洛阳市与银隆项目合作签约仪式在河南郑州举行。双方签订三大框架协议，银隆将在洛阳高新区打造银隆新能源（洛阳）产业园。其新能源汽车整车生产基地建成后，将达到2万辆纯电动汽车产能，其中包括1万辆纯电动商用车、5000辆纯电动特种专用车和5000辆新能源环卫车。

此外，银隆新能源还将在大本营珠海金湾区新能源专区规划2400～5000亩用地，建设成立银隆新能源产业园和全国总部，打造中国乃至世界最现代化的电池、电动汽车、储能系统、电机、电控等产业基地，满足年产30亿Ah钛酸锂电池、6万套氢燃料电池、1万辆纯电动客车、50万辆纯电动乘用车、1000MWh储能系统及6万套电机电控集成系统、6万套充电设备的新能源汽车及电池产业基地。

截至目前，银隆新能源已建成"八大产业基地"（含正在规划建设中的基地），分别位于珠海、武安、石家庄、天津、成都、南京、兰州及美国。这些产业园基地的建成，真正实现了"全球辐射性战略部署"。

（二）无法阻挡的脚步

在战略投资者的资金支持下，银隆新能源目前在产业布局、资产规模、市场开拓、技术研发和盈利水平上均有了跨越式的发展，已描绘出未来发展的全景蓝图。

银隆新能源表示，展望未来五年，公司计划持续投入研发行业内先进技术，在保持国内领先地位的同时开拓海外市场，树立起良好的企业品牌形象，培育优秀的企业文化，提升技术工艺和管理水平，力争成为全球新能源汽车与储能系统领域的一流企业。银隆新能源在2017年规划完成对整车（客车、物流车、乘用车）、电池、PACK、LTO、负极材料、储能、充电站、氢钛总成和加氢站的布局建设，全年力争实现超1000亿元产值。在其五年规划中，银隆要实现商用车10万辆（含轻客和物流车）产能以及钛酸锂材料、LTO、钛氢动力、电机电控的配套产能，同时完成100万MWH储能系统，实现产值达2000亿元。

在 2017 年 3 月举行的"格力智能装备全球首发暨高峰论坛"上,魏银仓曾公开表示,银隆对社会要有个交代,因为很多人关心、支持银隆,"特别是董总(董明珠)在收购没有成功的情况下,把全部身家都压在了银隆,我压力很大。业内没有任何一家企业像银隆的股东那样,有这么多央企、著名的投资人和著名的企业家,所以,银隆肯定要对各位的未来有一个好的交代。"

有了多方资本加持后,银隆新能源没有满足于估值暴涨,而是通过大规模的产业版图扩张,坚持创新引领发展,争创成为继中国高铁后的又一张工业制造国家名片。

参考文献

1. 陈鹏丽:《董明珠增持珠海银隆持股达 17.46% 成"二当家"》,《每日经济新闻》2017 年 4 月。
2. 刘天思:《董明珠携万达、京东等资本入股银隆布局新能源发展》,央广网,2016 年 12 月。
3. 《银隆创新布局 氢钛动力总成构筑产业发展新动能》,中国储能网,2017 年 5 月。
4. 付航:《董明珠:格力收购珠海银隆看中储能技术》,新华社,2016 年 8 月。
5. 廖明山:《珠海银隆稳步迈向世界新能源汽车与储能系统领域一流企业 新能源汽车产业刮起"银隆钛"旋风》,《珠海特区报》,2017 年 1 月。

附 录
Appendix

B.14
中国客车大事记
（2016年8月至2017年8月）

舒曼 李丹*

2016年

8月11日 武汉市政府与比亚迪股份有限公司签署战略合作框架协议。比亚迪将在武汉成立分公司及子公司，投资30亿元在武汉黄陂区建设新能源客车生产及物流基地，生产纯电动客车、中巴、小巴、物流车等，并进行关键零部件的研发和制造。

8月18日 珠海格力电器股份有限公司公布了有关收购珠海银隆的议案，格力电器拟作价130亿元收购珠海银隆新能源有限公司100%的股权。

---

* 舒曼，方得网副主编；李丹，方得网编辑。

该议案一经公布便受到各界质疑。10月底，收购珠海银隆并募集资金的整体方案在格力电器临时股东大会上被否决。这一表决也最终让格力电器被迫终止对珠海银隆的收购。

9月1日 湖北潜江市举行新能源公交车投放仪式，正式投放运营150辆珠海银隆钛酸锂快充纯电动客车。

9月2日 深圳市印发《深圳市2016年新能源汽车推广应用财政支持政策》的通知。通知对购车补贴做出了详细规定：纯电动客车方面，对标准车（指10米<L≤12米，L为车身长度，下同），每辆最高补贴50万元；6米<L≤8米客车按照标准车0.5倍给予补助；8米<L≤10米客车按照标准车0.8倍给予补助；12米以上、双层客车按照标准车1.2倍给予补助；燃料电池汽车方面，燃料电池轻型客车每辆补贴30万元，燃料电池大中型客车每辆补贴50万元。

9月3日 湖南长沙市采购比亚迪客车签约仪式在比亚迪二期充电站举行，湖南巴士、龙骧巴士、宝骏巴士与比亚迪正式签约，共采购600辆比亚迪K8纯电动公交车。

9月4~5日 第十一次二十国集团领导人峰会（G20峰会）在杭州举行，多家客车企业为此次盛会提供了交通保障用车服务。其中包括宇通T7商务客车、福田欧辉插电式混合动力城间客车、安凯宝斯通客车、上汽大通宽体轻客V80，以及苏州金龙海格新能源公交。

9月8日 财政部新闻办公室通报了新能源汽车推广应用补助资金专项检查情况，并对苏州吉姆西客车制造有限公司、金龙联合汽车工业（苏州）有限公司、深圳市五洲龙汽车有限公司、奇瑞万达贵州客车股份有限公司、河南少林客车股份有限公司5个典型案例予以公开曝光。通报中对上述5个典型案例的处理结果是：对恶意骗补情节最严重的苏州吉姆西客车制造有限公司，取消其中央财政补贴资格，2015年生产的全部车辆中央财政不予补助，追回2015年度预拨的全部中央财政补助资金，同时，由工信部取消其整车生产资质。对金龙联合汽车工业（苏州）有限公司、深圳市五洲龙汽车有限公司、河南少林客车股份有限公司、奇瑞万达贵州客车股份有限公司等4家企业，追回2015年度2416辆违规上牌车辆获取的中央财政补助预拨资金，并按问题金额的50%处以罚款。同时，自2016年起取消上述4家企业中央财政补贴资格。

9月22日 全球最负盛名的德国汉诺威国际商用车展开幕，"中国军团"闪耀汉诺威。此次汉诺威车展，共有三家中国客车企业参展，并且展车全部是纯电动客车产品。其中，比亚迪带来了一款纯电动公交车和一款C9纯电动座位客车；中车电动展出了两款纯电动公交车；银隆新能源展出了一辆纯电动公交车及其钛酸锂快充电池产品。

9月28日 宇通客车在长沙总投资1.2亿元的"旗舰版"服务中心站正式开业，这是客车行业目前为止规模最大的服务站。

10月18日 陕西省人民政府办公厅发布"关于进一步加快新能源汽车推广应用的实施意见"。意见指出，在西安市新能源汽车推广应用试点基础上，推进全省新能源汽车的推广应用，努力将陕西省建成全国重要的新能源汽车产业基地。2016~2020年，全省新能源汽车推广应用力争达到10万辆以上，外省车辆省内推广应用比例不低于30%。其中，新能源公交车达到7000辆以上，占到全省公交车保有量的50%；公务车新能源汽车采购量不低于30%。全省新能源汽车实现累计销售50万辆以上。

10月25日 国家税务总局与交通运输部联合发布《国家税务总局交通运输部关于城市公交企业购置公共汽电车辆免征车辆购置税有关问题的通知》，对城市公交企业自2016年1月1日起至2020年12月31日止购置的公共汽电车辆免征车辆购置税。

10月25日 宇通客车2015年度科学技术表彰大会在宇通工业园召开，大会对公司2015年在产品、技术、工艺、质量等各方面代表性的创新项目予以表彰，其中最高奖项单项奖金高达330万元。

10月 珠海广通客车完成相关的工商变更，广通客车的法人变更为中兴通讯相关高层。经过一年多的谈判，中兴通讯以数亿元入股广通客车，取得了绝对控股地位，同时也获得了进入汽车市场的资质以及传统造车技术。

11月3日 南京金龙开沃新能源汽车深圳生产基地在坪山新区施工现

场举行开工奠基仪式。该产业基地计划投资 80 亿元，分三期建设，项目建成后将具备年产 1 万辆大中型客车、2 万辆轻型商用车的生产能力，同步规划新能源 MPV 和 SUV。

11 月 4 日 安凯客车发布公告称，公司近日与合肥公交集团有限公司签署了《工业品买卖合同》，安凯客车向合肥公交集团供应安凯牌客车 600 辆（其中天然气客车 380 辆、气电混合动力客车 120 辆、纯电动客车 100 辆），合同总价 57414 万元（新能源车不含 2016 年现行国补）。

11 月 7~8 日 福田欧辉 8.5 米氢燃料电池客车亮相国际燃料电池汽车大会。这是欧辉全球首批百辆氢燃料电池客车订单中第一辆正式下线的车辆。

11 月 9 日 斯堪尼亚与苏州金龙海格客车共同在苏州举行斯堪尼亚·海格客车新工厂竣工投产仪式。斯堪尼亚·海格豪华客车新工厂总建筑面积 22004 平方米，具有节能、环保两大亮点，具备 1000 辆以上高端豪华客车的年生产能力。

11 月 11 日 国家工信部下发《关于进一步做好新能源汽车推广应用安全监管工作的通知》，通知要求，新能源汽车生产企业是安全第一责任人，要落实产品质量安全主体责任；地方政府有关部门要切实做好安全监管工作，行业组织要充分发挥行业自律和技术支撑作用。自 2017 年 1 月 1 日起，电动客车安全国家标准出台前，所有新生产的新能源客车暂按《电动客车安全技术条件》的要求执行。

11 月 20 日 亚太经济合作组织（APEC）第二十四次领导人非正式会议在秘鲁首都利马召开。以宇通客车为代表的中国自主品牌汽车成为峰会的指定服务用车，在会议期间护航各国参会人员的安全、正常出行。这是宇通客车继 2015 年服务菲律宾 APEC 会议之后再次承担服务用车任务。

12 月 2 日 在暂停 8 个月之后，工信部发布了"新能源汽车推广应用推荐车型目录"（第 4 批），其中涉及 293 款纯电动客车和 78 款插电式混合动力客车。此前，由于受到"骗补"核查的影响，第 4 批推荐车型目录迟迟未发布；该目录在 2016 年年底发布，可谓是一场"及时雨"，让当时发展前景十分不明朗的新能源客车行业缓了一口气。

12月12日 中通客车发布公告称，根据《关于继续开展新能源客车推广应用工作的通知》和财政部《关于下达节能减排补助资金用于2015年新能源汽车补助清算和新能源公交车运营补助的通知》等相关规定以及公司新能源客车的销售情况，中通客车收到聊城市财政局向本公司转支付的2015年国家新能源汽车推广累计补贴款203611万元。

12月15日 大连万达集团、中集集团、董明珠个人（时任珠海格力电器股份有限公司董事长兼总裁）、北京燕赵汇金国际投资公司、江苏京东邦能投资管理有限公司等5家企业和个人与珠海银隆新能源有限公司签署增资协议，共同增资30亿元，获得珠海银隆22.388%的股权。

12月18日 宇通客车发布公告称，根据国家财政部《关于下达节能减排补助资金用于2015年新能源汽车补助清算和新能源公交车运营补助的通知》等相关规定，除2015年已收到的预拨付资金外，宇通收到2015年国家新能源汽车推广补贴款323048万元。

12月19日 国务院正式发布《"十三五"国家战略性新兴产业发展规划》，在这份规划中再一次明确了新能源汽车、新能源和节能环保等绿色低碳产业的战略地位，并提出：大幅提升新能源汽车和新能源的应用比例，全面推进高效节能、先进环保和资源循环利用产业体系建设，推动新能源汽车、新能源和节能环保等绿色低碳产业成为支柱产业，到2020年，产值规模达到10万亿元以上。提升纯电动汽车和插电式混合动力汽车产业化水平，推进燃料电池汽车产业化。到2020年，实现当年产销200万辆以上，累计产销超过500万辆，整体技术水平保持与国际同步，形成一批具有国际竞争力的新能源汽车整车和关键零部件企业。

12月23日 宇通新能源监控平台完成各项测试，率先实现与国家监测平台的对接，这标志着今后宇通销售的所有新能源客车，可通过该平台对整车及动力电池等关键系统的运行状态进行实时监测和管理。工信部在此前下发的《关于进一步做好新能源汽车推广应用安全监管工作的通知》中要求，2017年1月1日前所有新能源汽车生产企业应尽快建立监测平台，并与国家平台完成对接测试；2017年1月1日起，新申报新车公告的车型，应完成车载终端—企业平台—国家平台的数据传输测试。这也被认为是加强新能源汽车推广应用安全监管，推动新能源汽车产业健康可持续发展的重要举措。

12月27日 随着最后一辆客车在试交车间的成功交车，中通客车"跨越百亿元"攻坚战顺利收官，产值成功突破百亿元。2016年，中通客车累计销售新能源客车达到14105辆，排名行业第二。

12月28日 工信部发布《新能源汽车推广应用推荐车型目录》（第5批），涉及207款纯电动客车、79款插电式混合动力客车和3款燃料电池客车。第5批推荐车型目录的发布，为当年年底新能源客车市场的火爆再添了"一把火"。

12月29日 财政部、科技部、工信部、发改委等四部委联合发布了《关于调整新能源汽车推广应用财政补贴政策的通知》，从2017年1月1日起调整新能源汽车补贴标准。对新能源客车，以动力电池为补贴核心，以电池的生产成本和技术进步水平为核算依据，设定能耗水平、车辆续驶里程、电池/整车重量比重、电池性能水平等补贴准入门槛，并综合考虑电池容量大小、能量密度水平、充电倍率、节油率等因素确定车辆补贴标准。同时，分别设置中央和地方补贴上限，其中地方财政补贴（地方各级财政补贴总和）不得超过中央财政单车补贴额的50%。除燃料电池汽车外，各类车型2019~2020年中央及地方补贴标准和上限，在现行标准基础上退坡20%。按照2017年新的补贴标准，新能源客车各类车型的购置补贴普遍下降40%~50%，这也在很大程度上造成了2017年上半年新能源客车市场的大幅下降。

12月30日 "西安市纯电动公交车投运启动仪式"在西安灞桥区公交八公司举行，1100辆比亚迪K8纯电动公交车将陆续投入西安公交系统运营。

2016年 根据工信部汽车合格证产量数据统计，中国新能源客车产量达到13.52万辆，比上年同期增长20%，市场交出了一份不错的成绩单。

2017年

1月1日 2017年新能源汽车补贴标准正式实施，国家对新能源汽车补贴的技术门槛大大提高，补贴额则大幅退坡，不同车身长度的客车车型可享受的财政补贴普遍下降40%~50%。与此同时，"新能源汽车推广应用推荐车型目录"全部重审。受多重不利因素的影响，新能源客车市场进入了短暂的低迷期和调整期。

1月18日 500辆湖南中车电动C10纯电动公交车在山西长治上线，这是山西省最大单笔新能源客车订单。

1月23日 工信部正式发布《新能源汽车推广应用推荐车型目录》（2017年第1批），涉及27款纯电动客车，48款插电式混合动力客车和1款燃料电池客车。

当地时间1月31日，澳大利亚悉尼机场巴士运营商Carbridge与比亚迪正式签署合约，再次订购40辆比亚迪纯电动大巴（距离首批电动大巴交付仅三个月），一举创下澳洲有史以来最大电动巴士销售纪录。

2月3日 河南开封市610辆新能源纯电动公交车运营暨"公交都市"创建活动启动仪式在开封举行，该市采购的610辆纯电动公交车将陆续投入运营。这也是宇通客车规模最大的一次新能源公交车政府采购。

2月4日 工信部官网公布行政处罚决定书，暂停金华青年汽车制造有限公司、上汽唐山客车有限公司、重庆力帆乘用车有限公司、郑州日产汽车有限公司、上海申沃客车有限公司、南京特种汽车制配厂有限公司、重庆恒通客车有限公司等七家公司申报新能源汽车推广应用推荐车型资质，并责令上述公司进行为期2个月整改，整改完成后，工信部将对整改情况进行验收。

2月21日 格力电器发布公告称，为了切入新能源汽车产业链、储能以及电池制造装备领域，打造公司新的产业增长点，公司拟与珠海银隆新能源有限公司签订《合作协议》，双方及其子、分公司利用各自产业优势，在

智能装备、模具、铸造、汽车空调、电机电控、新能源汽车、储能等领域进行合作。在同等条件下,一方优先采购对方产品,购买对方服务。以一个年度为一个周期,甲乙双方相互的优先采购和总金额不超过人民币 200 亿元。由于格力电器董事长、总裁董明珠女士为珠海银隆的股东,根据深交所《股票上市规则》规定,本次交易构成关联交易。

2月 "兰州宇通客车有限公司混合所有制资产重组及产业升级合同签约仪式"在甘肃兰州举行。兰州宇通客车重组后,珠海银隆新能源有限公司及其关联方将占新公司股权的 80%,这也预示着兰州宇通重组成功。未来 3~5 年,银隆将在兰州新区投资 100 亿元打造新能源客车产业基地。

2月 国内首辆 9 米氢燃料电池客车在中通客车下线。这款新车的电堆净输出功率超过 32KW,使用寿命超过一万个小时,标准工况运行续驶里程可达 400 公里。

3月1日 工信部发布《新能源汽车推广应用推荐车型目录》(2017 年第 2 批),涉及 87 款纯电动客车和 41 款插电式混合动力客车。

3月2日 安凯客车发布关于《非公开发行 A 股股票预案(修订稿)》称,公司拟通过非公开发行股票的方式募资不超过 5.5 亿元,用于中型高档公商务车项目、产品验证能力提升项目、数字化管理系统能力建设项目等。本次募集资金将有 3.46 亿元用于中型高档公商务车项目,以巩固安凯客车在公商务车领域的市场地位。

3月20日 东旭光电科技股份有限公司发布公告称,拟通过向上海辉懋企业管理有限公司发行股份及支付现金的方式共计 30 亿元购买其持有的上海申龙客车有限公司 100% 股权。同时,上海辉懋对申龙客车未来的净利润水平及盈利补偿方案做出承诺:2017 年、2018 年和 2019 年,申龙客车净利润分别不低于 3 亿元、4 亿元和 5.5 亿元,三年合计净利润为 12.5 亿元。

3月22日 安凯客车发布公告称,公司近日与深圳市沃特玛电池有限公司签署了《战略合作协议》。根据该合作框架协议,2017 年沃特玛共需向安凯采购力争 1000 辆纯电动客车,安凯向沃特玛采购力争 2000 套电池。2017 年工信部新车公告及新能源推荐目录下发后,沃特玛先行向安凯采购

200辆客车。

3月23日 比亚迪宣布将在法国上法兰西大区博韦市投资1000万欧元建设阿洛讷工厂。这是比亚迪在欧洲建立的第二座电动大巴厂，也是比亚迪继美国、巴西、匈牙利等地之后建设的第四座海外大巴工厂。

3月30日 由中国道路运输协会城市客运分会、天津市公交集团主办的"2017天津国际客运交通装备与技术展览会"在天津梅江会展中心拉开序幕。宇通客车、比亚迪商用车、银隆新能源、福田欧辉、厦门金龙等10余家整车企业携新产品、新技术参加本次展会，集中展示了客车行业最新动态。

3月30日 中通客车在2017年天津国际客运交通装备与技术展览会上发布一款12米氢燃料电池客车，这也是继其成功发布业内首款9米氢燃料电池客车之后，推出的又一款氢燃料电池客车。

3月 财政部、工信部、科技部和发改委四部委下发了《关于开展2016年度新能源汽车补贴资金清算工作的通知》，要求各省、自治区、直辖市、计划单列市新能源汽车推广牵头部门应会同财政等有关部门，提交本地汽车生产企业2016年度（2016年1月1日~2016年12月31日）中央财政补助资金清算报告及产品销售、运营情况。通知要求，"非个人用户购买的新能源汽车申请补贴，累计行驶里程需达到3万公里（作业类专用车除外）。目前行驶里程尚不达标的新能源汽车，应在达标后申请补贴，补贴标准和技术要求按照获得行驶证年度执行"。

3月 上海申龙客车收购广西源正新能源汽车有限公司100%的股权，在西南地区布局新的生产基地。

4月1日 工信部发布《新能源汽车推广应用推荐车型目录》（2017年第3批），涉及330款纯电动客车、123款插电式混合动力客车和1款燃料电池客车，新能源客车数量明显比第1批和第2批增多。

4月1日 拉萨市堆龙公交公司正式揭牌暨首批纯电动公交车正式投入运营仪式在西藏拉萨举行。此次，堆龙公交采购了20辆南京金龙开沃D11纯电动公交车，作为正式运营的首批运力。这批车也将作为拉萨纯电动公交的试点车辆,为日后当地采购大批量更换纯电动公交车提供重要依据。

4月1日 厦门金龙汽车集团股份有限公司(以下简称"公司")发布公告称,根据财政部《关于下达节能减排补助资金用于2015年新能源汽车补助清算和新能源公交车运营补助的通知》等,公司控股子公司金龙联合汽车工业(苏州)有限公司于近日收到苏州市财政局转支付的2015年国家新能源汽车推广补贴款160437万元。此外,公司控股子公司厦门金龙联合汽车工业有限公司和厦门金龙旅行车有限公司已于2016年12月分别收到厦门市财政局转支付的2015年国家新能源汽车推广补贴款117387万元、161911万元。

当地时间4月4日,比亚迪匈牙利电动大巴工厂开幕仪式在匈牙利北部城市科马罗姆举行。至此,中国新能源品牌在欧洲投资兴建的第一座电动车工厂正式落成并投产。该厂至2018年总投资预计为2000万欧元,双班年产量为400辆电动大巴。

4月11日 安凯客车与缅甸仰光公交公司签署了《客车销售和采购协议》,仰光公交向安凯客车采购500辆10.5米天然气公交车,金额约合人民币1.93亿元。

4月18日 工信部发布《关于拟恢复6家企业申报新能源汽车推广应用推荐车型资质的公示》,拟恢复青年汽车、上汽唐山客车、重庆力帆、郑州日产、上海申沃、重庆恒通6家企业申报新能源汽车推广应用推荐车型资质。

4月19日 苏州金龙海格客车与马来西亚GA公司在吉隆坡会议中心签署战略合作意向书,共同合作在马来西亚组装生产和销售新能源客车。首批订购10~12米新能源客车共计50辆,项目金额达1500万美元,车辆预计在2017年年底交付。

4月20日 安凯客车与沙特阿拉伯哈菲尔运输公司签署了《销售合同》,哈菲尔运输公司向安凯采购600辆客车大单,金额约合人民币3.33亿元,车辆于2017年7月1日前交付完毕。这也是2017年沙特市场采购的第一大单。

4月25日 工信部、发改委、科技部联合印发了《汽车产业中长期发展规划》,首次明确了"力争经过十年持续努力,迈入世界汽车强国行列"的目标,到2020年培育形成若干家进入世界前十的新能源汽车企业、若干家超过1000亿元规模的汽车零部件企业集团,到2025年培育若干家进入全球前十的汽车零部件企业集团。

4月 宇通客车与缅甸仰光公交公司签订了500辆大型公交车采购合同,车辆预计于6月份交付仰光,并陆续投入到仰光公共交通运营服务之中。此批订单不仅是宇通客车对缅甸市场的进一步开拓,更是在"一带一路"布局下,中缅合作关系进一步深化的证明。

4月 中通客车斩获北京市场500辆旅游客车订单,这不仅成为近年来北京市场少有的常规动力客车大单,更是2017年的旅游客车市场第一大单。本次中标车辆为中通世轩LCK6125HQ5A1及世腾LCK6906H5A1两款车型。

5月1日12时22分左右 北京蟹岛度假村停车场发生电动客车连环火灾。此次事故,是新能源汽车从2009年批量推广以来,国内发生的最大规模事故。此次烧毁的纯电动客车共计89辆,属于北京天马通驰汽车租赁有限公司所有,由安凯客车生产出售。

5月2日 工信部发布《新能源汽车推广应用推荐车型目录》(2017年第4批),涉及224款纯电动客车、43款插电式混合动力客车和1款燃料电池客车。

5月3日 总投资25亿元的银隆新能源兰州广通新能源汽车生产基地项目在兰州新区开建,主要建设新能源客车整车厂及动力系统电池厂。一期项目投资10亿元,计划建成年产3000辆新能源客车整车厂;二期项目投资15亿元,将建成配套动力系统电池厂。

当地时间5月8日 比亚迪与厄瓜多尔工业生产部正式签署协议,宣布将在当地投资建设纯电动大巴工厂,这是比亚迪计划在南美洲建立的第二座电动大巴工厂,也是比亚迪继美国、巴西、匈牙利、法国等地之后建设的第五座海外大巴工厂。

5月9日 总投资100亿元的银隆新能源(南京)产业园项目在溧水开

发区开工建设，项目建成后将形成年产3万辆纯电动商用车、25亿安时动力电池和储能电池以及40万台启停电源的生产能力，成为南京市又一重要新能源汽车产业园区。

5月10日 宇通T7D（柴油版）商务客车全国上市。这款车传承了T7的产品基因，采用上柴2.8T柴油机以及法士特变速箱等自主品牌核心零部件，覆盖了对柴油版有需求的政府、团体、旅游和租赁市场，实现了T7产品布局的结构性完善。

5月10日 在中国品牌日当天，深圳巴士集团股份有限公司第五分公司（下称"第五公司"）全面电动化启动仪式上，南京金龙向该公司交付纯电动公交车541辆。至此，第五公司运营的近600辆公交车实现全面电动化。

5月中旬 在"一带一路"国际合作高峰论坛召开之际，福田欧辉向缅甸仰光公交公司陆续交付1000辆清洁能源公交车，这也是2017年中国客车海外出口第一大单。

5月17日 工信部官网发布了《关于2016年度新能源汽车推广应用补助资金初步审核情况的公示》。"公示"显示，根据《2016年度新能源汽车推广应用补助资金清算审核车辆信息表》，申报2016年新能源汽车推广补助的生产企业共有65家，企业申报的新能源汽车推广总数量为94072辆，企业申请的补贴清算资金总额为641482.1704万元。经过工信部通信清算中心组织专家对补助资金申请材料进行技术审查后，通过专家组审核的车辆总数量为85094辆，应清算的补助资金总额为585935.9936万元。

5月24日 2017北京国际道路运输、城市公交车辆及零部件展览会开幕。本届展会共有17家国内主流客车品牌、58款商用车车型参展，其中包含53款客车、4款纯电动物流车和1款纯电动压缩式垃圾车。宇通客车、比亚迪、福田欧辉、苏州金龙海格、安凯客车、银隆新能源等多家企业都在现场举行了新产品、新技术发布会。

5月27日 安徽蚌埠市公共交通集团公布招标信息，比亚迪一举拿下73940万元的订单。中标车型为：比亚迪K8A纯电动巴士300辆，单价为

130.98万元；比亚迪 K9FE 纯电动巴士 200 辆，单价为 145.98 万元；除此之外，还有充电配套设施 250 套。

6 月 2 日 工信部发布《新能源汽车推广应用推荐车型目录》（2017 年第 5 批），涉及 147 款纯电动客车、40 款插电式混合动力客车和 2 款燃料电池客车。

6 月 20 日 宇通客车 2016 年度科学技术进步奖及产品线奖励表彰大会在宇通工业园召开，本次大会针对宇通 2016 年度在产品、技术、工艺制造等方面表现出色的技术与研发团队，以及 2016 年度市场反馈优异的产品研发团队进行表彰，奖金总额高达 951 万元，其中，科技进步奖 497 万元，产品线奖 454 万元。

6 月 23 日 福田汽车发布公告称，公司将于 2017 年 9 月底前陆续向北京公交集团交付共 1320 辆福田欧辉纯电动客车，此次交付车辆类型为纯电动公交车，具体型号为 BJ6123EVCA-37。

6 月 24 日 一汽集团与沃特玛新能源汽车产业创新联盟在一汽客车（大连）有限公司举行一汽大连纯电动公交下线暨锦州公交接车仪式，首批量产 120 辆纯电动公交车正式交付锦州交通发展集团。

6 月 29 日 工信部官网发布了"关于 4 家新能源汽车生产企业整改验收情况的公示"，公示中提到，金龙联合汽车工业（苏州）有限公司、河南少林客车股份有限公司、奇瑞万达贵州客车股份有限公司、深圳市五洲龙汽车有限公司 4 家公司针对行政处罚决定的整改工作到位，建议恢复其申报《新能源汽车推广应用推荐车型目录》资质。此前的 2016 年 12 月 19 日，工信部向上述 4 家存在生产一致性问题的新能源汽车生产企业下达了行政处罚决定书，给予了撤销违规车型公告、暂停申报新能源汽车推广应用推荐车型资质、进行为期 6 个月整改等处罚措施。

6 月 中通客车一举拿下 600 辆纯电动旅游团体客车订单，成为迄今为止纯电动旅游客车市场最大订单。这批车将投放东北地区，用于中短途客运、通勤班车、团体旅游等市场。

6 月 澳大利亚布里斯班国际机场正式宣布，将引进首批 11 辆 12 米比

亚迪纯电动客车，用于候机楼之间的通勤服务，计划在2018年2月之前全部投入运营。这是继悉尼机场后，比亚迪电动客车进驻的第二座澳洲国际空港。

6月 中国重汽集团济南豪沃客车公司拿下济南公交2569辆全部招标订单。这批采购车辆均为纯电动、混合动力公交车。

6月 博能2万辆新能源商用车项目在江西上饶正式开工。该项目由博能控股股份有限公司以江西博能上饶客车有限公司现有整车资质为基础进行产业升级，整合新能源客车整车和核心零部件资源，联合行业电池、电控合作伙伴投资建设，总投资30.86亿元。项目建成后将形成年产2万辆各类客车产能，其中新能源客车1.5万辆，校车0.5万辆。

受财政补贴大幅退坡、上年年底新能源客车市场提前透支等不利因素影响，我国客车市场上半年销售各类客车7.2万辆，同比下降28%。其中，新能源客车细分市场销量同比大幅下降47%。

7月1日 宇通客车发布"关于收到国家新能源汽车推广补贴的公告"：根据财政部《关于下达节能减排补助资金用于2016年新能源汽车第一批补助资金清算的通知》等相关规定，公司于近日收到郑州市财政局转支付的公司应收2016年国家新能源汽车第一批推广补贴款68093万元。上述款项系截至2016年12月31日公司2016年所售且累计行驶里程达到3万公里的新能源汽车对应的推广补贴。

7月6日 工信部发布《新能源汽车推广应用推荐车型目录》（2017年第6批），涉及91款纯电动客车和31款插电式混合动力客车。

7月11日 保定长安客车598辆校车在天津港整装待发，出口海外。本次出口的校车全部为SC6910系列校车，这也是长安校车自2013年以来再次与海外达成合作的批量大订单。

7月16日 厦门金龙汽车集团501辆纯电动公交车交付厦门公交集团并投运。这批公交车由厦门金龙汽车集团旗下的金龙客车提供242辆，金旅客车提供259辆。车型分别为金龙XMQ6850系列和金旅XML6105系列。

7月17日 中通客车发布"关于收到国家新能源汽车推广补贴的公

告"：根据财政部《关于下达节能减排补助资金用于 2016 年新能源汽车第一批补助资金清算的通知》等相关规定，公司于近日收到聊城市财政局转支付的公司应收 2016 年国家新能源汽车第一批推广补贴款 71557 万元。

7 月 18 日 中车电动十周年庆暨新产品·新技术·新战略发布会在湖南株洲举行。会上，湖南中车时代电动汽车股份有限公司发布了新产品——"全球首款 12 米智能驾驶客车"，新技术——"第五代纯电驱动系统平台 T 动力"，以及中车电动下一个十年发展战略。中车电动自主研发的首款 12 米智能驾驶客车也在株洲进行了公开路试。

7 月 22 日 安凯客车发布"关于收到国家新能源汽车推广应用财政补贴公告"：根据财政部《关于下达节能减排补助资金用于 2016 年新能源汽车第一批补助资金清算的通知》等相关规定，公司于近日收到合肥市财政转拨付的公司应收 2016 年国家新能源汽车第一批推广补贴款 12366 万元。

7 月 24 日 厦门金龙汽车集团发布公告称，公司控股子公司厦门金龙联合汽车工业有限公司和厦门金龙旅行车有限公司分别收到厦门市财政局转支付的 2016 年新能源汽车第一批推广补贴款 6542 万元、6330 万元。

7 月 25 日 厦门金旅在巴基斯坦拉合尔皇家棕榈高尔夫乡村俱乐部举行了交车仪式，40 辆金旅"开拓者"豪华客车交付巴基斯坦大宇快运公司。这批 12.7 米、45 座的新车是金旅根据巴基斯坦客车运输需求而特殊定制，搭载玉柴欧Ⅲ 10.5L 发动机，功率 380HP。

7 月下旬 据南京市国资委网站披露，珠海银隆新能源有限公司收购南京客车制造厂有限责任公司框架协议签约仪式，日前在南京新工集团举行。南京客车制造厂成立于 1991 年，注册资本 5000 万元，是国家重点汽车改装及生产客车的企业。

7 月 31 日 北京延庆区电动公交车运营启动仪式在延庆国际会展中心举行。首批 50 辆福田欧辉 BJ6123EVCA 纯电动公交车交付北京公交集团第八客运分公司，标志着北京延庆步入纯电动公交时代。后期还将有 50 辆同型号绿色公交陆续交付运营。

7 月 31 日 工信部发布《新能源汽车推广应用推荐车型目录》（2017

年第 7 批），涉及 123 款纯电动客车和 30 款插电式混合动力客车。

7 月 北京加拿大国际学校在人民大会堂内举办了毕业典礼，同时签订 100 辆宇通校车采购协议。本次签约采购车型为 ZK6739DX61，是宇通客车针对北京市场专门研发的可达欧六排放标准的新型校车，车身长度为 7.3 米，搭载康明斯发动机和法士特六挡变速箱。

7 月 比亚迪携手英国最大客车制造商亚历山大·丹尼斯公司（ADL）又一次斩获 10.8 米纯电动大巴订单，数量为 30 辆。该订单是比亚迪获得的第三个来自伦敦运营商 Go-Ahead 的订单。至此，比亚迪与 Go-Ahead 的纯电动大巴合作数量达 95 辆。比亚迪与 ADL 两家公司自 2015 年 10 月联手以来，发展势头良好，在不到两年的时间里，已在伦敦获得多家运营商总数超百辆的纯电动大巴订单。

7 月 美国最大公交运营商之一的洛杉矶郡大都会交通局宣布向比亚迪一次性采购 60 辆 12 米纯电动大巴，金额约为 4496 万美元。该订单是美国历史上单笔最大的纯电动大巴订单，将帮助洛杉矶郡实现 2030 年公交大巴 100% 电动化的目标。

8 月初 在金龙客车厂区，220 辆金砖会晤用车如期下线。这批交通服务用车包括金龙凯歌、凯特、新五系等车型，它们将参与 9 月初金砖国家领导人厦门会晤期间参会嘉宾和媒体的通勤任务（金砖会议，包括中国、俄罗斯、巴西、印度和南非这五个全球最大的新兴市场国家）。

8 月 25 日 安凯客车发布公告称，公司与合肥公交集团签署了《工业品买卖合同》，将向合肥公交供应安凯牌客车 400 辆（清洁能源车 160 辆、纯电动车 240 辆），合同金额 5.3 亿元。

8 月 25 日 亿华通张家口氢燃料电池发动机生产基地的首台氢燃料电池发动机正式下线，标志着中国首条自动化氢燃料电池发动机大批量生产线投产。该基地位于河北张家口，由北京亿华通科技股份有限公司投资兴建，总投资 10 亿元，全部完工后，燃料电池发动机年产能将达到一万台。

8 月 25 日 比亚迪向桂林市公车管理中心、交投集团、旅游股份、骏达公司交付纯电动客车钥匙，首批 500 辆比亚迪纯电动客车将投放桂林市公共交通系统。

8月 比亚迪在以色列的首个纯电动大巴订单尘埃落定，17辆由12米纯电动单层大巴组成的车队正式登陆以色列第三大城市及北部港口城市——海法。该车队将由拥有近3000辆大巴的以色列最大公交运营商Egged运营。早在2013年，比亚迪纯电动大巴就在以色列首都特拉维夫市进行试运营。基于试运营的良好成效，比亚迪最终斩获该订单。这批大巴每天的运营里程将达到200公里。

权威报告·热点资讯·特色资源

皮书数据库
ANNUAL REPORT(YEARBOOK) DATABASE

当代中国与世界发展高端智库平台

所获荣誉

- 2016年,入选"国家'十三五'电子出版物出版规划骨干工程"
- 2015年,荣获"搜索中国正能量 点赞2015""创新中国科技创新奖"
- 2013年,荣获"中国出版政府奖·网络出版物奖"提名奖
- 连续多年荣获中国数字出版博览会"数字出版·优秀品牌"奖

成为会员

通过网址www.pishu.com.cn或使用手机扫描二维码进入皮书数据库网站,进行手机号码验证或邮箱验证即可成为皮书数据库会员(建议通过手机号码快速验证注册)。

会员福利

- 使用手机号码首次注册会员可直接获得100元体验金,不需充值即可购买和查看数据库内容(仅限使用手机号码快速注册)。
- 已注册用户购书后可免费获赠100元皮书数据库充值卡。刮开充值卡涂层获取充值密码,登录并进入"会员中心"—"在线充值"—"充值卡充值",充值成功后即可购买和查看数据库内容。

社会科学文献出版社 皮书系列

卡号: 613832928428
密码:

数据库服务热线: 400-008-6695
数据库服务QQ: 2475522410
数据库服务邮箱: database@ssap.cn
图书销售热线: 010-59367070/7028
图书服务QQ: 1265056568
图书服务邮箱: duzhe@ssap.cn

Sub-Database Introduction
子库介绍

中国经济发展数据库

涵盖宏观经济、农业经济、工业经济、产业经济、财政金融、交通旅游、商业贸易、劳动经济、企业经济、房地产经济、城市经济、区域经济等领域，为用户实时了解经济运行态势、把握经济发展规律、洞察经济形势、做出经济决策提供参考和依据。

中国社会发展数据库

全面整合国内外有关中国社会发展的统计数据、深度分析报告、专家解读和热点资讯构建而成的专业学术数据库。涉及宗教、社会、人口、政治、外交、法律、文化、教育、体育、文学艺术、医药卫生、资源环境等多个领域。

中国行业发展数据库

以中国国民经济行业分类为依据，跟踪分析国民经济各行业市场运行状况和政策导向，提供行业发展最前沿的资讯，为用户投资、从业及各种经济决策提供理论基础和实践指导。内容涵盖农业，能源与矿产业，交通运输业，制造业，金融业，房地产业，租赁和商务服务业，科学研究，环境和公共设施管理，居民服务业，教育，卫生和社会保障，文化、体育和娱乐业等100余个行业。

中国区域发展数据库

对特定区域内的经济、社会、文化、法治、资源环境等领域的现状与发展情况进行分析和预测。涵盖中部、西部、东北、西北等地区，长三角、珠三角、黄三角、京津冀、环渤海、合肥经济圈、长株潭城市群、关中—天水经济区、海峡经济区等区域经济体和城市圈，北京、上海、浙江、河南、陕西等34个省份及中国台湾地区。

中国文化传媒数据库

包括文化事业、文化产业、宗教、群众文化、图书馆事业、博物馆事业、档案事业、语言文字、文学、历史地理、新闻传播、广播电视、出版事业、艺术、电影、娱乐等多个子库。

世界经济与国际关系数据库

以皮书系列中涉及世界经济与国际关系的研究成果为基础，全面整合国内外有关世界经济与国际关系的统计数据、深度分析报告、专家解读和热点资讯构建而成的专业学术数据库。包括世界经济、国际政治、世界文化与科技、全球性问题、国际组织与国际法、区域研究等多个子库。

法律声明

"皮书系列"(含蓝皮书、绿皮书、黄皮书)之品牌由社会科学文献出版社最早使用并持续至今,现已被中国图书市场所熟知。"皮书系列"的LOGO()与"经济蓝皮书""社会蓝皮书"均已在中华人民共和国国家工商行政管理总局商标局登记注册。"皮书系列"图书的注册商标专用权及封面设计、版式设计的著作权均为社会科学文献出版社所有。未经社会科学文献出版社书面授权许可,任何使用与"皮书系列"图书注册商标、封面设计、版式设计相同或者近似的文字、图形或其组合的行为均系侵权行为。

经作者授权,本书的专有出版权及信息网络传播权为社会科学文献出版社享有。未经社会科学文献出版社书面授权许可,任何就本书内容的复制、发行或以数字形式进行网络传播的行为均系侵权行为。

社会科学文献出版社将通过法律途径追究上述侵权行为的法律责任,维护自身合法权益。

欢迎社会各界人士对侵犯社会科学文献出版社上述权利的侵权行为进行举报。电话:010-59367121,电子邮箱:fawubu@ssap.cn。

社会科学文献出版社